# 幸福の測定

## ウェルビーイングを理解する

# Well being

## Measurement of Happiness

鶴見哲也
藤井秀道・馬奈木俊介 著

中央経済社

# まえがき

## 「幸せの形は人それぞれ」

幸福の話をするとき、必ずと言っていいほど話題に上がる考え方です。幸福はウェルビーイング（Wellbeing）とも呼ばれ、ＯＥＣＤや日本政府においても政策立案への活用が検討されています。幸福については哲学、倫理学、宗教学といった伝統的な学問において、ずっと昔から理論的な議論がなされてきました。しかし近年、大規模なアンケート調査が世界各国で行われるようになり、そのアンケート結果を「統計的に」分析することで、もちろんバラツキ（外れ値）はあるものの、大部分の人々に「共通の傾向」があることが実証的な学問領域（たとえば心理学、経済学）で見出されてきています。幸せの形は人それぞれであることは大前提として、しかしその中で「共通の傾向」がデータから汲み取れるのであれば、その結果を政策に活かしていくことで人々の幸福度を底上げしていくことにつながるのではないでしょうか。

著者らは２０１０年頃から10年以上にわたり、大規模な幸福度に関するアンケート調査を実施するチャンスに恵まれました。本書では著者らが行ったアンケート調査の分析結果を紹介しながら、幸福度に関する学問がこれまで幸せについて何を明らかにしてきたかを整理し、紹介していきます。

「All politics is local」これはアメリカの政治家 Tip O'Neill が述べた言葉であり、「地域ごとに政治は変わる」ことを示したものです。この言葉からも分かるように、地域によって人々のニーズは異なっており、1つの政策がすべての人々を幸福にすることは難しいと言えます。しかし、一定の共通した幸福に関する共通認識のようなものは、これまでの学術的研究蓄積から言えることがあるのです。他方で、もちろん、すでに触れたように幸福の決定要因のバラツキ（外れ値）も考慮していく必要があるといえます。実証的研究において統計的には「〃このような人々は〃このような傾向にある」ということが分かってきているのです。人々の多様性を担保しながら、幸せの決定要因を学術的に追究していくことが、私たちの幸せを高める鍵と言えるのではないでしょうか。本書の第1章から第6章では著者らの研究成果や著名な研究者の研究を紹介しながら、学術的に幸せになるための鍵・処方箋を提示していきます。

本書の特徴の1つとして、世界最大規模のアンケート調査データを活用した分析を踏まえた解説を行っている点が挙げられます。日本国内を対象とした調査では30万人、世界各国を対象とした調査では10万人を対象とします。アンケート調査データを活用した研究成果は、持続可能分野の著名な学術誌である Nature Sustainability 誌に掲載されており、アンケート調査データが学術的にも高い価値を有していることがうかがえます。本アンケート調査データを活用することで、人々の特徴や傾向を深掘りすることが可能となるとともに、人々のニーズに適した政策を進める際に有用となる情報を共有できればと期待しています。

本書のもう1つの特徴として、幸福度を高めていくヒントを考えていくために、後述する世界幸福度ランキングで過去4年連続で1位であるフィンランドがなぜ幸福なのかを考えることで、日本が将来どのような方向に向かっていくべきかを示しています。日本は同ランキングで後述するように、先進国で最低水準に位置しているのです。フィンランドと日本の状況を比較することで見えてくることがあります。

さて、これから私たちがどのように経済を発展させていくのかを議論する際、近年はそのキーワードとして「持続可能な開発目標（ＳＤＧｓ）」に言及されることが多いのではないでしょうか。ＳＤＧｓの議論においては「ステークホルダーとの対話」の重要性が指摘されます。すなわち、各地域のニーズを把握し深掘りするためには、当然ながらその地域に居住する人々の声が必要不可欠ということです。したがって、ＳＤＧｓを含めた様々な取り組みを効果的に進めるためには、各地域における人々の考え方や特性を知ることが大事といえます。アンケートデータを基に、人々の選好（何を重視して、何を重視していないか）を知ることは、その地域に適した政策や取り組みを進めるうえで重要な手段であるとともに、ニーズと取り組みを整合的に合致させるために必要な手段と言えるのではないでしょうか。

こうした背景を踏まえ、本書では第7章以降において、国内30万人アンケートデータを基に、「人々の選好の違い」に焦点を当て、人々の属性（性別、年齢、収入、居住地域など）別に比較を行うことで、各地域の人々の特性を見える化していくことにも取り組んでいます。特に注目するのが、経済学や心理学で発展してきた主観的幸福度と呼ばれる指標です。人生の最大の目的は幸福であることは、誰も否定しないと思います。そして、お金を稼ぐことや地位・名誉を得ることは幸福であるための1つの要因に過ぎないはずです。より多くの人々に幸福であることを感じてもらうためには、どのような提案ができるのかについて、検討するための材料を提示していきます。

新型コロナウイルスの流行によって、私たちは自分たちの幸せの在り方を再検討したのではないでしょうか。本書ではコロナウイルスの流行によって明らかとなったことについても紹介を行います。

令和3年9月

著者一同

目次

目次

目次

# 第1章 ウェルビーイング（幸福）とは

## ウェルビーイング（幸福）指標

「0の段が最も低く、10の段が最も高いはしごを想像してください。はしごの最も高いところは、あなたが考え得る最も良い生活を意味し、はしごの最も低いところは、あなたが考え得る最も悪い生活を意味しているとします。現在あなたはどの段にいると感じますか。」

あなたはこの質問をされたらどの段にいると回答しますか？

この質問は国際的な調査会社であるGallup, Inc. が行っているGallup World Pollと呼ばれる国際的な世論調査で毎年行われている質問です。この質問に対する各国の回答平均が国際連合の持続可能な開発ソリューション・ネットワークが発行している世界幸福度報告（World Happiness Report）で毎年発表されています。日本はこの指標の回答者平均値が先進国で最低水準であり、その順位は近年低下傾向にあります。日本は２０１２年から２０１５年は40位台をキープしていたものの、２０１６年以降は50位台であり、２０２０年には過去最低の62位、２０２１年は56位に回復というように先進国では最低水準の順位となっています。ちなみに上位５か国の常連は北欧諸国です。この違いはどこからくるのでしょうか。

このランキングで報告されている幸福度は主観的な「人生の評価指標」です。学術用語では「カントリルのはしご」または「カントリルラダー（Cantril ladder）」と呼ばれています。あなたは、「考え得る最も良い生活」や「考え得る最も悪い生活」と聞いてどのような生活を思い描くでしょうか？　当然ながら思い描くものは人それぞれであると思います。思い描くのは「日本の誰か」の生活でしょうか、それとも「外国の誰か」の生活でしょうか？　比較対象を考えてみると分かるように、この人生の評価指標は自分と「誰か」を比較した相対的な幸福度を測る指標と言えます。

## ＯＥＣＤの Better Life Index

前節で触れた「最高の生活」や「最悪の生活」を客観的に考えるための材料として、経済開発協力機構（Organisation for Economic Co-operation and Development：以下ＯＥＣＤ）の「より良い生活指標（Better Life Index：以下ＢＬＩ）」と呼ばれる指標群が参考になります。このＢＬＩでは膨大な幸福度に関する研究そして幸福度の測定に関する議論を基に、「より良い生活」を実現するために必要不可欠と考えられる11の柱を提示しています。２０２１年８月現在、ＯＥＣＤ加盟36か国に加えて、ブラジル、コロンビア、ロシア、南アフリカを加えた40

か国のデータが比較できます。柱は住居、所得と富、雇用・仕事の質、環境の質、仕事と生活のバランス、社会とのつながり、知識と技能、健康状態、市民参画、安全、主観的幸福の11項目です。それぞれの柱について客観的に評価するための指標が収集されＢＬＩの公式サイトにて公表がなされています[1]。

それぞれの柱はいくつかの個別指標で評価をされており、各個別指標の数値の上述の40か国での相対的な位置を得点化（個別指標の最下位を０、最上位を10としたときの各国の値を得点化）し、柱ごとにその得点の平均値を出し、柱の平均値をもとに各柱の国別ランキングを提供しています。

２０２１年現在の日本の状況を取りまとめたものを図表１－１に示します。11の柱のうちＯＥＣＤ加盟36か国平均と比較して顕著にスコアが低いのは「仕事と生活のバランス」「健康状態」「市民参画」「主観的幸福」の４つということが分かります。特にスコアが低い「市民参画」は２つの個別指標の１つである「投票率」が40か国中36位であること、もう１つの個別指標である「ステークホルダーの規制作成への関与」が40か国中34位となっています。また、「健康状態」については２つの個別指標のうち平均寿命は40か国中１位である一方で、もう１つの個別指標である自己評価の健康状態が最下位の40位となっています。自己評価の健康状態は日本の健康意識の高さを反映しているとも言えますが、健康寿命を高めていくことが望まれている

［図表1－1］　OECD Better Life Indexにおける日本の状況

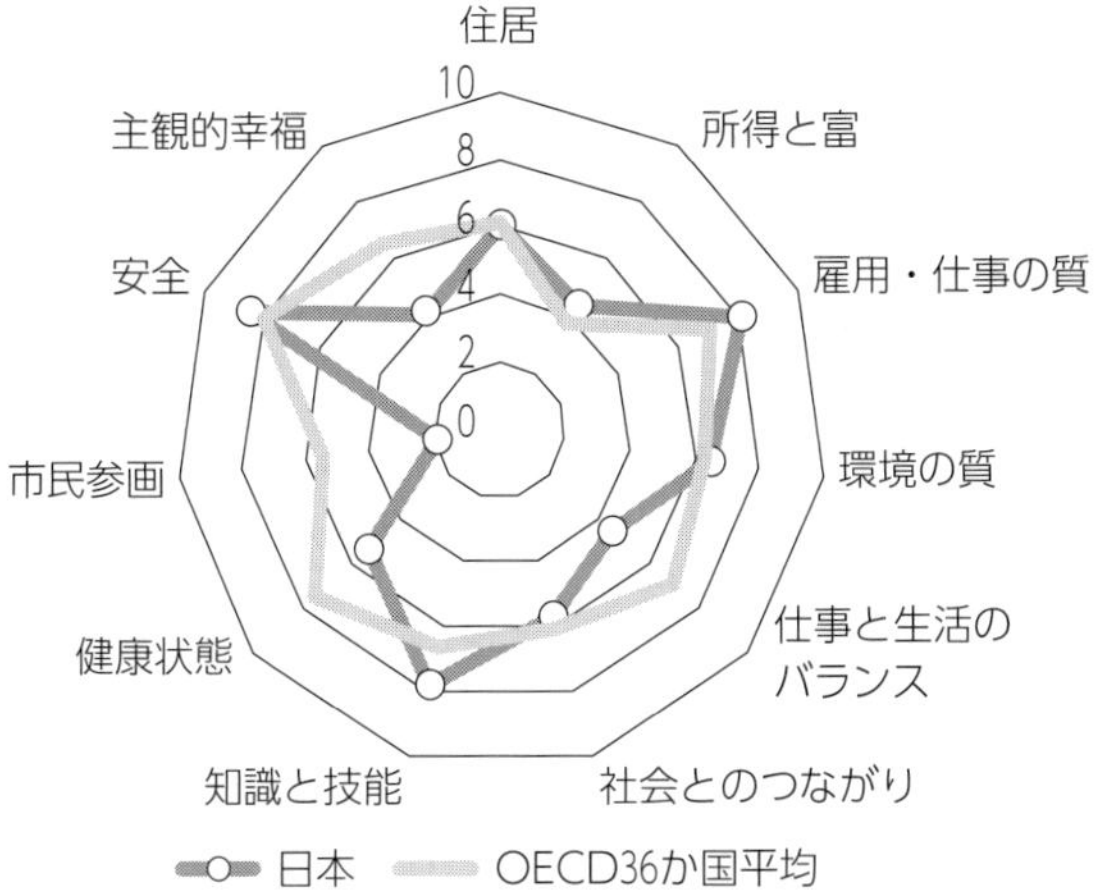


出所：OECD Better Life Index（アクセス日：2021年3月19日）

状況がこの結果に反映されていると考えられます。「仕事と生活のバランス」については週50時間以上働いている労働者の割合と、余暇やパーソナルケア（睡眠、身支度など）の時間が両方とも40か国中35位となっており、昨今の働き方改革の議論に関係しますが、現状は相対的に悪い状況にあることが分かります。「主観的幸福」に関してはすでに触れた世界幸福度報告で参照しているGallup World Pollにおける「生活満足度」の値が用いられています。具体的には「あなたは全体としてどの程度、生活に満足していますか」を0（最も悪い）から10（最も良い）の11段階で回答した主観的な幸福度指標の国別の平均値をもとにしています。日本は40か国中32位となっています。

それでは、こうした11の柱を総合した国別の総合ランキングはどうでしょうか。この点に関して、OECDは11の柱を総合した総合ランキングを明確に発表する立場ではないと述べています。すなわち、OECDは11の柱のうちどの柱を重要と考えるかについては人それぞれとしています。BLIの公式サイトでは各柱のスコアを総合する際に、各柱のスコアの重みづけを行ったうえでの総合スコアランキングを見ることができます。具体的には各柱の重みづけは0から5の6段階に設定することができ、その重みづけをしたうえでの総合スコアおよび各国ランキングを見ることができます。たとえば、自分が重要と考える柱は5にして5倍のスコアにし、全く重要でないという柱は0として全く考慮しないというようなこともできるわけです。重視したい柱を反映したうえで、どの国が最も自分にとって評価が高い国かを見ることができることになります。実際にぜひ公式サイトでランキングをご自身で作ってみてください。ちなみに、各柱の重みを同一（すなわち1）にした場合の日本の総合ランキングは40か国中25位です（2021年3月19日アクセス）。

## ダニエル・カーネマンのインタビュー

幸福を高めるためには結局、何が重要なのでしょうか。ノーベル経済学賞を受賞している心理学者ダニエル・カーネマンは彼の研究を振り返るインタビューで「幸福を高めるために我々は何ができるのか」という質問に対して回答しています[2]。そこで彼は３つの要素を挙げています。この３つは互いに重なる部分がありますが、１つ目は「時間の使い方を変えること」、2つ目は「人生をより良いものにさせることに意識的に注意を向けること」、そして３つ目は「注意を意識的に向け続ける必要があるような活動に時間を使うこと」です。そしてこの人生をより良いものにさせ、かつ注意を向け続ける必要があるものの例として、「友人とつながりを持つこと」を挙げています。人間関係は常にその人のことに注意を向けていなければ希薄になっていきます。この意味で関心を寄せ続ける必要があるものの例として挙げられています。また、カーネマンは贅沢な車を購入したとしても、すぐに慣れてしまい注意を向け続けるということはなくなる傾向にあることも指摘し、モノの消費で幸せになることができていない可能性にも言及しています。パートナー、子ども、親族、友人知人など身近な人を大切に思い、時間をかけて関心を寄せていくことがいかに重要かについて言及していることになります。

なお、ここでの「注意を向け続ける対象」は人間だけではない可能性も考えられます。たとえば植物や動物について、自宅で観葉植物や生き物を愛情深く育てることは「関心を寄せ続ける必要があり時間もかかること」でしょう。また、モノの消費についても、そのモノに対して愛着を持ちメンテナンス等をしながら長く大切に関心を寄せながら所有していくのであれば幸せにつながる可能性があるのではないでしょうか。たとえば、北欧では長く所有しても飽きのこないシンプルかつ機能的なデザインの家具や雑貨を大切に長く所有する習慣があります。経済発展に伴って資源の大量消費が進んでおり、また今後途上国が発展をし、現在の先進国と同様の大量消費をしていった場合に、人口増加も相まって地球の資源が足りなくなる可能性が問題視されています[3]。限られた厳選されたモノを長く大切に使うことは幸福度を高める可能性があるだけでなく、資源の大量消費からの脱却につながるのではないでしょうか。

## 経済発展は幸せにつながっているのか

さて、経済発展に伴って多くの国は幸せになってきているのでしょうか。戦後、日本ではこの質問を含んだアンケート調査（各調査数千サンプル）が何度も行われてきています。**図表1−2**は各アンケート調査の主観的幸福度の平均値を散布図としてプロットしています。主観的幸福度の値は「あなたは全体としてどの程度幸せですか」という質問において0（最も不幸）から10（最も幸福）の11段階で回答をした各調査における個人回答の平均値です。

日本は第二次世界大戦後の高度経済成長を経て先進国の仲間入りを果たしてきました。その一方で主観的幸福度のアンケート結果をみると戦後からその平均値は6前後の値でほとんど変

**［図表1－2］　経済発展と主観的幸福度（日本）**

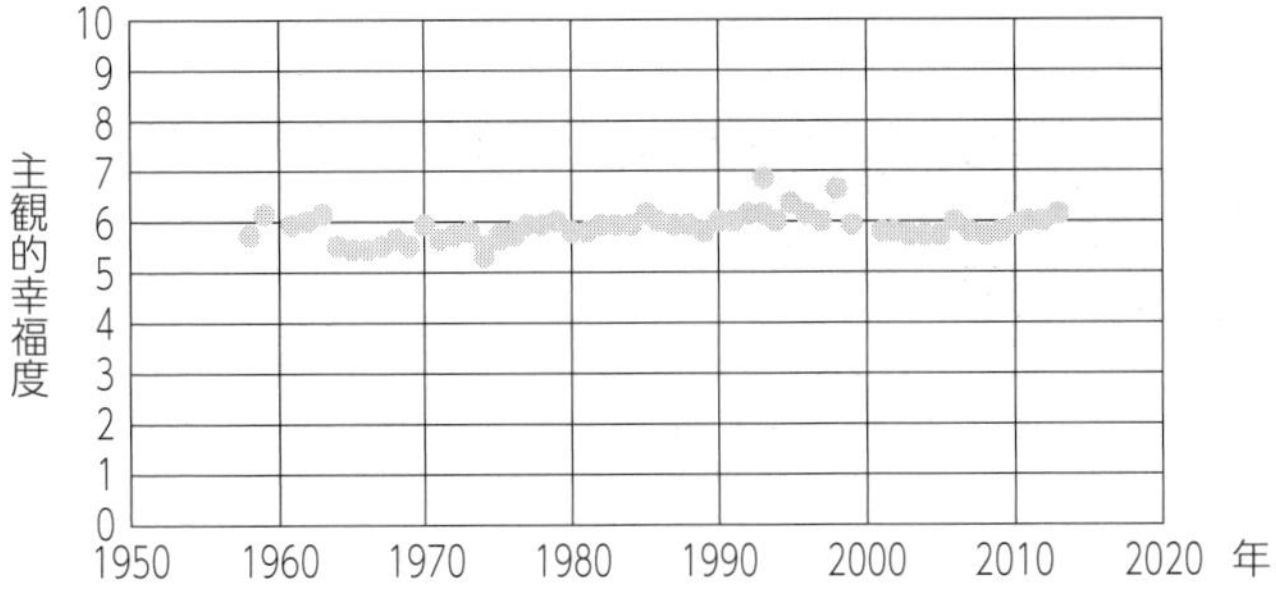


わっていないことが分かります。内閣府の国民生活に関する世論調査では毎年、幸福度の一指標とされる「生活満足度」に関する質問が行われてきています。「全体としてあなたはどの程度生活に満足していますか」という質問です。この質問について２００８年版の国民生活白書で「経済的豊かさは、生活満足度の上昇に結び付いていないが、こうした現象は先進国に共通している」という記述がなされ、注目を集めました。日本は経済発展に伴って主観的幸福度は高まっていないことが分かります。

それでは、世界の他の国々はどうなのでしょうか。**図表１－３**は入手可能な世界各国で行われた主観的幸福度に関する質問が含まれた大規模アンケート調査のデータを集約したものです。図表１－２と異なり、横軸が経済発展の指標である「１人当たりＧＤＰ」に変わっていることに注意をお願いします。さて、図表１－３を見ると、最貧国の水準すなわち１人当たりＧＤＰが１万ドル以下の国々は主観的幸福度の数値

［図表１－３］　経済発展と主観的幸福度（世界と日本）

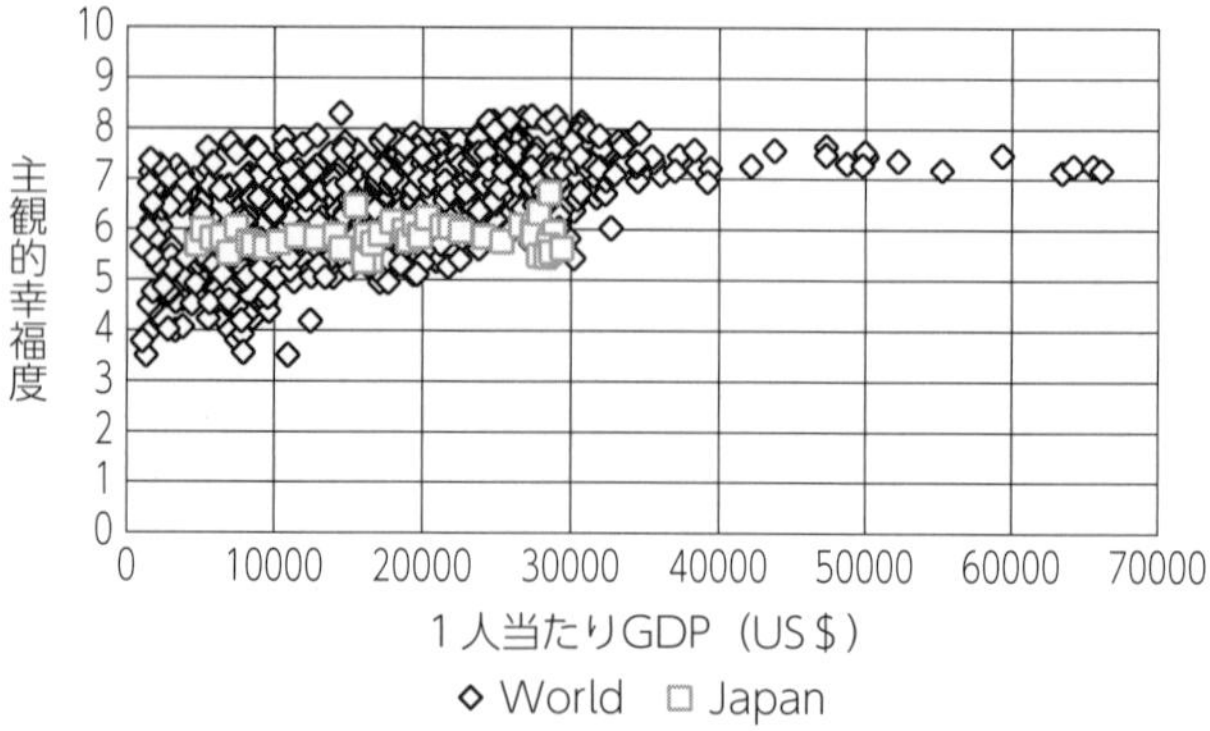


注：1952年～2014年（94か国）
データ出典：World Database of Happiness

が上下に大きくばらついていることが分かります。そこでは主観的幸福度の平均値が５未満の国々もあることが読み取れます。詳細は個別には言及しませんが、これらの国々を個別にみていくと極度の貧困や飢餓、衛生状態が悪いことや医療が十分に受けられないことによる健康問題、そして内戦といった問題がある国ということが分かります。経済発展の初期段階ではこうした人間が生きるために必要不可欠な要素が相対的に悪い状況にある可能性が考えられます。

しかし、１人当たりＧＤＰが１万ドルを超えるとどうでしょうか。１万ドル以下でみられた平均値が５未満の国はなくなり、横軸の１万ドルから３万ドルの範囲をみるといわば「団子状態」になっていることが読み取れるのではないでしょうか。明確に経済発展によって主観的幸福度が上昇していると読み取りにくいと考えられます。

なお、図表1－3における日本の状況を見ると、経済発展をしても水平に右に推移しており、経済発展に伴って主観的幸福度が増大してきていないことが指摘できます。他の先進国についてはどうでしょうか。他の先進国についても日本と同様に幸福度が上昇してきていないことが多くの学者の研究で指摘されてきています[4]。2008年の国民生活白書でも、経済発展が生活満足度上昇に結び付いていないのは他の先進国も同様の状況であるという記述があります。学術的には、この「経済発展が幸福度上昇に結び付いているとは言えない」ことについて、問題提起をした経済学者イースタリンの名前をとって「イースタリンパラドックス（幸福のパラドックスとも呼ばれる）」と呼んでいます[5]。

## なぜ経済発展をしても幸福度が高まらないのか

経済発展に伴って幸福度が増大してきていない理由はどこにあるのでしょうか。このことについては以下の主張が有名です。すなわち「幸福度は所得、平均余命などと正の相関関係にあるが、他方で労働時間、環境悪化などと負の相関関係にあり、こうした負の相関関係にあるものの寄与が所得より大きくなる場合がある」という指摘があります[6]。経済発展に伴って生活に必要不可欠なものは消費することができるようになる。それに連動して国や地方の税収が増え、医療システムへの補助等により健康水準も上昇する。こういった面で経済発展の恩恵は存在する。しかしその一方で、日本の高度経済成長時に見られたような大気汚染や水質汚染などの公害に結び付く、所得を増大させていくために長時間労働をし個々人が健康を害す、生活と仕事のバランスを崩す、余暇活動や家族友人との交流も不十分になる、あるいは共働きで子どもの面倒を見る時間の確保が難しく、育児に苦労する、など幸福度を下げる影響もあるでしょう。こうした経済発展のプラスの影響とマイナスの影響が打ち消しあって、結局は幸福度が上昇してきていないのではないかという議論がなされているのです。納得のいく説明と言えるのではないでしょうか。

加えて注目すべきことに、経済発展は人間関係を希薄化させてきたという指摘もあります[7]。「人とのつながり」は学問的には「社会関係資本」と呼ばれています。困ったときに頼りになる人の存在、信頼できる人の存在、ボランティアや地域の活動への参加などによる人や社会とのつながりなどが「人とのつながり」の具体例です。OECDのBLIにおける「社会とのつながり」に該当します。この「人とのつながり」は先進国では所得よりも幸福度に影響するという研究[8]もあるほど、幸福にとって欠かせないもの、主要因であると言われています[9]。国によって状況はもちろん異なりますが、アメリカでは過去数十年の間に「人とのつながり」が減少していることが指摘されており[10]、またヨーロッパも同様の状況と言われています[11]。ただし一部の国（たとえばスウェーデン[12]）では「人とのつながり」が経済発展に伴って減少していないと言われています。日本はどうでしょうか。都市部を中心に近所づきあいが減少し、町内会が成り立たなくなってきている話を耳にすることはないでしょうか。あなたにとって本当に困ったときに頼りになる人はいるでしょうか。こうした「人とのつながり」が低下していることも経済発展をしたのに幸福度が上昇していない理由として説明がなされているのです。詳細は第４章「人とのつながりと幸福度」で説明します。

また、詳細は第５章「働き方と幸福度」で述べますが、長時間労働は健康問題や家庭問題を引き起こし、幸福度を低下させる可能性が多くの研究で指摘されてきています。長時間労働は余暇時間の減少につながります。余暇は幸福度研究において強く幸福度に影響することが実証されてきています。余暇の時間が十分に確保できなければ先述の友人知人等、人とのつながりの構築も難しくなる可能性があるでしょう。また、家族と過ごす団らんの時間も減少します。加えて、子育て世代の親の助けが得にくい共働きの世帯が増えている現状に鑑みると、子どもの面倒を見ることが難しい状況も幸福度に影響すると言えます。子育てや介護とのバランスもあり、また、家族との生活が成り立たなくなること、余暇が不足すること、そして健康の意味で、幸福度を低下させる可能性があることは、著者らの日本を対象とした研究[13]でも明らかになっています。同研究では特に1日当たり11時間を超えて労働を行うと極端な幸福度の低下がみられることが明らかになっています。また問題をさらに困難にしているのが人間関係の希薄化です。周囲に親や友人知人、近所の人など助けになる人が不十分であることは子育てや介護での苦しみをより一層大きくするのではないでしょうか。

この他にも開発に伴って緑地などの自然が減少することも幸福度に対して大きな影響を及ぼすことが考えられます。詳細は第6章「住みよさと幸福度」で述べますが、著者らの研究[14]では日本において、身近な緑の存在は幸福度に対して所得や「人とのつながり」と同様のインパクトを持つことが明らかになっています。都市部を中心に身近な自然との触れ合いが減少してきている日本は幸福度を高めることが難しい状況にあると考えられます。また、幸福度研究ではこうした自然との触れ合いに代表される「自然とのつながり」が幸福度の主要因であるという研究が近年蓄積されてきています[15]。あなたは普段どの程度身近な自然と触れ合っているでしょうか。

## フィンランドと日本の幸福度の違い

先述した通り、世界幸福度報告（World Happiness Report）の主観的幸福度指標（「人生の

**［図表１－４］　人生の評価（カントリルラダー）の平均値**

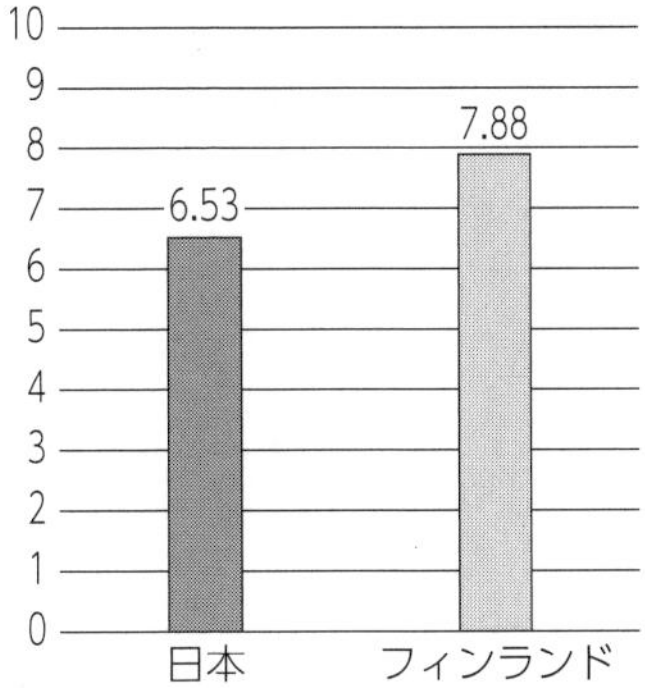


**［図表１－５］　生活満足度および主観的幸福度の平均値**

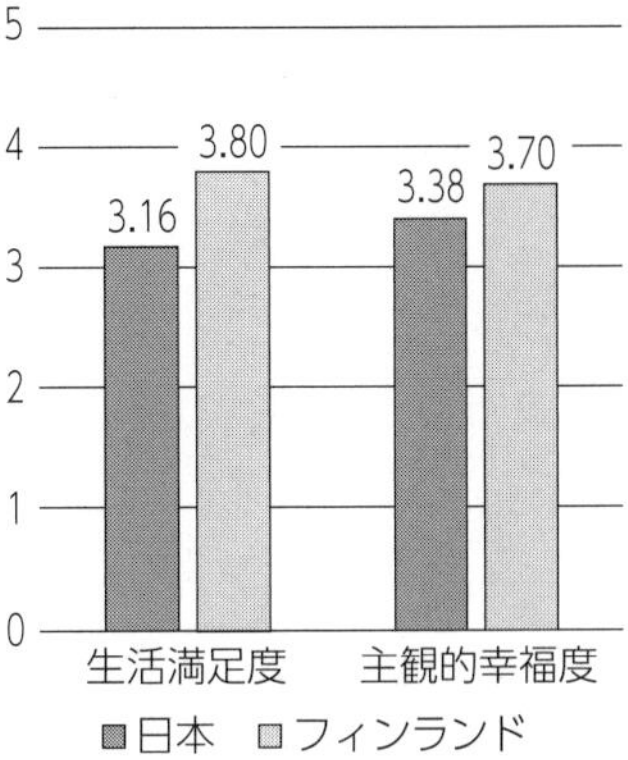


評価」）による幸福度ランキングでは北欧が上位を占め、日本は先進国で最低水準となっています。北欧と日本のこの違いはどこから来るのでしょうか。世界幸福度報告２０１８年版から２０２１年版までの１位は４年連続でフィンランドでした。ここではこのフィンランドと日本の違いについて考えたいと思います。

ここまで、過去の幸福度研究をもとに、幸福度に対して関連が強いものとして、人とのつながり、仕事と生活のバランス、余暇、自然とのつながりといった要素を挙げてきました。これらの状況をここでは著者らの独自のアンケート結果をもとに概観したいと思います。

著者らは日本では２０１９年１月（日本全土１万２４９人）、フィンランドでは２０１９年３月（フィンランド全土４３９２人）にインターネットを利用したアンケートを行っています。実施に際してはそれぞれの国の地域別人口、男女比、年齢構成に合わせた人数の回答を得ています。まず、幸福度に関して、世界幸福度白書の国別ランキングと同じ「人生の評価」に関する主観的幸福度指標（0から10の11段階で回答）の平均値は**図表1－4**に示すように日本が6・53、フィンランドが7・88となっており、世界幸福度白書と同等の平均値となっています。また、主要な主観的幸福度指標である生活満足度（全体としてどの程度生活に満足していますかという質問。1から5の5段階で回答）と主観的幸福度（全体としてどの程度幸せですかという質問。1から5の5段階で回答）の平均値は**図表1－5**に示すように、生活満足度では日本が3・16、フィンランドが3・80、主観的幸福度では日本が3・38、フィンランドが3・70となっており、両指標においてフィンランドのほうが高いことが分かります。

## フィンランドと日本の「人とのつながり」

次に、幸福度の主要因とされている「人とのつながり」に関係する指標についての平均値を**図表1－6**に示しています。人との関係性に関する満足度について1から5の5段階で尋ねている質問について、家族、親族、知人・友人、そして地域の人との関係性の満足度は図表1－

［図表１－６］　人とのつながりの平均値

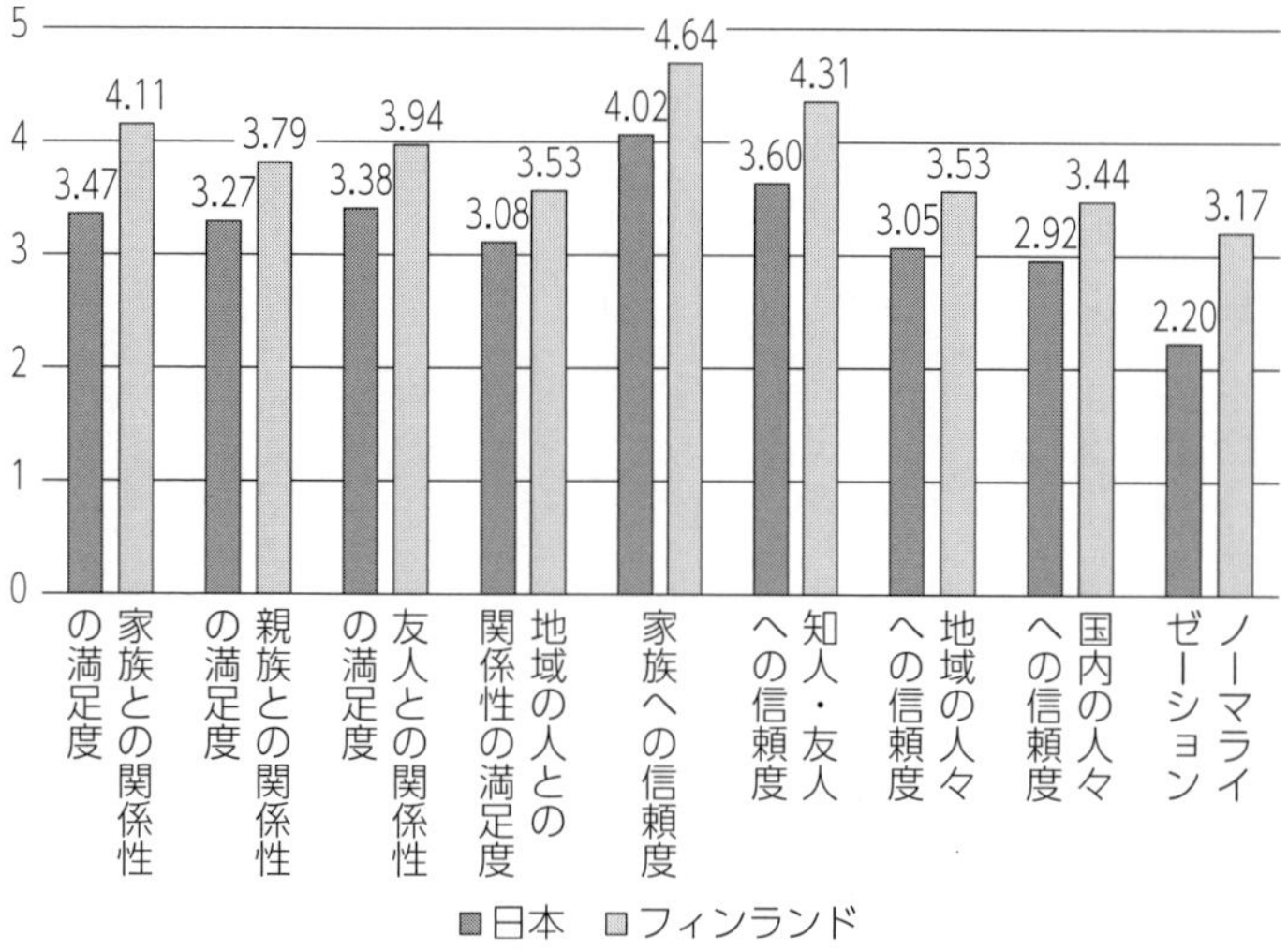


６に示すようにフィンランドのほうが日本よりもどの関係性においても平均が高いことが分かります。また、「人とのつながり」の主たる指標である「信頼」に関しても家族、親族、知人・友人、そして地域の人についてフィンランドのほうが高いことが分かります。以上より、周囲の人との関係性満足度や周囲の人への信頼がフィンランドのほうが高いことが分かります。

また、関連して、ノーマライゼーションの理念、すなわち「障害のある人もない人も、互いに支え合い、地域で生き生きと明るく豊かに暮らしていける社会を目指す」という理念（厚生労働省ＨＰ[16]）についても見ていきます。自分自身が普段どの程度こうした「ノーマライゼーション」の理念に合致した生活を行っているかについて1から5の5段階で評価をしてもらっています。普段、街を歩いていて、電車で席を譲ったり、体の不自由な方に対して自然に手を差し伸べたりすることができる社会かどうかを把握するための質問です。この質問についても、日本の平均値が2・20であるのに対してフィンランドは3・17となっており、大きくフィンランドのほうが平均値が高いことが分かります。フィンランドは日本と比較して見知らぬ人をも助けてくれるような社会であることが分かります。

## フィンランドと日本の「仕事と生活のバランス」

次に、「仕事と生活のバランス」を見ていきましょう。まず余暇の状況を見ていきます。フィンランドでは、学生はもちろんのこと社会人も長期休暇をとることが普通です。アンケート回答者の中で社会人を抜粋し、その夏期休暇の平均（週）を示したものが**図表1－7**です。日本は1・02週であるのに対してフィンランドは4・42週となっており大きく違うことが分かります。また、フィンランドでは多くの家庭が別荘を所有しています。アンケートの結果からも別荘の所有率は日本が全体の2・07％であったのに対し、フィンランドは29・44％が別荘を所有していることが分かりました。夏期休暇に別荘で過ごす期間についても図表1－7に示すよう

［図表1－7］　夏期休暇および別荘で過ごす期間の平均値（単位は週間）

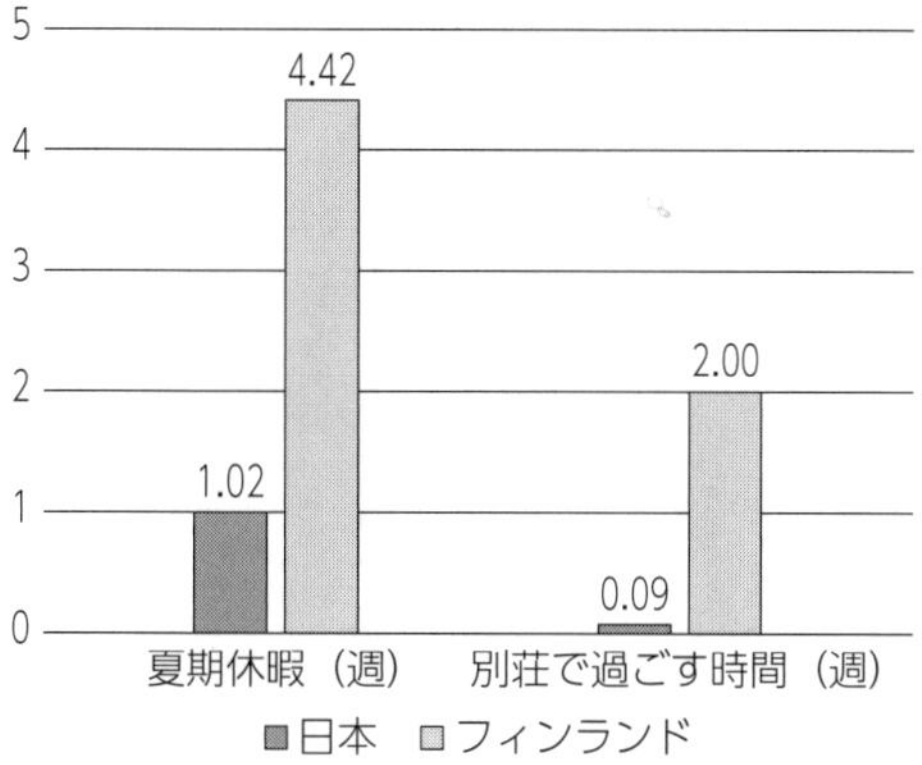


に、日本が全サンプル平均で0・09週であるのに対して、フィンランドは全サンプル平均で2週となっています。この平均値は別荘を所有していない人を含めての平均値なので別荘を所有している人はもっと長い期間別荘で過ごしていることになります。社会人の余暇としての夏期休暇の状況は大きく日本とフィンランドでは異なることが分かります。

また、余暇の過ごし方に関する回答をまとめたものが**図表1－8**です。フィンランドは一般的な社会人は午前8時ごろには出社し、午後4時には仕事を終えると言われています。仕事を終えた後にも時間がたくさんあるため、多くの人は地域にある自分の趣味のサークルに所属し、課外活動を楽しむと言われています。実際にアンケートの結果でも課外活動の時間は日本が平均で1日当たり0・26時間しかないのに対して、フィンランドは平均1・35時間と

[図表1－8]　余暇の過ごし方（縦軸は時間）

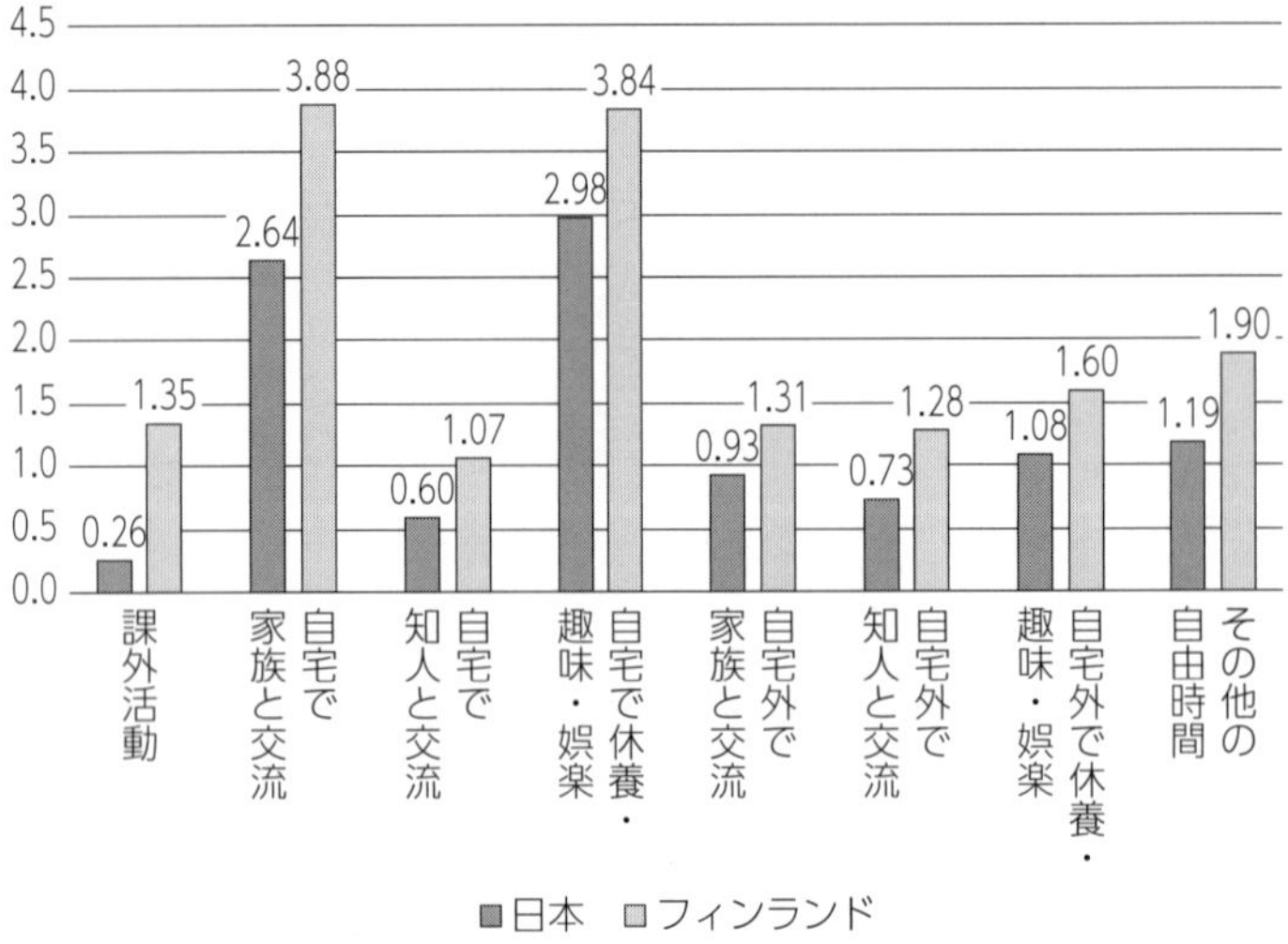


なっています。日本の学生が部活やサークルで課外活動に励むのと同様に、社会人になってもそういった活動に積極的に参加できる環境が整っているのがフィンランドというわけです。また、子どもがいる家庭は出社前に子どもを預け、午後4時には子どもを迎えに行くため仕事からの帰宅後に子どもと一緒に過ごす時間が十分に確保できる可能性が高いと言われています。実際にアンケートの結果でも自宅での家族との交流時間の平均値は日本とフィンランドで顕著に異なり、日本が1日当たり2・64時間であるのに対して、フィンランドは1日当たり3・88時間となっています。そのほか、図表1－8に示すように余暇に関する時間が日本とフィンランドでは大きく異なり、

フィンランドのほうが余暇時間が豊富にあることが分かります。

## フィンランドと日本の「自然とのつながり」

最後に、自然とのつながりに関して見ていきます。まず、子ども時代と現在の自然との触れ合いの程度をそれぞれ1から5の5段階で尋ねた回答平均については、図表1－9に示すように顕著にフィンランドのほうが平均が高いことが分かります。日本ではある程度子どもは公園で虫取りをしたりピクニックをしたりなどで自然と触れ合う機会はあると言えますが、社会人になると一気に自然との触れ合いが減ることが読み取れます。他方で、フィンランドは子どもの時はもちろんのこと、社会人となってからも自然と触れ合い続けていることが分かります。この違いはどこから来るのでしょうか。この点については第6章で説明を行います。

なお、「自然とのつながり」が幸福度の主たる要因であるという研究[17]についてすでに言及しましたが、「自然とのつながり」とは具体的に何を指しているのでしょう。心理学では「自然とのつながり」を把握する指標が複数提案されてきています。主要な自然とのつながり指標としてEAN（Emotional Affinity toward Nature Scale）、CNS（Connectedness to Nature Scale）、そしてLCN（Love and Care for Nature Scale）があります。詳細については説明が

[図表1－9]　自然との触れ合いの平均値

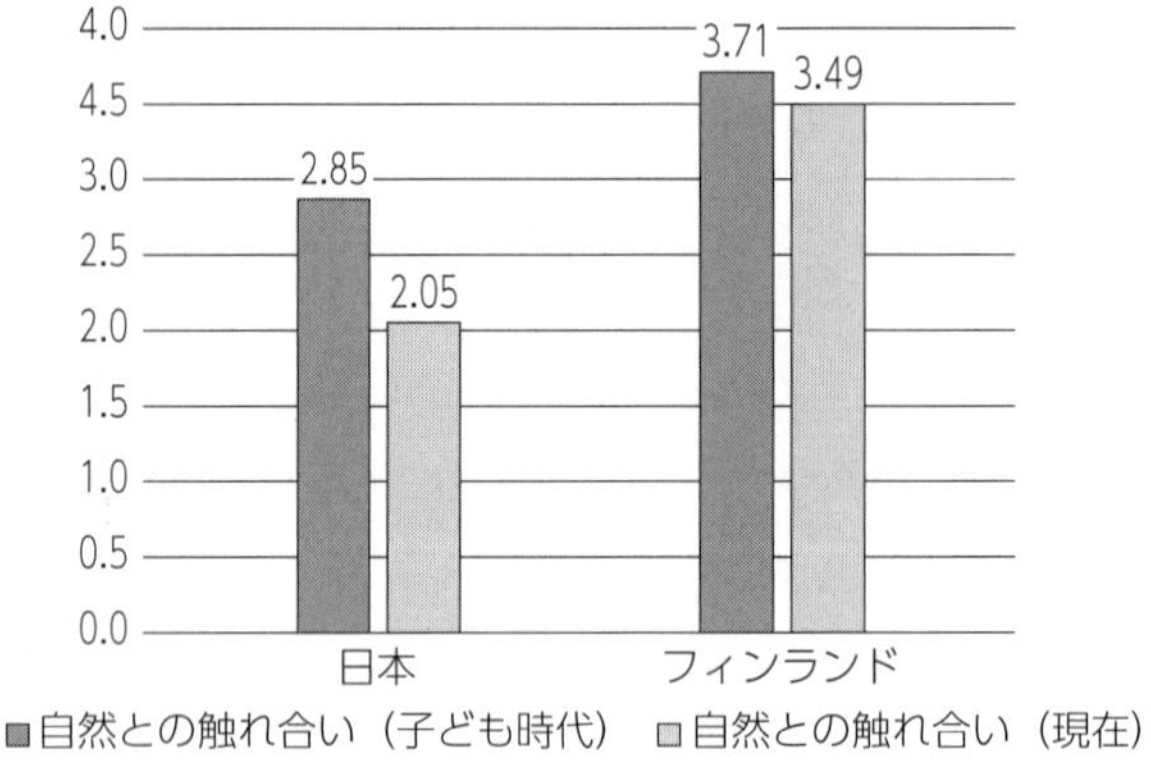


[図表1－10]　自然とのつながりの平均値

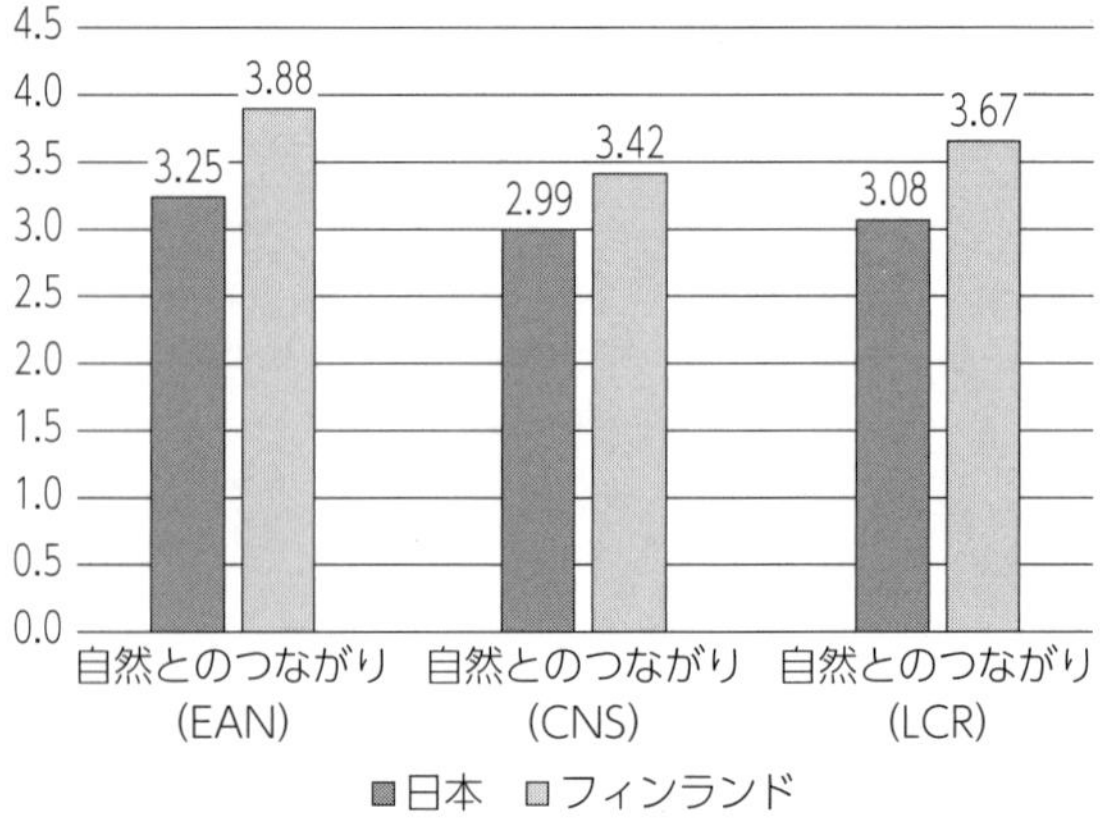

膨大になるため省きますが、これらは「自分の周囲の自然界との一体感を感じることがよくある」「自然の中で過ごすと、リラックスして心地よい親しみを感じる」といった10〜15程度の項目それぞれにどの程度同意するかどうかを把握し、それらを総合することで自然とのつながりを数値化するものです。EAN、CNS、そしてLCNでそれぞれ把握するための質問項目が若干異なりますが、大まかに言えば、自然とどれだけ一体感を感じているかを数値化した指標（最小が1、最大が5）と言えます。

我々のアンケートにおけるそれぞれの指標（EAN、CNS、LCN）の平均値を図表1－10に示しています。フィンランドのほうが日本よりも自然とのつながり指標の平均値が高いことが分かります。

## 「自然とのつながり」と環境配慮行動

なお、「自然とのつながり」は先行研究で環境配慮行動と相関が高いことも示されてきています[18]。すなわち、自然とのつながりを感じている人はそうでない人と比較して、環境にやさしい行動を実践しているということになります。これは考えてみれば当たり前のことであり、自然との一体感を感じている人にとっては、自然が破壊されることは、自分の体が傷つけられ

［図表１－11］　環境配慮行動の実施状況
（各行動を行っている人の割合）

| | 日本 | フィンランド |
|---|---|---|
| 代々モノを受け継ぐ | 8.58% | 35.04% |
| モノがあふれていない | 20.80% | 45.51% |
| 必要最低限のモノを消費 | 41.23% | 72.77% |
| モノを愛着をもって長く大切に使用 | 45.05% | 58.70% |
| 環境負荷の小さいものを消費 | 13.89% | 36.13% |
| 有機栽培や地元で収穫されたものを消費 | 11.08% | 31.88% |
| 環境負荷の小さい交通手段を利用 | 17.64% | 37.66% |
| リサイクルやごみの減量 | 44.78% | 79.42% |
| 身近な地域での環境保全活動 | 8.84% | 19.26% |
| 省エネ行動 | 33.01% | 57.22% |
| 太陽光パネルの設置 | 2.85% | 5.74% |
| 環境に配慮したファンドへの投資 | 1.74% | 7.51% |
| 動物保護活動 | 2.31% | 16.67% |
| 森林保全（植林活動など）活動 | 1.19% | 10.61% |
| 環境保護団体への寄付 | 1.41% | 7.79% |

るのと同等ということなのだと考えられます。環境配慮行動を促進していくためにはこの「自然とのつながり」が鍵になることは言うまでもないことだと思います。

実際に、環境配慮行動の実施状況を尋ねた結果をまとめた**図表１－11**を見ると分かるように顕著に日本とフィンランドとで環境配慮行動の実施（各行動を行っている人の割合）に差があることが読み取れます。利他的な行動（ボランティア活動や環境配慮行動）をすることは幸福度を高めるという研究[19]もあり、こうした行動がフィンランドの幸福度をより高めている可能性も考えられます。

以上本章で見てきたように、幸福度に影響を与えると考えられる主たる要素として1.「人とのつながり」、2.「仕事と生活のバランス、余暇」、3.「自然とのつながり」が挙げられます。それぞれについて、フィンランドのほうが日本よりも顕著に優れていることが分かり、このことが幸福度ランキングに影響を与えている可能性が考えられます。これらについて、「人とのつながり」は第4章で、「仕事と生活のバランス、余暇」は第5章で、そして「自然とのつながり」は第6章で、より詳細に説明を行っていきます。

次章では著者らが日本で行った30万人規模でのアンケート調査結果[20]を用いて、日本の幸福度のより詳細な状況を概観していきます。また、第3章では日本が高度経済成長およびその後のアベノミクスなど経済発展を最優先課題としてきている中で、お金と幸福度の関係性について学術的研究の状況と著者ら独自の研究の成果を紹介します。また、第7章から第10章では前述の日本における30万人規模のアンケート調査結果を用いて、日本の都道府県あるいは市区町村レベルでの地域別における幸福度の比較結果を紹介します。

**第1章のまとめ**

● 相対的な幸福度を測る指標として国連を始めとする多くの研究機関で幸福度指標が活用されている。

● 経済発展が幸福度上昇に結び付く関係性は限定的であり、働き方や人間関係、住みよさや自然とのつながりなど、様々な要素が複雑に結びつくことで、幸福度の大きさを決定している。

● フィンランドの事例から、働き方や人間関係、住みよさや自然とのつながりに加えて、助け合いの精神や利他的な行動を行うことが人々の幸福度を高める効果が指摘されている。

# 第2章
# 日本の幸福度

## 日本の幸福度の分布

本章では、日本国内に居住する人々を対象とした調査として国内最大規模の30万人アンケートデータを利用することで、どのような人々が幸福であると認識しているかを探っていきます。自分の幸せについて、人々はどのように理解しているのでしょうか。ここでは前章で紹介した「主観的幸福度」と呼ばれる指標を活用して、人々の幸福度について紹介します。主観的幸福度の計測はアンケート調査を行います。アンケートの質問内容は「現在、あなたはどの程度幸せですか。『とても幸せ』を10点、『とても不幸』を0点とすると、何点くらいになると思いますか。」です。

調査結果の平均値とスコア別の回答比率を**図表2－1**で紹介します。図表2－1から、自分は幸福であると感じている人々が多い傾向にあることが分かります。その一方で、不幸であると感じている人々も一定数いることが確認できます。

ここで疑問が浮かび上がります。「幸せである」と回答する人と「不幸である」と回答する人では、何が違うのか？　という点です。もちろん、アンケート調査回答直前に良いこと（宝くじに当選する）があれば幸せであると回答するでしょうし、悪いこと（財布を落とす）があれば、不幸であると回答するでしょう。ですが、人間の幸福度を左右するのは、もっと根本的

［図表2－1］　主観的幸福度の分布

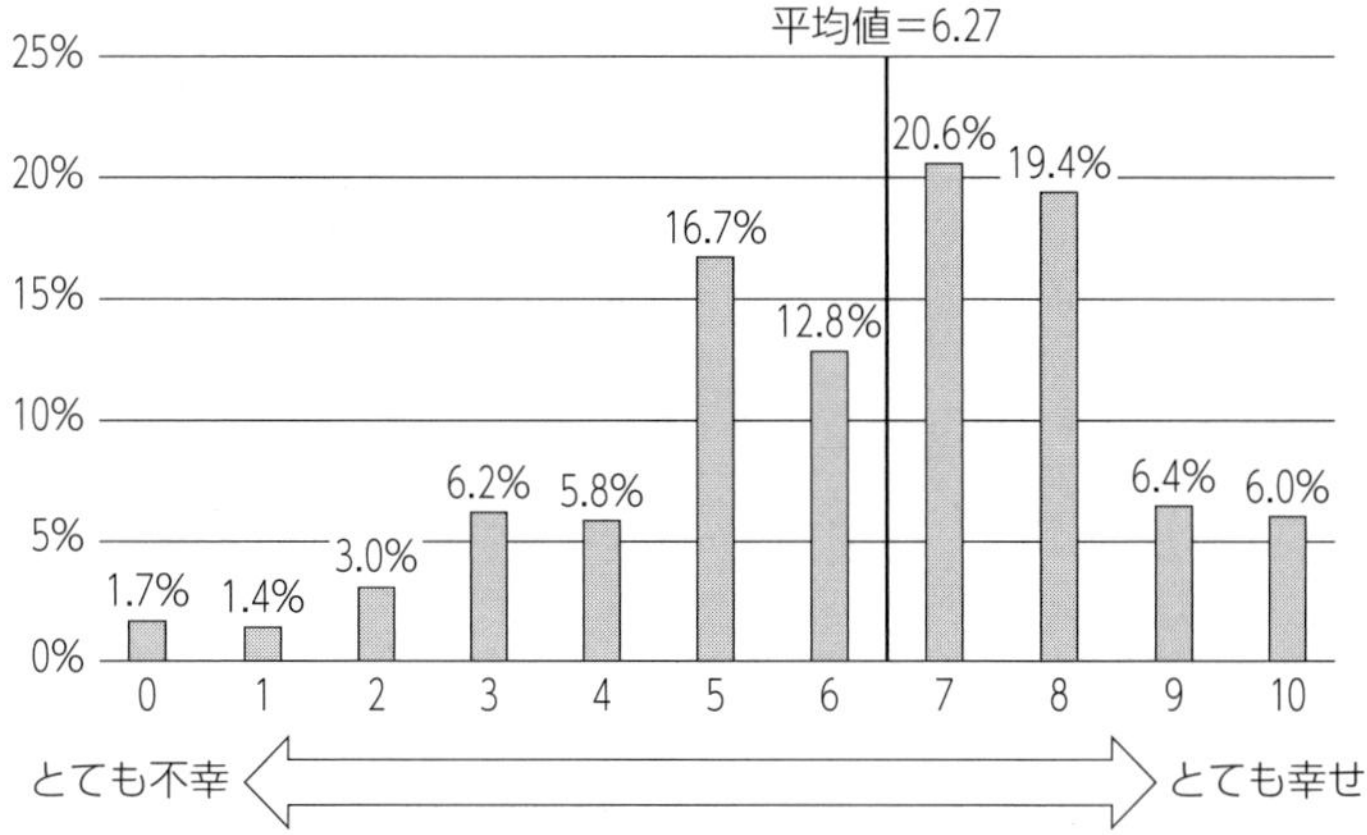


な要素が関わっていると言われています。それは、家族との時間や仕事のやりがい、収入や資産など様々です。ここでは、人々の幸福の感じ方が、これらの要素別にどのように異なるかを紹介していきます。

アンケート調査結果を回答者の性別で分類して、回答スコア別の比率を比較したのが図表2－2です。この図は男女間の幸福度の感じ方が異なっていることを表しています。スコアが0から7までは、すべて男性の回答比率が女性よりも高い一方で、幸福であると強く認知しているスコア8から10においては、女性の回答比率が男性よりも高い結果となりました。平均値も女性の回答が男性よりも高い結果となっています。

ここでアンケートの選択肢の中で0、1、2、3を選択した場合を「不幸である」と回答したものと

[図表2－2]　男性と女性での主観的幸福度の分布

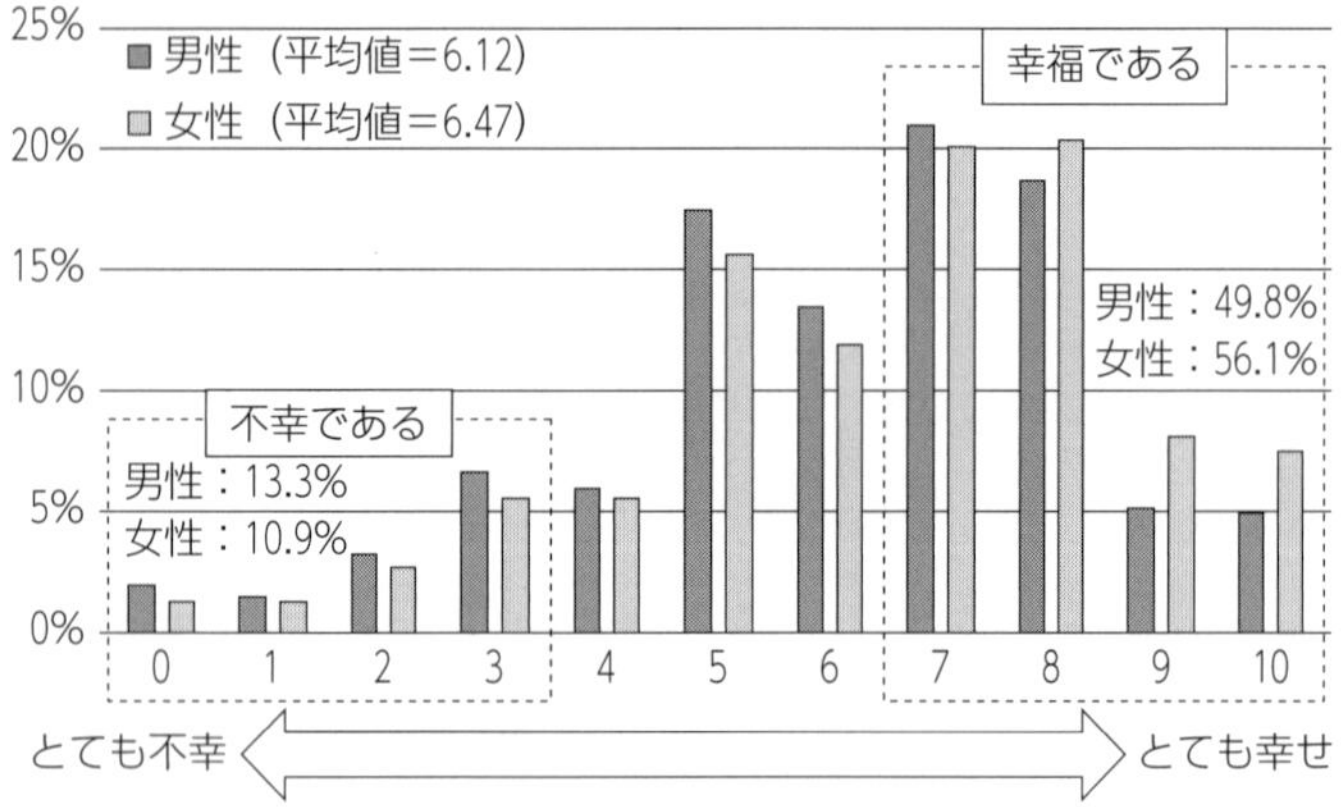


し、選択肢の中で7、8、9、10を選択した場合を「幸福である」と回答したものとみなすと、不幸であると回答した割合は男性が13・3％であるのに対して、女性は10・9％と相対的に低い水準にあります。一方で、幸福であると回答した割合では、男性が49・8％であるのに対して、女性は56・1％と高い水準にあります。

なぜ女性は男性に比べて幸せであると回答する比率が高いのでしょう？「平成26年度版男女共同参画白書」でも、女性は男性よりも幸福度が高い傾向にあることが指摘されており、その要因の1つとして専業主婦の回答で幸福度が高い点が挙げられています。また、未婚や配偶者と離別・死別した人々を対象に幸福度を比較した場合においても、男性より女性のほうが、幸福度が高い傾向にあることが示されています。

## 年齢と幸福度

次に、年齢別に幸福度に関する回答の傾向を比較してみましょう。図表２－３は年齢別の幸福度に関する回答を示した図です。この図より、10歳代や20歳代前半の若者では、他グループと比較して幸福であるという回答比率が低く、不幸であるという回答比率が高い傾向にあることが分かります。なぜ日本の若者の幸福度は低いのでしょうか？　その理由の1つに、日本においては将来不安や将来の不確実性が大きい点が指摘できます。若者は今後待ち構えている大学受験や就職活動に対して、漠然とした不安を抱えてしまうことでストレスを感じる傾向にあるのではないでしょうか。北欧のようなセーフティネットの充実や人間関係の良好さが日本では相対的に欠如していることが指摘できます。一方で、20歳代後半のグループでは、20歳代前半のグループと比べて幸福であるとする回答比率が大幅に上昇していることが見て取れます。就職して働きだしたことで将来への不安や不確実性が減少した可能性が考えられます。

興味深い点としては、30歳代前半から40歳代後半にかけて幸福度が低下傾向にある点です。この年代では幸福であるという回答比率と平均値が低下傾向にあるものの、不幸であるという回答比率に大きな変化は見られません。こうした結果が得られた理由として勤務年数とともに

[図表2－3]　年齢別での主観的幸福度の回答比率の比較

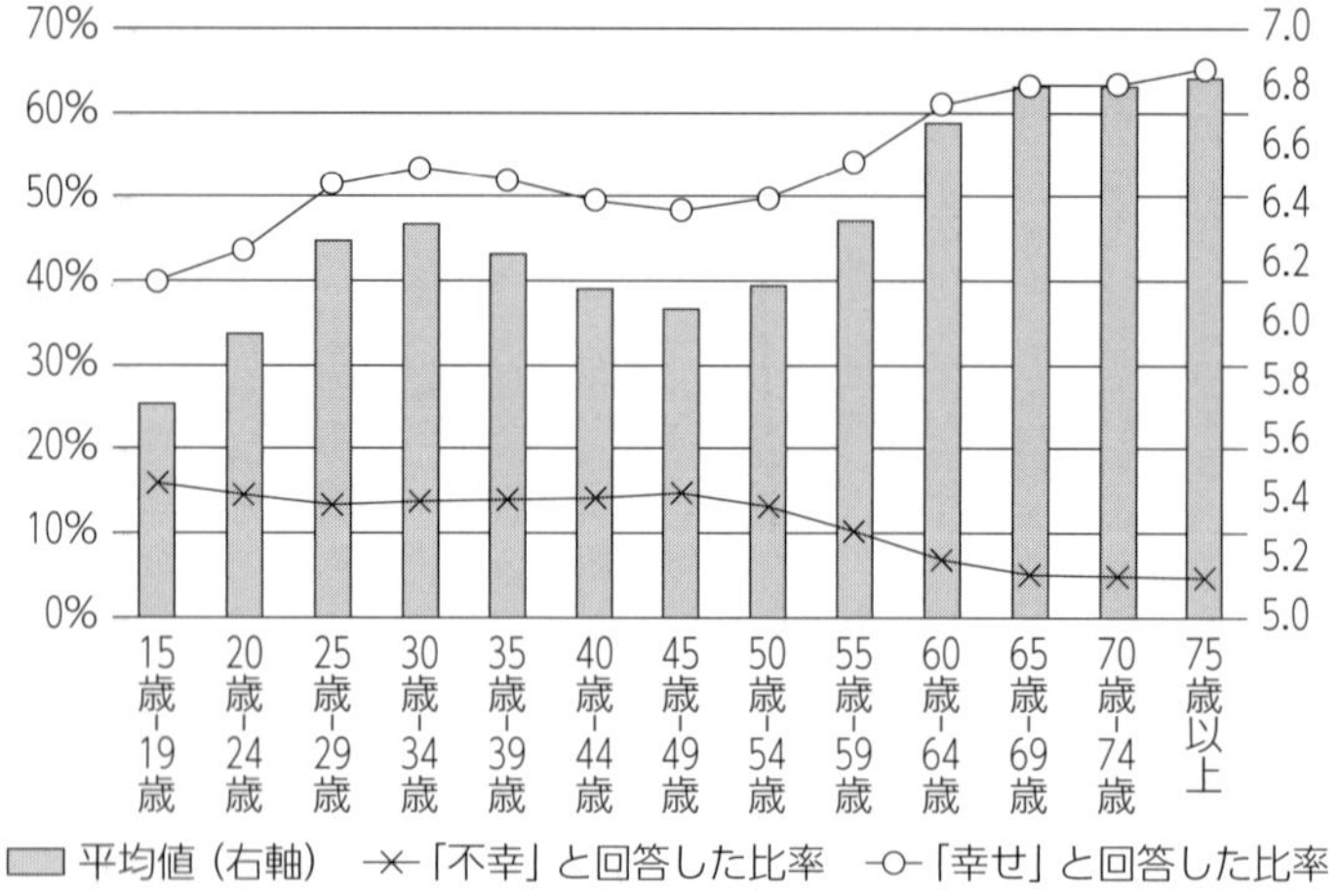


求められる役割が変化している点が考えられます。就職後は希望を胸に様々な仕事に取り組む中で自らの成長を実感するとともに、仕事へのやりがいを感じることも多いですが、中堅社員の域に達すると部下と上司からの要求に板挟みとなることが増えるため、ストレスを感じることが多くなるのではないでしょうか。また、40歳代や50歳代では、子どもが反抗期の年齢を迎えることも多いことから、職場や家庭で求められる役割が大きな負担となっている点が考えられます。

最後に、50歳代前半からは年齢を重ねるごとに幸福であるとする回答比率が高まり、不幸であるとする回答比率が低下する傾向にあります。この理由として、高齢者は過去の経験から自分の能力の限界を悟るとともに、他者への嫉妬心も低下することが考えられるのではないでしょうか。

［図表２－４］　ライフステージ別での主観的幸福度の回答比率の比較

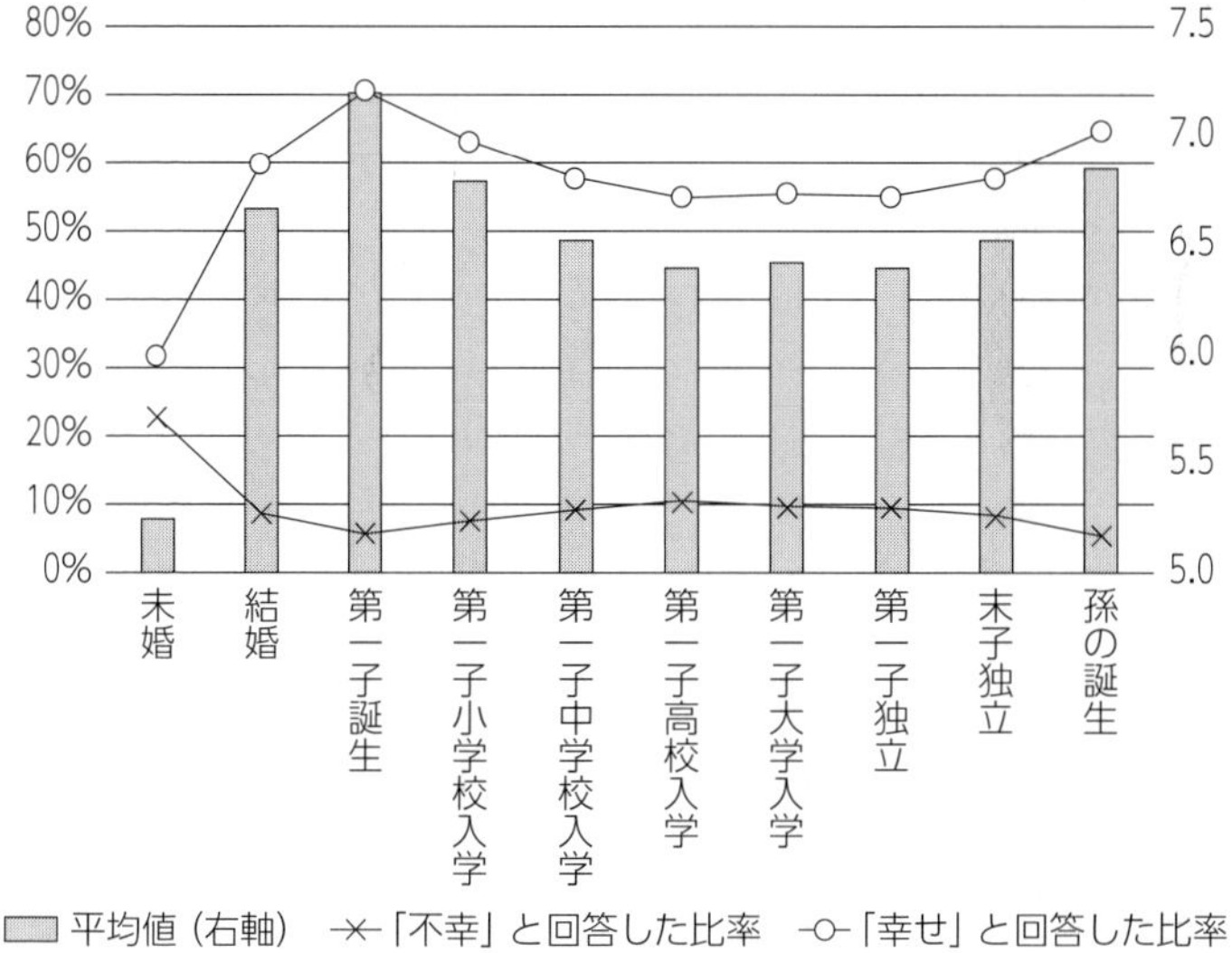


年齢別の幸福度を理解するうえで、家庭環境の要素を考慮する必要があります。後述するように、家族との時間が幸福度を高めるという研究結果も出ています。次に、回答者のライフステージ別の幸福度を比較してみましょう。

**図表２－４**は、結婚や出産、子どもの成長の段階で分けたライフステージ別での幸福度の比較結果です。この図から顕著に見えるのは、未婚の回答者グループでは、幸福であると回答する比率が低く、不幸であるとする回答比率が高い傾向にあり、両者の差は数パーセントしかありません。こうした結果から、パートナーの有無は幸福度に大きな影響を与える重要な要素の１つであることが分かります。

興味深い点として、未婚以外のグループにおいては幸福であるという回答比率では差が確認できますが、不幸であるという回答比率では大きな差が見られません。これらの結果から、パートナーの有無は幸福及び不幸であるとする両方の回答に影響を与えるものの、子どもの有無については幸福であるという回答に影響を与えるが、不幸であるという回答比率には大きな影響は与えていない可能性が指摘できます。

幸福であるとする回答比率は、結婚から第一子誕生にかけて上昇する一方で、その後第一子高校入学のステージまで低下する傾向にあります。この理由として、図表2－3の解説で示したように子どもの反抗期や受験への対応で親が疲弊している可能性が指摘できます。

最後に、末子独立や孫の誕生のステージでは幸福であるとする回答比率が再び上昇傾向にあり、子育てがひと段落した達成感や自分の趣味・友人関係に多くの時間を費やすことが可能となった点が理由として考えられます。以上のような家族や友人など「人とのつながり」と幸福度の関係性については第4章で詳しく説明を行います。

## 経済的豊かさと幸福度

人々の幸福度に影響を与える大きな要因として、経済的な豊かさがあります。ここでは、保

**［図表２－５］　保有資産金額別での主観的幸福度の回答比率の比較**

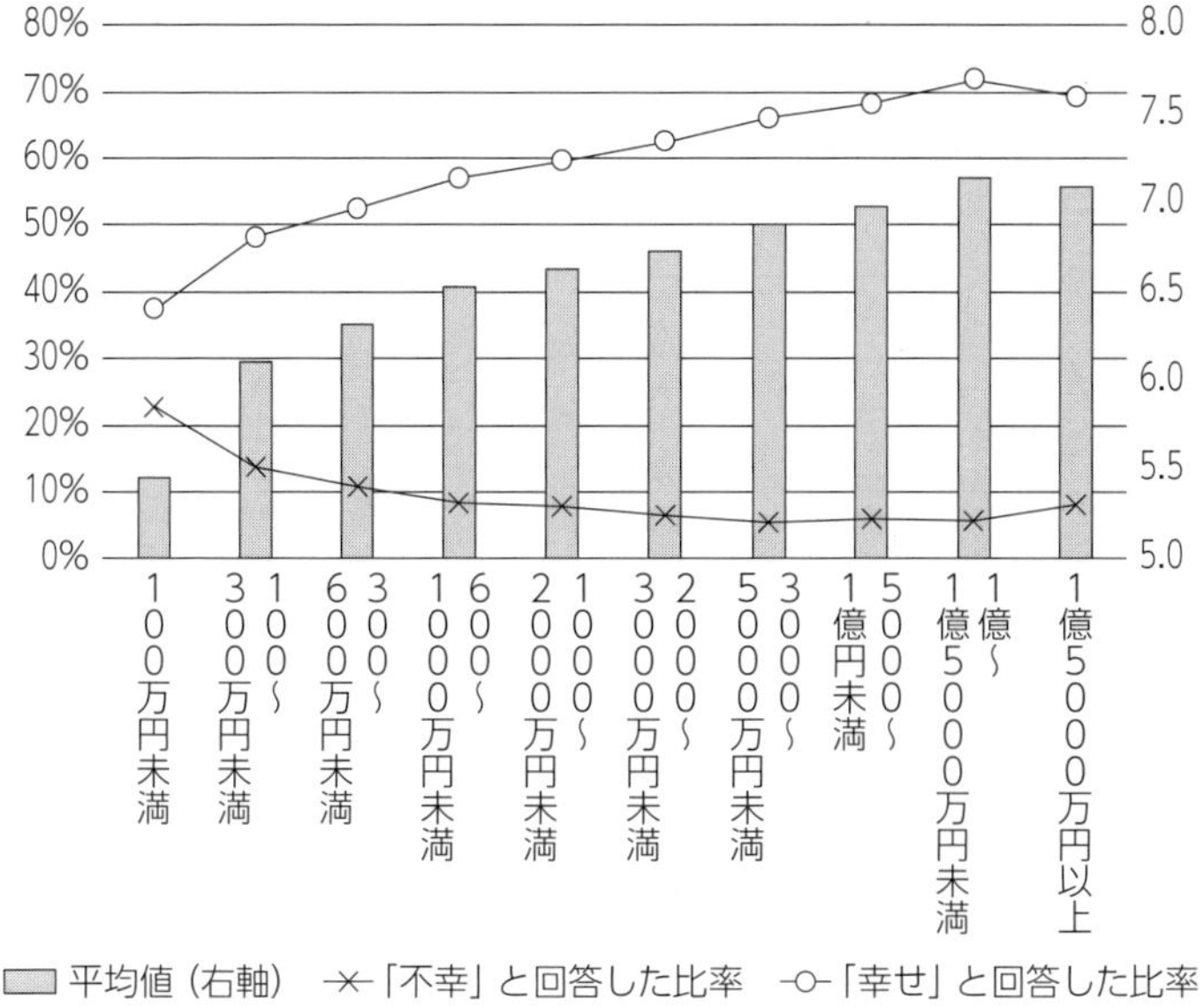


有資産と世帯年収の2つに関して、幸福度との関係性を見てみましょう。**図表２－５**は保有資産別の幸福度を示したグラフです。この図から、保有する資産の金額が増加すればするほど幸福であるという回答比率は増加傾向にあることが分かります。また、不幸であるとする回答比率は、保有資産100万円未満のグループで最も高い比率が見られ、保有資産600万円～1000万円のグループにかけて徐々に比率が低下しています。一方で、保有資産が600万円～1000万円から1億円～1億5000万円のグループ間において、不幸であるとする回答比率に大きな差は見られません。意外な結果と

[図表２－６]　世帯での年間収入金額別での主観的幸福度の回答比率の比較

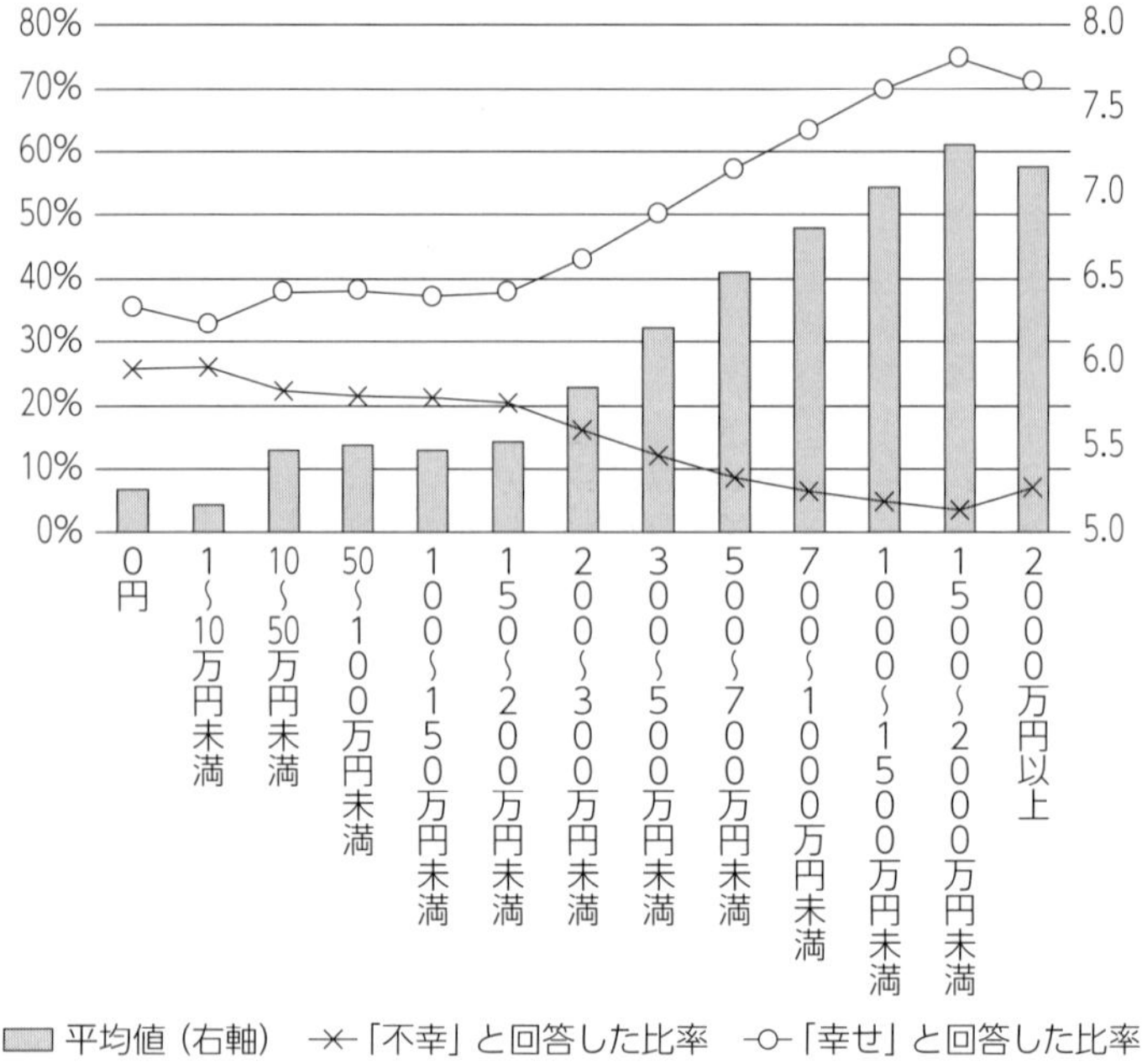


して、保有資産が1億5000万円以上の回答者グループで、幸福であるとする回答比率が低下し、不幸であるとする回答比率が上昇している点が挙げられます。仕事や人間関係のストレスが影響しているのかもしれません。

次に世帯年収と幸福度の関係性を見てみましょう。**図表2－6**は世帯年収別の幸福度を示したグラフです。この図から、世帯年収の金額が200万円を超えると、金額の増加とともに幸福であるという回答比率が上昇し、不幸であるとする回答比率が低下傾向にあることが分かります。一方で、世帯年収が10万円～50万円から150万円～200万円のグループにおいては、幸福である及び不幸であるとする回答比率や、幸福度の平均値については大きな差は見られません。この点は保有資産と幸福度の関係性とは異なっており、興味深い結果であると言えます。

第1章で触れましたが、所得が幸福度に結び付いていない可能性が学術的に指摘されてきています。しかし、図表2－6を見る限りでは一定水準の所得までは主観的幸福度が上昇していることが読み取れます。ただし、年収1000万円以上1500万円未満と年収2000万円以上のグループで大きな差が見られない結果となっています。このことから、年収と幸福度の関係性は常に正の関係が見られるわけではなく、年収が一定水準に達すると幸福度との関係度合いは低くなる可能性が示唆されます。こういった経済的な豊かさと幸福度の関係性については第3章で詳しく説明を行います。

## 労働環境と幸福度

第5章で詳しく述べますが、これまでの研究から、働き方は人々が感じる幸福度に大きな影響を与えることが分かっています。ここでは、職業と幸福度の関係性を見てみましょう。図表

［図表2－7］　職業別での主観的幸福度の回答比率の比較

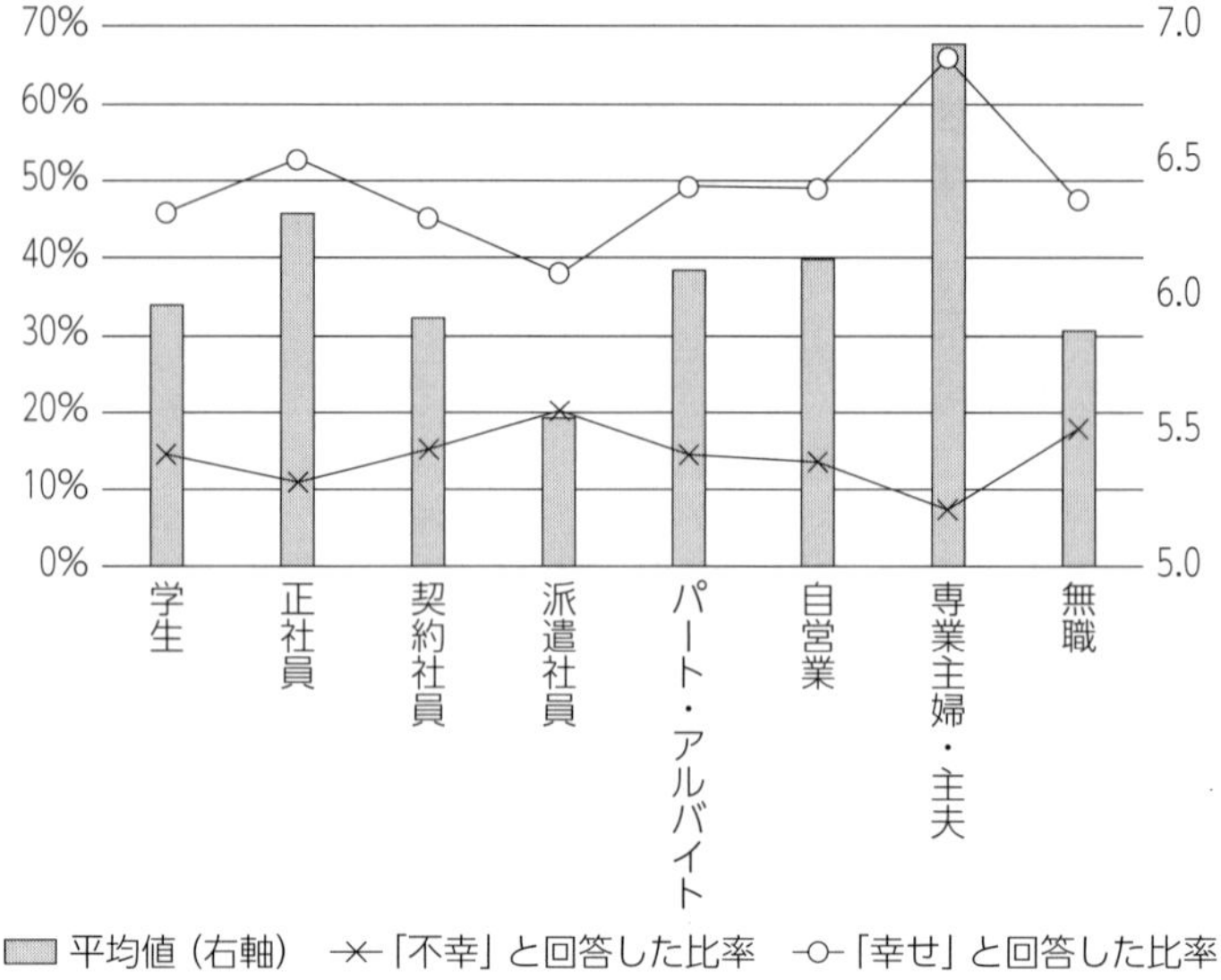


2－7は職業別の幸福度を示したグラフです。この図から、学生や派遣社員では幸福度が低く、正社員や専業主婦・主夫で幸福度が高い傾向にあることが分かります。一方で、パート・アルバイト、自営業、無職のグループは類似した結果が得られています。ここで注意すべきは、無職の人々の中には求職中の失業者だけでなく、定年退職後に無職となっている高齢者が含まれていることです。したがって、無職のグループについては年齢別もしくは保有資産別で分けた幸福度の比較が必要になります。加えて、パート・アルバイトの人々についても自らが世帯主の場合と配偶者が世帯主の場合とで世帯年収が大きく異なることから、幸

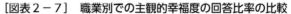

**[図表2－8]　役職別での主観的幸福度の回答比率の比較**

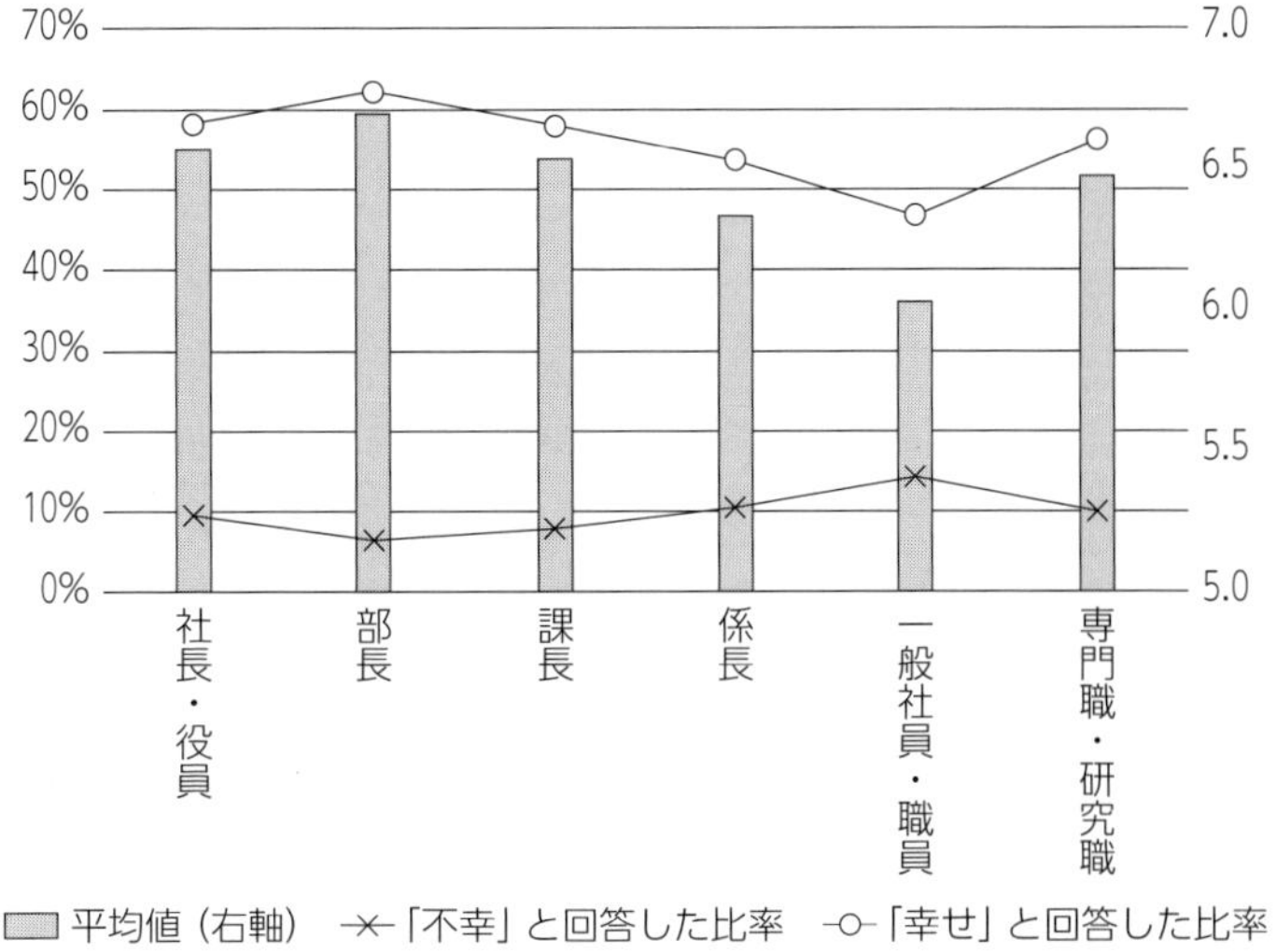


福度についても違いが見られることが予想されます。

次に、勤務先での役職別の幸福度について紹介します。**図表2－8**は、役職別の幸福度を示した図です。この図より、社長・役員や部長・課長などの管理職は一般社員・職員と比べて幸福であるとする回答比率が高く、不幸であるとする回答比率は低い傾向にあります。一方で中間管理職である係長では、幸せであるとする回答比率が下がり、逆に不幸であるとする回答比率が上昇しています。この傾向のピークは一般社員・職員であり、幸福であるという回答比率は部長と比べて15ポイントも低い結果となりました。

当然、社長や部長は社会的地位が高く、

収入も高いため幸福度が高い傾向にあることが想像できますが、それ以外の理由として、職場における裁量の大きさが挙げられます。過去の研究から、自己決定と幸福感との間には強い関係性があり、自らの判断で物事を決定することができる環境は、幸福度を高める傾向にあることが知られています。職場において、社長や部長は大きな裁量権を持ちますが、一方で一般社員は上司への伺いを立てながら、日々の業務を行うことが多いと言えます。この点から、職場における裁量権の違いが、役職別における幸福度の水準に影響を及ぼした可能性が指摘できます。加えて、自身の判断で業務を進めるケースが多い職種として専門職・研究職がありますが、これらの職種に従事する人々は、一般社員と比べると幸福であるとする回答比率が高い傾向にあります。

## 都道府県別の幸福度

次に、回答者が居住する都道府県と幸福度の関係性について紹介します。図表2－9は、回答者の居住する都道府県別に「幸福である」と回答した比率と「不幸である」と回答した比率を示した図です。幸福あるいは不幸であると回答した比率が高ければ濃い色で示しています。この図より、東北地方では幸福であると回答する比率が低い水準にある一方で、不幸であると

［図表２－９］　都道府県別での回答比率の比較

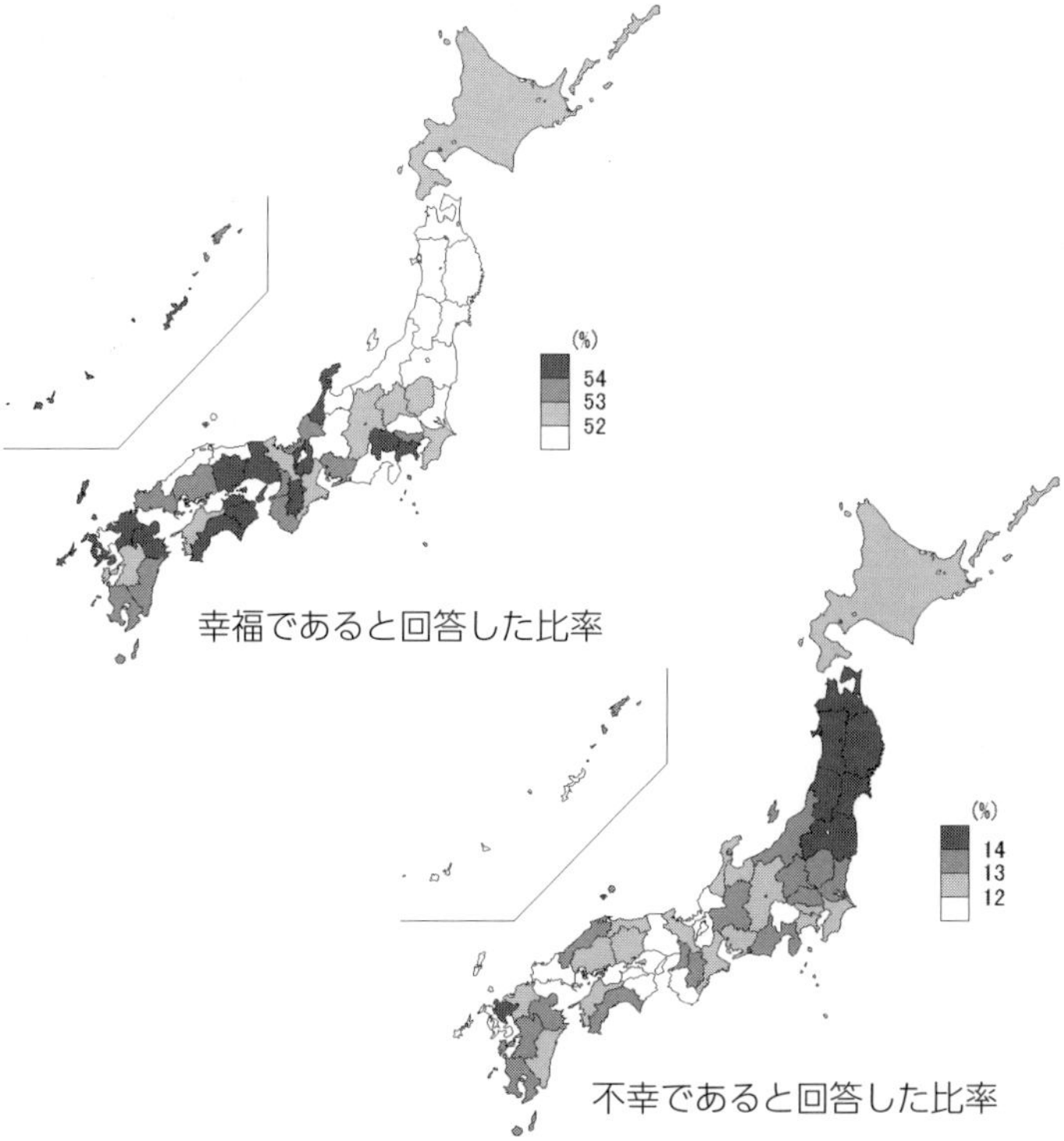


回答する比率が高い傾向にあることが分かります。

反対に、西日本地域の多くの都道府県で幸福であると回答する比率が高い水準にあることが分かります。もちろん、都道府県別にこれまで紹介してきた所得や保有資産、高齢化率や雇用形態の特性が大きく異なりますので、こうした要因の違いを踏まえた考察が必要になります。それでもなお、東北地方の都道府県において幸福であると回答する比率が相対的に低い水準にある点は説明が難しいと言えます。本書では第6章で地域の特徴（住みよさ）と幸福の関係性について詳しく説明を行います。また、第7章以降では、地域別の幸福度の認知度合いを掘り下げて紹介を行います。そこでは、地域別に年齢や性別、所得などの要素別に分けて幸福度の水準を比較します。

### 第2章のまとめ

- 国内を対象とした大規模アンケート調査結果より、年代別においては65歳以上のグループが、ライフステージ別では第一子誕生のグループで幸福であると認知する割合が高い傾向にある。
- 専業主婦・主夫の幸福度が他職業に比べて突出して高い点が示された。一方で、非正規雇用である派遣社員は、他職業に比べて相対的に幸福度が低い傾向にある。
- 都道府県別の調査結果より、東日本で不幸であると回答する割合が相対的に高く、西日本で幸福であると回答する比率が相対的に高い傾向にあることが明らかとなった。

第3章

# お金と幸福度

## 経済的豊かさは幸福度を高め続けるのか

第1章では「経済発展が幸福度上昇に結び付いているとは限らない」というイースタリンパラドックス（幸福のパラドックス）の考え方を紹介し、多くの国でその状況が確認されてきていることを紹介しました。第1章でも紹介しましたが「幸福度は所得、平均余命などと正の相関関係にあるが、他方で労働時間、環境悪化などと負の相関関係にあり、こうした負の相関関係にあるものの寄与が所得より大きくなる場合がある」という研究があります[1]。お金によって私たちは必要不可欠な衣食住および生活必需品を賄うことができるようになり、必要な医療・教育を受けることもできるようになります。また、所得の増大は政府の税収につながり、社会インフラや医療サービス、福祉・社会保障サービスの充実にもつながると考えられます。この意味で、所得増大は幸福度に対してプラスの影響を及ぼす側面を持つと言えます。

第1章の図表1－3に示した「1人当たりGDPと主観的幸福度の関係性」において示したように、お金が人々の幸福度に及ぼす影響は所得が低いほうが大きいことが確かめられてきています。たとえば、発展途上国のほうが先進国と比較して所得が幸福度に与える影響が大きいこと[2]、また多くの国で必要最低限の衣食住、物品、医療、教育を享受できることは幸福度に対して強いプラスの影響を与えることが確認されてきています。所得の増大が幸福度増大に結び付いていない可能性を指摘した「イースタリンパラドックス」を１９７４年[3]に提起したイースタリンも、自身の数十年の研究成果を振り返った研究論文で「所得が高い人は平均的には所得が低い人と比べて幸福である。しかし、所得増大の幸福度増大への影響は所得が高くなるにつれて小さくなっていく。」と結論付けています[4]。

その後の研究でも同様の議論がなされてきており、より包括的なデータを用いた分析を用いた研究でも、幸福度と所得の間に頑健な正の関係性が見出されています。たとえば、世界各国のデータを用いた研究[5]では主観的幸福度の国別平均水準と国別平均１人当たりＧＤＰの間に明確な正の関係性があることを様々なデータセットにおいて実証し、さらに、国別の比較ではなく、一国内においても、主観的幸福度と所得の間の関係性において正の関係性が見出されることも示しています。この研究では国家間および国内において所得の絶対水準が幸福に影響を与えること、そして相対的な所得は幸福に限定的な影響しか与えないと述べています。また、１３２か国の個人を対象に行われたサーベイである the Gallup World Poll のデータを用いた研究[6]でも生活満足度と１人当たり所得の間に同様の関係を見出しています。さらにより最近の研究[7]でも同様の関係が見出されています。また、経済満足度の決定要因としての所得と資産に着目した研究[8]では、所得は予想されるとおり経済満足度と正の関係性を有する一方で、

［図表3－1］　主要なウェルビーイング指標

注：Diener et al. (2010), Tsurumi et al.(2020)　をもとに著者作成。

資産は年配の人々の経済満足度増大に寄与していることが示されています。

さて、この「経済的豊かさは幸福度を高め続ける。ただしその影響は所得が高くなると小さくなっていく」という議論、皆さんの直観あるいは感覚に合致するものでしょうか？　本当にお金は幸福度を高め続けるのでしょうか？

最近の研究ではこの議論は「ウェルビーイング指標の選択次第」ということが共通認識として指摘されるようになってきています。たとえば、ノーベル経済学賞を受賞したダニエル・カーネマンは「経済的豊かさは人生の評価を高め続けるが、感情的な幸福は高め続けない」と述べています[9]。ここでの「人生の評価」は第1章で触れた世界幸福度白書の幸福度ランキングで用いられている指標（カントリルラダー）が代表例です。この指標は自分の人生を自分で主観的に評価する指標です。このほかに生活満足度（あなたは全体としてどの程度生活に満足していますか）も人生の評価指標に分類されます。一方で、「感情の幸せ」として有名な指標としてはたとえば「優位な感情」があります。これは昨日あるいは過去1週間にどのような感情を抱いたかについて、ポジティブな感情（喜び、笑顔など）とネガティブな感情（悲しみ、怒りなど）それぞれの頻度をアンケートで回答してもらうことで、ポジティブな感情の頻度とネガティブな感情の頻度を比較し、ポジティブな感情とネガティブな感情のどちらのほうが強かったのかを測る指標です。人生の評価が人生全体の長期的な評価と言えるのに対して、感情の幸せは直近の短期的な評価ということが言えます。

このような様々な幸福研究で用いられる主要なウェルビーイング指標を図表3－1にまとめました。人生の評価の指標としてカントリルラダー、生活満足度、感情の幸せの指標として優位な感情、肯定的感情、否定的感情が主要なものとして挙げられます。この他、主観的幸福度（あなたは全体としてどの程度幸せですか、と尋ね、1から5の5段階などで回答させる）も、よく用いられています。この主観的幸福度については生活満足度と同じものとして用いられている研究も見られますが、感情的な要素も含まれているという指摘があり[10]、人生の評価と感情の幸せの両面を持った指標と考えられ、図表3－1に示すように人生の評価と感情の幸せの中間の位置に定義できると考えられます。

## 日本ではどうなのか

なお、この「経済的豊かさは人生の評価を高め続けるが、感情的な幸福は高め続けない」と述べているカーネマンの研究はアメリカでのアンケートをもとに分析を行ったものです。日本ではどうなのでしょうか？

著者らが日本人を対象に行った研究では、カーネマンで得られた結果と同様のことが日本でも言えることが分かっています。以下詳細について説明をしていきます。

著者らは２０１７年に日本全国約1万人を対象（全国の人口分布、男女比に合わせて回答者数を地域別に割り当てています）に、『消費と幸福度に関するアンケート』を実施しました。

**図表3－2**はこのアンケートデータを用いて分析を行った「日本人の平均的な消費と幸福度の関係性」です。横軸に経済的豊かさ（指標として消費総額）、縦軸にウェルビーイング指標をとると、カーネマンのアメリカでの研究と同様に、経済的豊かさは人生の評価（ここではカントリルラダー）を逓減はしていくものの高め続けるが、感情の幸せ（ここでは優位な感情）はある程度の経済的豊かさを超えると高まらなくなることが日本においても確認できました[11]。

なお、ある程度の経済的豊かさを超えると、という点について、カーネマンのアメリカの研究

［図表3－2］　経済的豊かさと幸福の関係性の概念図

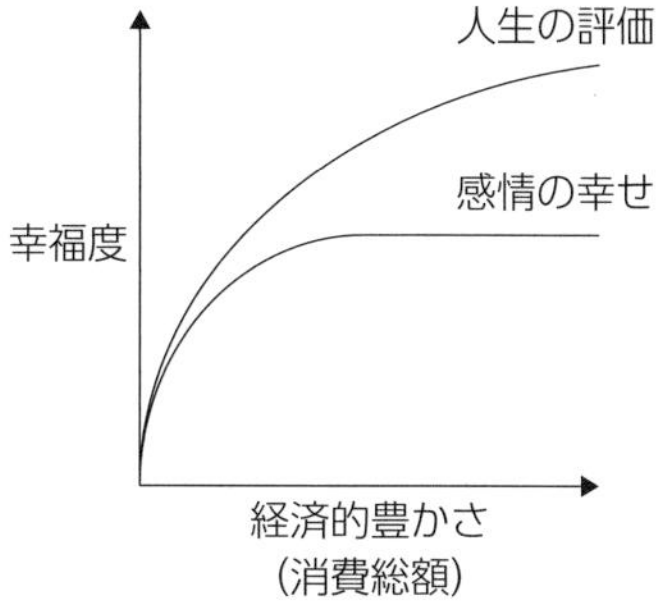


注：Tsurumi et al.(2020) をもとに著者作成。

では所得が７万５０００ドルを超えると、著者らの日本での研究では日本人の平均程度の消費総額を超えると、という水準になっています。この日本での研究結果によれば、日本では平均以上の経済的豊かさの人は経済的な豊かさが増大したとしても幸福度が感情の意味では上昇しないということになります。すなわち日本人にとって「経済的な豊かさが幸福度上昇につながりにくい」という実感は感情的な意味で実感されやすい可能性が指摘できます。皆さんが普段、感覚的にお金がすべてではないという実感を持っているのであれば、そのことは感情的な意味でという限定付きですが、学術研究でも明らかになってきているのです。

しかし、ここで注意したほうがよいと思われるのは、アメリカでも日本でも、人生の評価の意味では経済的な豊かさが幸福にプラスに影響し続けているという点です。日本人は経済的豊かさがすべてではないという「感覚」

は平均的には持っている一方で、「人生の評価の評価軸」に経済的豊かさを含めて考える傾向にある、この矛盾を日本人は平均的には抱えている可能性があるのです。

## 他国との比較

さて、アメリカと日本以外の国はどのような状況なのでしょうか。著者らは世界42か国で幸福度に関する独自のアンケート調査を2015年および2016年に実施しました。この42か国のうち経済的豊かさと幸福度の関係性について統計的信頼性が確保できた32か国を**図表3－3**に示します。図表3－3には各国の人生の評価および感情の幸せの平均値（最小値を0、最大値を1に基準化しています）も掲載しています。日本の人生の評価および感情の幸せの値が相対的に低いことがこの調査結果からも読み取れます。

この調査における日本とアメリカの「所得と幸福度の関係性」は上述の図表3－2の分析結果と同様の結果が見出されています[12]。すなわち、消費と同様に所得は人生の評価（ここではカントリルラダー）には寄与し続ける一方で、感情の幸せ（ここでは優位な感情）に対してはある程度のところで寄与しなくなってくる、という結果です。

それでは他の国についてはどのような結果となったのでしょうか。感情の幸せについては図

**[図表3－3]　世界32か国アンケート調査の概要（人生の評価および感情の幸せ）**

| | 回答数 | 人生の評価（カントリルラダー） | 感情の幸せ（優位な感情） |
|---|---|---|---|
| オーストラリア | 1,727 | 0.680 | 0.617 |
| スウェーデン | 1,115 | 0.688 | 0.611 |
| カナダ | 1,215 | 0.686 | 0.632 |
| アメリカ | 10,173 | 0.695 | 0.622 |
| オランダ | 1,107 | 0.702 | 0.648 |
| ドイツ | 2,754 | 0.665 | 0.645 |
| イギリス | 2,667 | 0.656 | 0.615 |
| フランス | 1,935 | 0.663 | 0.608 |
| 日本 | 9,784 | 0.593 | 0.604 |
| イタリア | 1,852 | 0.626 | 0.547 |
| スペイン | 1,934 | 0.667 | 0.600 |
| ギリシャ | 1,228 | 0.621 | 0.544 |
| チェコ | 1,213 | 0.655 | 0.597 |
| ポーランド | 1,816 | 0.637 | 0.607 |
| チリ | 1,073 | 0.701 | 0.656 |
| ベネズエラ | 742 | 0.694 | 0.645 |
| ロシア | 2,133 | 0.597 | 0.586 |
| マレーシア | 1,032 | 0.648 | 0.620 |
| ブラジル | 2,117 | 0.666 | 0.624 |
| メキシコ | 1,527 | 0.767 | 0.676 |
| ルーマニア | 1,217 | 0.700 | 0.608 |
| 中国 | 19,877 | 0.676 | 0.692 |
| カンボジア | 1,035 | 0.739 | 0.664 |
| タイ | 1,096 | 0.663 | 0.651 |
| 南アフリカ | 987 | 0.638 | 0.603 |
| モンゴル | 456 | 0.616 | 0.657 |
| スリランカ | 451 | 0.703 | 0.673 |
| フィリピン | 1,515 | 0.721 | 0.614 |
| エジプト | 569 | 0.615 | 0.596 |
| ベトナム | 1,678 | 0.689 | 0.625 |
| インド | 4,833 | 0.723 | 0.610 |
| ミャンマー | 1,057 | 0.589 | 0.740 |

注：カントリルラダーと優位な感情は最小値が０、最大値が１となるように基準化している。
国名は１人当たりGNI（the World Bank Atlas method (current US$) 2015）の順番に並べている。

［図表3－4］　所得と感情の幸せの関係性

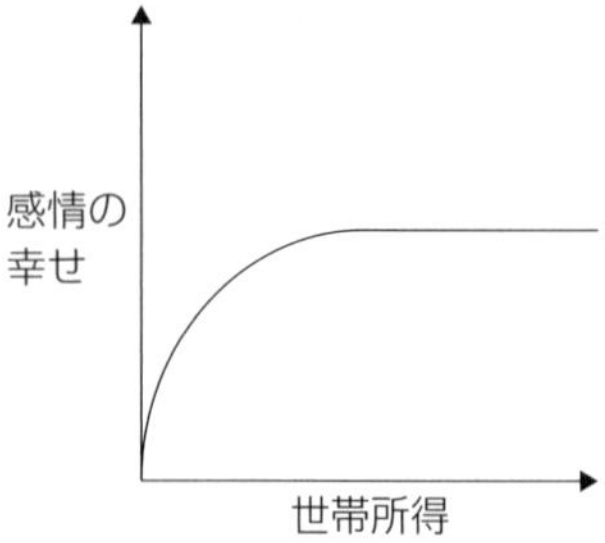


［図表3－5］　所得と人生の評価の関係性（日本、アメリカ、イギリス）

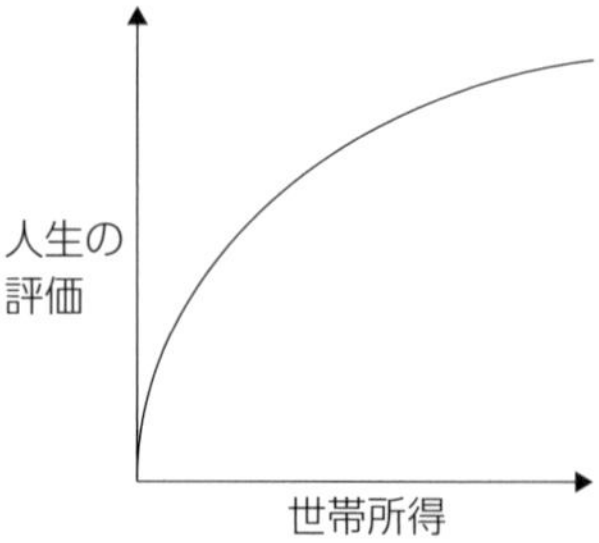


［図表3－6］　所得と人生の評価の関係性（他の多くの国（たとえば、スウェーデン、オーストラリア、オランダ、シンガポール、カナダ、ドイツ、フランス、イタリア、ギリシャ））

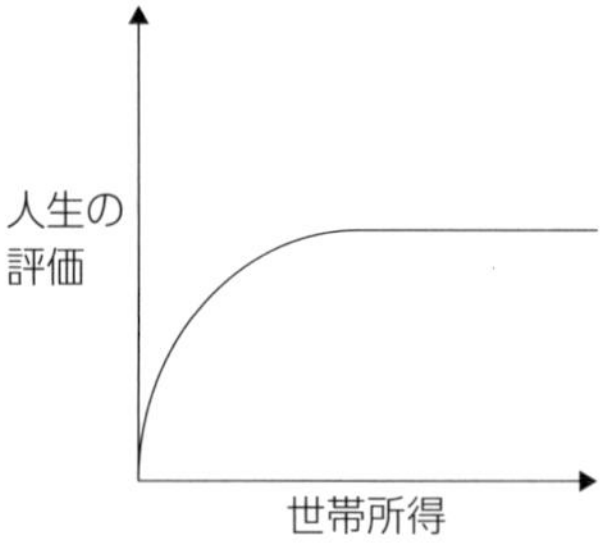


表3－4に示したように、ある程度の所得でグラフはフラットとなっており、ほとんどの国で、ある程度の所得で所得の寄与がなくなることが見出されました。感情的には所得以外のものの重要性に気づき始めている可能性が指摘できます[13]。他方で、注目すべきことに、人生の評価については国によって傾向が異なることが見出されています。具体的に

は、図表3－5に示したように、日本やアメリカと同様の「人生の評価に所得が寄与し続ける国」としてはイギリスが挙げられます。しかし、他の多くの国（たとえばスウェーデン、オーストラリア、オランダ、シンガポール、カナダ、ドイツ、フランス、イタリア、ギリシャ）では図表3－6に示すように一定の所得水準よりも高い所得ではグラフがフラットとなっており、「所得が人生の評価に寄与し続けるということは言えない」という結果が得られています。これらの国々では所得以外のもの（たとえば第4章で示すような人とのつながり、時間の大切さなど）の重要性に気づき始めている可能性が指摘できるのではないでしょうか。言い換えるならば、日本はいまだに平均的には所得以外の要素の重要性に他の多くの国と比較して気づいていないのではという指摘ができるかもしれません。もっと言えば、まだまだ人生の評価の意味では所得が重要とみなされており、そのことが所得以外の幸福にとって重要な要素を軽んじることにつながっている。その帰結として日本の幸福度の低さに影響している可能性があるのです。

## 人生の評価の評価軸は人それぞれ

もちろん「人生の評価の評価軸」は人それぞれです。「経済発展が幸福度上昇に結び付いているとは言えない」というイースタリンパラドックス（幸福のパラドックス）について、この現象が起こる原因としてイースタリンは人々の「物質的な願望（Material aspiration）」が際限なく高まり続けるからであるということを述べています。この考え方は「順応仮説」とも呼ばれています。すなわち、人々はいまの生活水準に慣れてしまいがちであり、慣れてしまうと今よりも高い生活水準を望んでしまいがち、ということです。イースタリンや多くの幸福学の研究者が用いている生活満足度やカントリルラダーといった指標は、人生の評価の指標であり、何かと比較して評価を行っている点に注目する必要があります。カントリルラダーは「最高の生活」と「最低の生活」を思い描いたうえで自分の人生を評価します。所得増大によって幸福度が増大していくにつれ、その本人の「最高の生活」が物質的願望の高まりによって高まってしまい、そのことで人生の評価の増大が抑えられてしまうということです。

関連した興味深い研究として、経済的豊かさを重視するいわゆる「物質主義的」な考えの人は、そうではない非物質主義的な考えの人と比較して不幸であることを示す研究が増えてきています。たとえば、ハーバード大学が行ったプロジェクト（The Harvard Study of Adult Development）では、同一個人を追跡調査した個人データの蓄積をしています。そこでは１９３８年の段階でハーバード大学の学生であった２６８名と同年にアメリカ・ボストンの貧困地域に住んでいた４５６名の合計７２４名に対して１９３８年から２０１４年までの76年間、同一個人を追跡調査するという、他に類を見ない何世代にもわたる貴重なデータが所有されています。このプロジェクトにおいて、大学生時代に人生の目標を尋ね、その目標として金銭的なことを回答した人は、それ以外の目標を回答した人と比較して、数十年後の幸福度が平均的には低くなるということが示されています。このことが意味することは、人生の評価軸としてお金を重視する物質主義的な考えの人は幸福になりにくいということと考えられます。

このプロジェクトのウェブサイトではこの調査の結論として「人生で最も重要なのはお金ではなく人間関係である」という発信もなされています[14]。また、すでに触れているカーネマンも、自分の研究成果を振り返るインタビューにおいて、幸福を増大させるにはどうしたらよいかという質問への回答として、「物質的なものではなく非物質的なものに対して時間を投資すべき」と述べています。彼は、人々は車を購入するときには車に関心を寄せるが、その車を所有しているときには車に関心を寄せなくなる。他方で人間関係は関心を寄せ続けるものである。そうした関心を寄せ続けることができ、かつ人生を豊かにするようなものに時間を投資すべきと述べています[15]。このような物質主義より非物質主義のほうが幸福には重要であるということを述べる研究が多数存在しているのです[16]。たとえば、物質主義的な人々は人とのつながりを軽視する傾向にあり、そのことが幸福度を低下させるという指摘が存在します[17]。また、アメリカのアンケートデータを用いた研究では、所得に関係なく、お金を重視する人は家族関係の満足度が低くて幸福度が低いということが実証されています[18]。

こうした物質主義的な考え方なのか非物質主義的な考え方なのか、という考え方の部分は経済的豊かさが幸福に結びつくかどうかにも影響すると考えられます。言い換えると、経済的豊かさを、つまりお金をどのように使うかが幸福度増大のカギとなる可能性があるのです。どうしたらお金で幸せになることができるのでしょうか。以下「お金の使い方」について考えていきます。

## お金の使い方と幸福度

図表３－７は先ほど述べた著者らが２０１７年に行った日本での１万人アンケート調査データを用いた分析結果です。ここでは先ほど図表３－２で示した横軸とは異なり、横軸に消費総額ではなく、モノ消費総額とコト消費総額をとっています。モノ消費とは物品に関する消費総額であり、具体的には電化製品や家具などの耐久消費財を指しています。一方コト消費とはここでは先に述べた「人間関係に関係性の深い消費」と定義しており、具体的には「人とのつながりに関係性が深いと自分で判断できる消費総額」をアンケートで尋ねたものです。たとえば、家族・友人と外出する、子どもとの交流のためにサッカーボールを購入する、といったように自

［図表3－7］　モノ消費・コト消費と幸福度の関係性

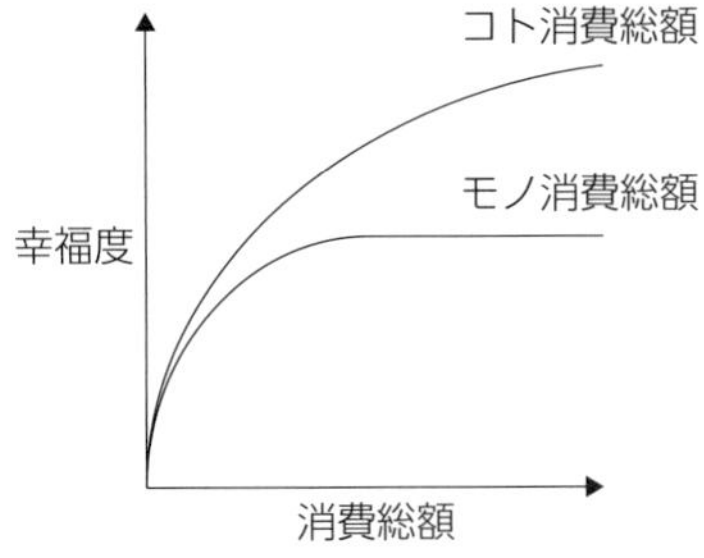


注：感情の幸せと人生の評価の両方とも同様の結果であった。

分の周囲の人とのつながりに関係する消費金額のことです。

このモノ消費とコト消費を比較してみると、モノ消費については人生の評価に関係する幸福度指標も感情に関係性の深い幸福度指標も、ある程度の消費金額で幸福度が上昇しなくなる頭打ちの傾向が見出されます。一方で、コト消費についてはこの頭打ちの傾向は見出されず、人生の評価に関係する幸福度指標も感情に関係性の深い幸福度指標も、消費をするにつれて幸福度が増大し続ける傾向が見て取れます。お金（消費）で幸せになるためのカギは消費の内訳にあることが分かります。カーネマンが述べているように「物質的なものではなく非物質的なものに対して時間を投資すべき、そして人間関係は関心を寄せ続けるものである。そうした関心を寄せ続けることができ、かつ人生を豊かにするようなものに時間を投資すべき」という考えにも整合する結果であると言えます。

なお、上記アンケート調査の回答者に2020年11月お

［図表3－8］　コロナウイルス流行前とコロナ禍それぞれのサンプル別平均値

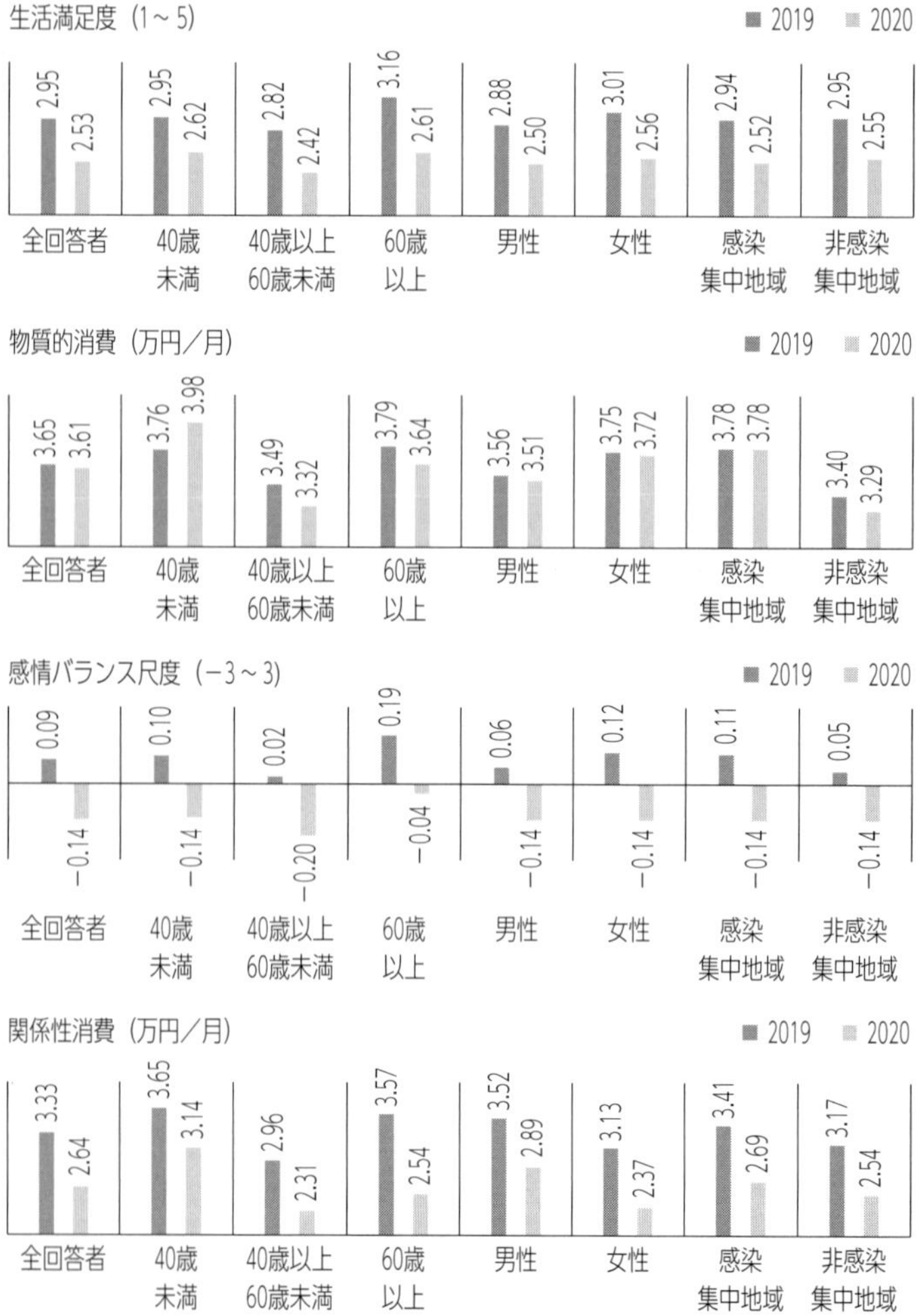


注：優位な感情が「感情バランス尺度」に該当する。
出所：環境経済・政策研究、Vol.14(1)

よび2021年3月に追跡調査を行ったところ、コロナ禍の影響で大幅な幸福度の低下がみられていました。分析の結果、コロナ禍での幸福度低下の大部分は人とのつながりに関係するコト消費の減少で説明できることが明らかになっています[19]（図表3－8）。

なお、こうしたモノ消費が幸福度に結び付かず、コト消費が結び付きやすい傾向は、著者らが行ったベトナム農村部でのアンケート調査の分析結果でも見出されており[20]、先進国だけでなく、途上国においてもみられる可能性があると言えます。

## モノ消費からは幸せは得られないのか

カーネマンが述べている「贅沢品たとえば高級車を買ったとしてもそのうち興味を示さなくなる」というコメントは解釈に注意が必要と考えられます。というのも、「愛車」という言葉が存在しているように、人に関心を寄せ続けるように、モノにも関心を寄せ続ける、モノを長く大切に使用していく、というケースも考えられるでしょう。この場合にはモノからも幸福感を得られる可能性が考えられないでしょうか。日々自分の車を高級車であるなしにかかわらず磨き上げ、メンテナンスを自分でも行う「モノを大切に長く使用し、関心を寄せ続ける」というケースも考えられるのではないでしょうか。

［図表３－９］　モノ消費から幸福感は得られるか

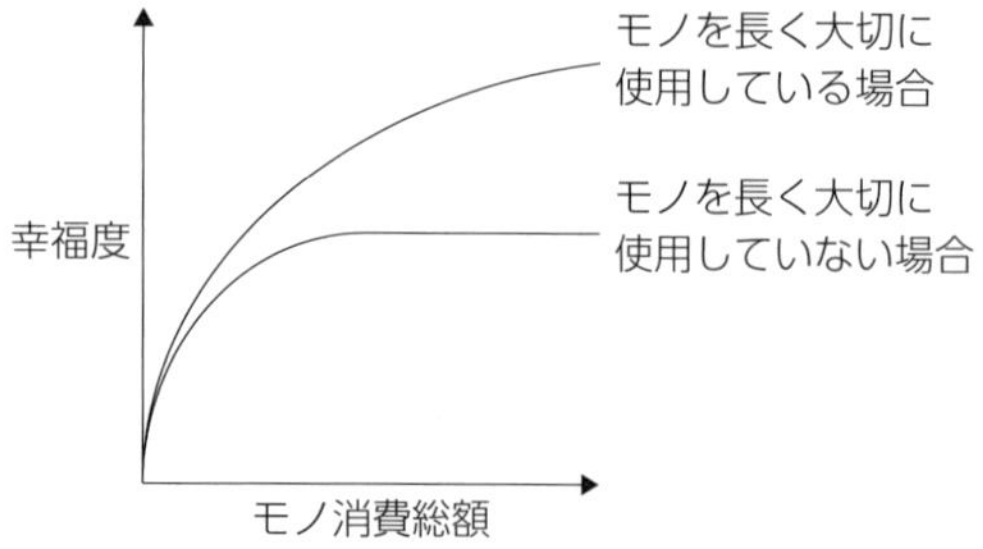


注：感情の幸せと人生の評価の両方とも同様の結果であった。

このことを確かめるために、図表３－９に示したように、著者らは上述の２０１７年に行った日本での１万人アンケート調査データを用いて、モノ消費はモノに対する愛着（長く大切に使用していること）を有している場合のほうが得られる幸福感が大きいことを確かめています。なお、この状況は日本独特の状況であるとは言えず、著者らがベトナム農村部で行ったアンケート調査においても見出されており[21]、先進国・発展途上国問わず、成り立つ可能性があると言えます。

## 日本とフィンランドの消費スタイルの違い

第１章で触れた日本とフィンランドで２０１９年に行った独自のアンケート調査では両国の消費スタイルの違いが浮き彫りになっています。図表３－10に示すように普段のモノ消費の状況を尋ねた回答結果をみると、モノを普段か

［図表3－10］　日本とフィンランドの消費スタイルの違い

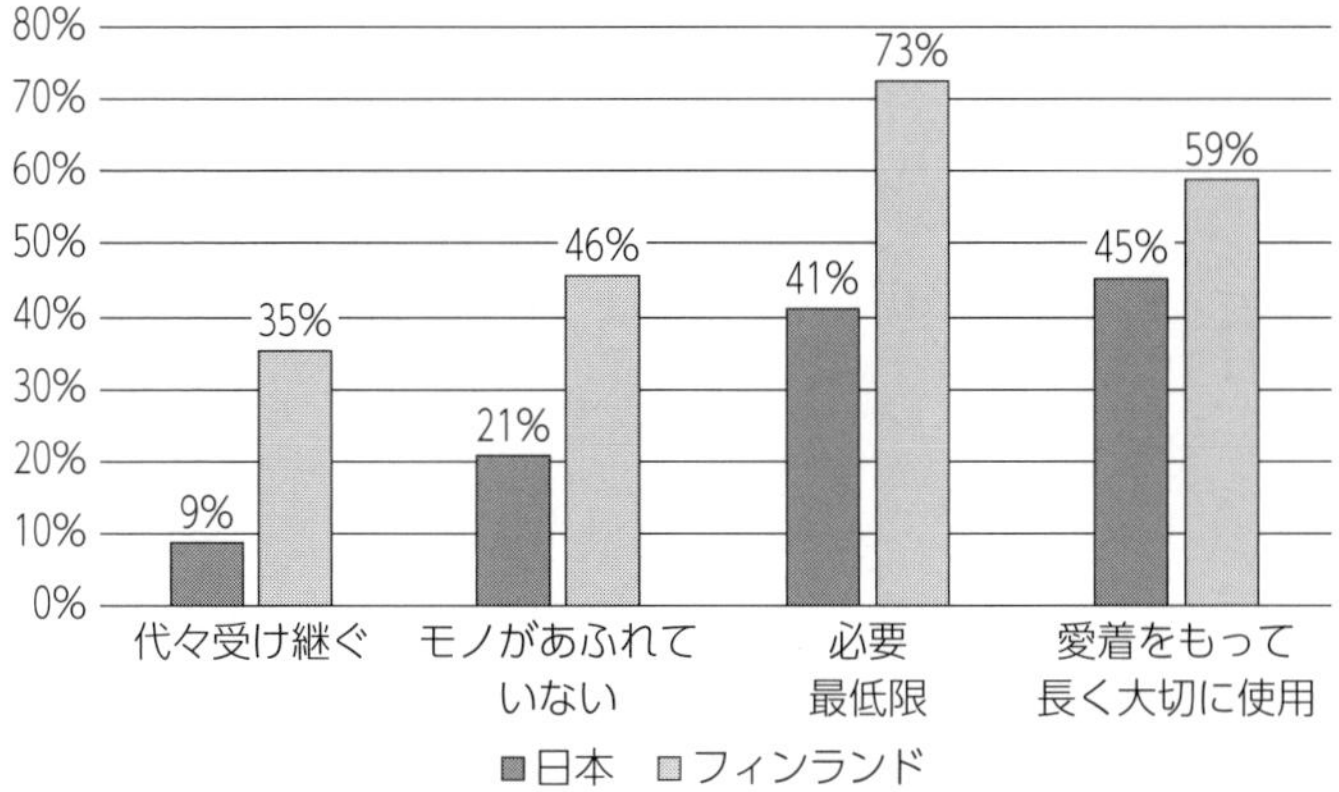


ら「愛着を持って長く大切に使用している」という質問に対し、当てはまると回答した人の割合は日本が半数弱の45％なのに対し、フィンランドでは6割弱の59％と、フィンランドのほうが若干高くなっています。違いがより顕著なものとしては、「必要最低限のものを購入する」という質問と「モノが家にあふれていない」という質問です。前者の質問は当てはまると回答した人の割合が日本が41％なのに対しフィンランドは73％、後者の質問は日本が21％なのに対しフィンランドは46％となっています。日本は必要最低限以上すなわち無駄な消費をしていると自覚している人が相対的に多く、その無駄なものの存在も影響すると思われますが、相対的に家がモノであふれている、ということが言えます。

　また「愛着を持って長く大切に使用している」に関連して「代々受け継ぐようなモノを有している」

という質問に対しては当てはまると回答した人の割合は日本が9%なのに対し、フィンランドは35%となっています。このことからもフィンランドのほうがモノを大切に長く使い続けることが分かりますし、愛着があるから代々受け継いでいく、代々受け継いでいくから愛着も生まれるという循環が成り立っている可能性が日本よりも高いと言えます。

フィンランドの首都ヘルシンキを歩いていると改修中の建物が散見されます。歴史ある建物はもちろんのこと、一般住宅についても適切なメンテナンスを頻繁に行い、業者に頼むだけでなく自分たち自身でもＤＩＹ的に日常的に楽しみながらメンテナンスをしていく。そのようなライフスタイルが日本よりも浸透しています。住宅だけでなく家具も長くメンテナンスをしながら修理をしながら大切に使っていき、代々受け継いでいく習慣もあります。こうして大切にメンテナンスがなされたものは住宅であれば新築よりも中古のほうが価値が高く値段が高く、また椅子に代表される家具やイッタラやマリメッコといったブランドに代表される皿などの雑貨についても大切に使用されたものは販売当初よりも中古価格が上昇することもしばしばです。こうした中古市場が活発であることはモノを大切に長く活用する消費スタイルが人々に浸透している証拠ですし、別の角度から見れば、購入時は高価であっても中古市場に手放すときに高く売れるのであれば、大切にメンテナンスをしていくことにつながりますし、下取りが安定しているのであれば高価であっても購入をしやすいということにつながると考えられます。こうした持続可能な売買の好循環があるフィンランドと比較して、日本では中古市場が活発でなく、このことが長く大切に活用していく習慣にブレーキをかけている、言うなれば悪循環があると考えられます。

「必要最低限のモノのみを購入していく」ということは、今あるものを大切に使っていく、そして今あるものに愛着がある、ということと同義なのではないでしょうか。そして所有しているものは手をかけてメンテナンスをして「関心を寄せ続ける」。この状況から推察するに、日本よりもフィンランドのほうがモノ消費から幸福感を得やすいのではないでしょうか。実際、モノ消費から得られる幸福度は日本とフィンランドで異なるのでしょうか。

同アンケートの分析の結果、**図表3－11**に示すように日本はある程度の消費額で幸福度への寄与がなくなるのに対し、フィンランドではモノ消費も幸福度に寄与し続けることが見出されています。フィンランドの幸福度が高い理由の1つにモノ消費からも幸せを得ているということが挙げられるのではないでしょうか。それも大量消費ではなく必要最小限のものを長く使用する。このことはフィンランドは日本よりもモノ消費からの環境負荷が低いことに他なりません。

なお、著者らのインタビュー調査の結果、フィンランドでは自分が価値があると考えるものに対しては惜しみなくお金を使う傾向にあることも分かりました。その背景には中古市場の充実、そして将来不安が少ないこと、すなわち社会保障の充実は貯金意識の少なさに影響します。

**［図表3－11］　モノ消費と幸福度の関係性**

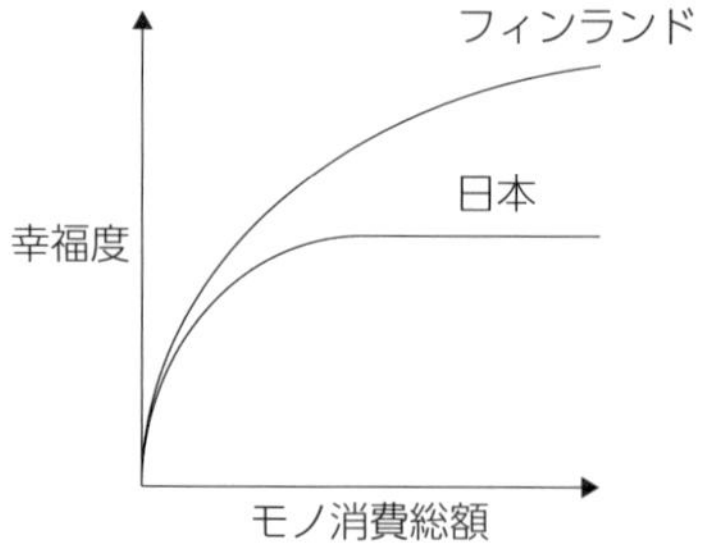


注：感情の幸せと人生の評価の両方とも同様の結果であった。

自分の好みが自分で分かることが大前提ですが、自分の好みであるモノに対して惜しみなくお金を使う。それも、必要最低限のもののみを購入する傾向があるということです。

ここで、日本よりも厳選して消費を行うのであれば、企業の売り上げの減少につながり、経済活動の停滞（国内総生産の減少）につながるのではという懸念が生じるかもしれません。しかし、フィンランドのように自分が価値があると考えるものに対しては惜しみなくお金を使うのであれば、1つ1つの商品の付加価値は高くなります。「単位消費量あたりの付加価値が高い」ということにつながっていきます。消費の量は減ったとしても、国内の売り上げの総額自体は減少しない可能性があるわけです。経済成長の足かせにはならないということになります。厳選されたものを大切に愛着を持って長く使用していくようなライフスタイルは環境にも経済にも自分自身の幸福にとっても良いことばかりなのではないでしょうか。

## 「プラネタリーバウンダリー」という概念

ところで、持続可能性の議論に関連するのですが、発展著しい現在の発展途上国が将来経済成長を成し遂げたとき、それらの国々が現在の日本と同じ消費スタイルを行った場合、地球の資源は足りるのでしょうか。このことについて定量的に状況を示しているものとして「プラネタリーバウンダリー」という概念があります[22]。この概念は地球の環境の状況を代表する9つの観点[23]を対象として取り上げ、人間活動がこれらの観点からみてどの程度持続可能かを評価するものです。この概念によると日本はすでに現在の消費スタイルでは持続可能ではないこと、言い換えるならば日本と同じような消費スタイルを現在の発展途上国が将来行うならば、地球の資源は不足し、環境汚染の状況も一種の限界点を超えると言われています。

**図表3－12**をご覧ください。図の横軸はモノ消費量で、縦軸は幸福度（ここでは人生の評価と感情の幸せの両方）です。図表3－11で示したように、同じモノ消費「額」であっても日本よりもフィンランドのほうが消費から得られる幸福度が高い可能性があります。加えて、すでに触れたように、フィンランドでは消費をするときはしっかりと吟味して自分の好みに合うも

[図表3－12]　日本とフィンランドの消費量と幸福度の関係性

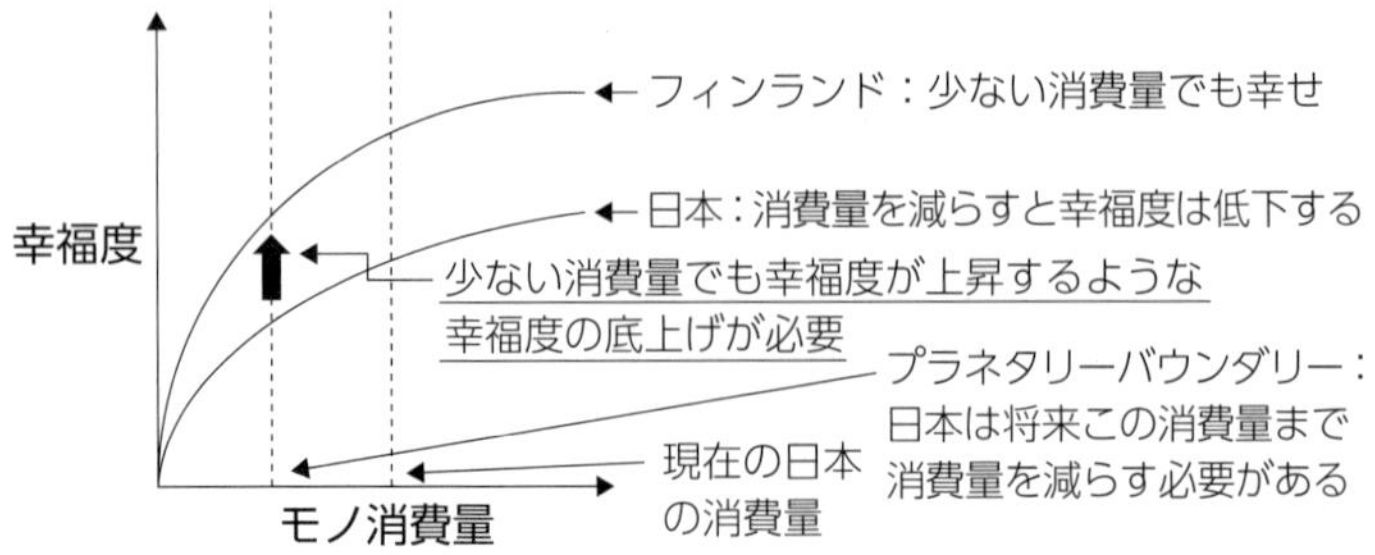


のを購入しており、厳選されたモノ消費（少ないモノ消費量）から日本よりも多くの幸福感を得ていることを指摘しました。このことが意味するのは、次のことです。すなわち、日本とフィンランドではフィンランドのほうが「単位消費量当たりに得られる幸福感が多い可能性がある」ということです。さらに、日本はモノ消費から得られる幸福感は一定の消費額で頭打ちとなることを示しました。このことは一定の消費量（購入量）で幸福度上昇が頭打ちとなることに他なりません。したがって、日本とフィンランドの消費量と幸福度の関係性は図表3－12に示すような関係性にあると言えます。

図表3－12の横軸を見るとわかりますが、日本はすでにプラネタリーバウンダリーを超えた量のモノ消費を行っています。将来、日本はプラネタリーバウンダリーまでモノ消費量を減らす必要があります。しかし、単純にモノ消費量を現在よりも減らすのでは日本の幸福度は現状よりも下がってしまうでしょう。太線の矢印で示したように、日本は単位モノ消

費量当たりに得られる幸福感をフィンランドのように底上げしていく必要があるのではないでしょうか。そうならない限り、日本はモノ消費量を（強制的に将来）減らすことで現状よりも幸福度が下がってしまうことになってしまいます。すでに日本の幸福度は先進国の中で最低水準となっています。持続可能な消費水準（プラネタリーバウンダリー）を担保しつつ幸福度を底上げしていくためには、フィンランドを見習って「単位モノ消費量当たりに得られる幸福感の底上げ」をしていく必要があるのではないでしょうか。

コラム

## 北欧の人々はなぜ自分好みのモノを購入できるのだろうか

北欧での著者らのインタビュー調査では、北欧の人々は消費において自分のスタイルを確立しており、しっかりと自分にとって必要かどうかを吟味し、「気に入った商品」を〝選びとる〟ことができ、「厳選されたモノを大切に長く愛着を持って所有」していく傾向にある、ということが聞かれました。そのためには出費を惜しまないことも。多くの北欧関連のライフスタイルを紹介する書籍においてもこの点は指摘されてきています[24]。一方で、日本人は北欧と比較して、流行に流されやすく、自分の好みがわからないまま消費を行い、買ってみたけれども結局使わずに無駄になる、あるいは衝動買いをして後で後悔をする、といった傾向があるのではないでしょうか。

なぜこのような違いが生じてくるのでしょうか。様々な理由が考えられますが、主要なものとして、大きく2つの理由があるのではないでしょうか。1つ目は北欧における「自分の意見（考え）を持つことができる教育」です。北欧では日本と異なり、教科書や参考書を学校では重視せず、議論の時間確保を最優先にしていると言われます。たとえば、大学ではパワーポイントなどを用いた一方的な授業とその内容をもとに議論をするセミナー形式の授業がセットで1つの科目となっていることが多いのです[25]。義務教育においても知識を上から「教える（教育）」のではなく、調べ方を教員が学生に伝え「自分で調べる力」を身につけさせると言われます[26]。自ら調べ、その内容をもとに議論をすることで自分の考えを整理する経験を積み、その訓練を通して社会に出てからも「自分で問題を解決していく力」をつけることを重視しているのです。

関連して、「自分の意見を自信を持って積極的に述べる」というところが日本との違いだと考えられます。著者らの北欧でのインタビュー調査の結果、日本との違いとして「参加と影響」を北欧は重視することがその背景にはあるという考えに至りました[27]。たとえば、地域のゴミ問題を自分たちでどうするか学生に議論させ、取りまとめた意見を自治体にプレゼンするという授業を行います。こうした授業は日本でも行われていると思いますが、日本とフィンランドの違いはフィンランドの自治体は良いと思った意見は本気で積極的に取り入れるスタンスでいるのです。このため、フィンランドの学生は自分たちが参加することが「本当に」社会に影響を及ぼすというのだ、という体験を学校で何度もしていくのです。このことで、「参加することの意義を学ぶ」のです。こうした経験こそが、自分には力がある、という「自己効力感」につながり、議論において自分の意見を述べることに対してある種の「自信」や「自発性」「積極性」に結びついていくのではないでしょうか。北欧の教育現場では自分の意見を自信を持って発言する学生の姿が散見されます。こうした経験が北欧の人々が政治に積極的であるということにもつながっているのではないでしょうか。

他方で、北欧の人々は「すみません」とあまり言わないということも日本との違いとして面白い点だと思います。教育現場での議論経験を通して、「自分の意見だけを主張しても相手は聞き入れない」ということを学ぶと考えられないでしょうか。相手の意見を尊重して初めて自分の意見が聞き入れられる、ということです。これを言い換えると「権利を主張するときは相手の権利も尊重する」ということになります。そして相手を尊重するという姿勢は「相手を責めない」ということにもつながっていくと考えられます。互いの考えを尊重し、相手は「理由があってそのような考えになるのだ」、ということを学ぶことで、お互いを責めない社会が実現されていくのではないでしょうか。相手が責めてこないという状況は意見を言いやすい雰囲気につながると思います。日本ではすぐに自分の意見を否定されたりダメだと言われ、なぜそのように考えたのかということを尊重しない雰囲気があると思います。すぐに相手に烙印を押してしまう。こうした烙印を押したがる、相手を責める社会は「自己肯定感」を下げてしまいます。北欧の人々は「自己肯定感」が非常に高く、自信を持って自分の考えを述べます。自分の考えを整理し発信していく経験が自分の好みの確立にもつながってくるのではないでしょうか。普段から自分の考えを持つ訓練を自然と積んで自分の考えを自然と整理しているので流行に流されず自分の意見を持つことができているのではないでしょうか。

ちなみに少し脱線してしまいますが、「自己効力感」や「自己肯定感」が高いほど幸福度が高いという研究が存在している[28]ことを考えると、北欧と比較して日本が幸福度が低い理由もみえてくるような気がします。自己効力感はポジティブな感情を生み出します。日本人が他国と比較して相対的にネガティブであり、このことが日本の低い幸福度に影響しているということは幸福学においても指摘されることがあります。また日本の「自己肯定感」の低さの背景にある「相手を責める」ということも幸福度に影響すると考えられます。日本は北欧と比較して相手を責めてしまう社会と言えるのではないでしょうか。幸福学では烙印を押された人々の幸福度が下がることが指摘されてきています[29]。日本では失業や貧困に対して一種の「自己責任論」が展開されることがあります。本人の努力が足りないから、本人がさぼったからそうなったのだというような憶測で、避けられない理由があるかどうかはわからない状態で相手をダメだと烙印を押す傾向が日本にはあるのではないでしょうか。

学歴が低いことや所得が低いことに対して、根拠のない烙印を押す、サクセスストーリーから外れ

**［図表３－13］　ノーマライゼーションを普段どの程度実践しているか（平均値）**

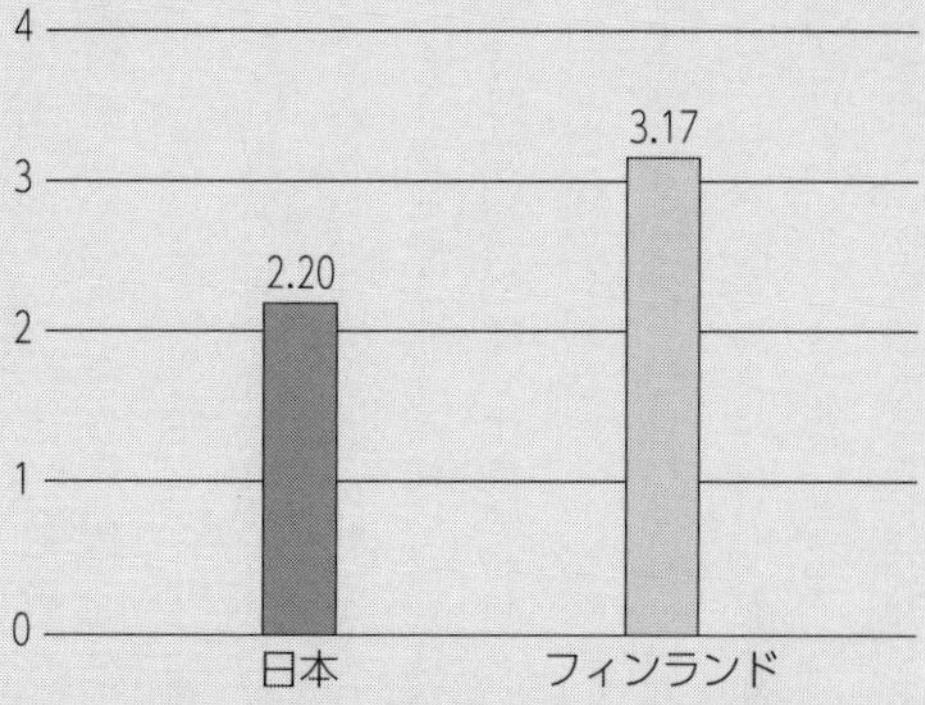


注：１：全く実践していない、４：常に実践している、とした４段階評価

ると烙印を押す、ということで平均から外れた人の幸福度が大きく下がっているということです。相手を責めないような社会ではこのようなことは起こり得ません。烙印を押さないということは差別が少ない社会にもつながります。北欧では障害を持つ人々も健常者と同様の生活ができるようにしていくべきという「ノーマライゼーション」が浸透していると言われます。実際、著者らの行った上述の日本とフィンランドでのアンケートでも図表３－13（図表１－６から再掲）に示すようにノーマライゼーションの浸透度合いが明らかに日本とフィンランドで異なることが指摘できます。社会の一員として大切にされていて活躍の場が多くあります。フィンランドの高級住宅街にあるお洒落なカフェとして有名な Ipi Kulmakuppila で接客をしてい

るのはダウン症の方々でした。カフェでの生き生きとした社会で活躍している姿、笑顔を私は忘れられません。烙印、差別のない社会が北欧の幸福度の高さ、逆に言えば日本の幸福度の低さにつながっている可能性があります。

少し脱線をしてしまいましたが、北欧の人々が自分の好みを持っている2つ目の理由として考えられるのは、「自分の時間を持つことができている」という点です。日本では特に共働きであったり子育てをしていると、長時間労働や育児で頼ることができる人がいないことなどもあり、自分の時間を持つことが難しいのではないでしょうか。日々忙しくて買い物も短時間で終わらせる必要があり、じっくりと商品を吟味する時間的余裕がない。それに対して北欧では一般的に（朝8時には働き始めますが）16時には残業なく仕事は終わり、その後の時間を有意義に使うことができます。子育てや介護においても日本よりもサポートが充実しており、自分の時間を持ちやすい状況にあります。北欧の人々は本当に必要かどうかじっくりと吟味をしてから必要最低限の購入をする傾向にありますが、それを支えているのは吟味をするだけの時間的余裕、そしてそれを楽しむ（余暇を大切にする）精神的余裕なのではないでしょうか。もちろん、時間的余裕だけがあっても自分の好みがわからなければ吟味はできません。自分の考えをしっかりと持つ、他者に流されない、他者と比較しない、というスタイルがあって初めて吟味も可能なのではないでしょうか。そうしたことで、必要最低限の自分にぴったりの幸福感を上昇させるような素晴らしい商品に巡り合うことができるのではないでしょうか。

## ●国内アンケート調査から見た「お金と幸福度」

人々の主観的幸福度は、所得別にどのように異なっているかについて、国内30万人アンケートから紐解いてみましょう。ここでは以下のアンケート調査内容を使って家計の「所得」でグループ分けを行います。加えて、アンケートの回答結果をライフステージ別に分けて、各ライフステージにおいて所得水準が幸福度とどのように関係しているかについて考察を行います。

**主観的幸福度**
現在、あなたはどの程度幸せですか。「とても幸せ」を10点、「とても不幸」を0点とすると、何点くらいになると思いますか？

**ライフステージ（未婚＝1、結婚＝2、育児＝3から7、子独立＝8から10として集計）**
あなたのライフステージを次の10段階に分けた場合、以下のどれにあたりますか。
1. 未婚　2. 結婚　3. 第一子誕生　4. 第一子小学校入学　5. 第一子中学校入学
6. 第一子高校入学　7. 第一子大学入学　8. 第一子独立（就職・結婚）
9. 末子独立（就職・結婚）　10. 孫の誕生

**世帯の年間所得水準**

あなたが把握している範囲でお答えください。過去1年間を振り返って、あなたとあなたの配偶者の収入を合計するとどの程度ですか。臨時収入を含めてお答えください。【収入合計（臨時収入含む）】

1. 0円　2. 1～10万円未満　3. 10～50万円未満　4. 50～100万円未満
5. 100～150万円未満　6. 150～200万円未満　7. 200～300万円未満
8. 300～500万円未満　9. 500～700万円未満　10. 700～1000万円未満
11. 1000～1500万円未満　12. 1500～2000万円未満　13. 2000万円以上

図表3－14に示すように、ライフステージが独身の人々では、所得水準の変化に応じて、幸福であると回答する比率と不幸であると回答する比率の両方で変化が見られます。このことから、独身の人々においては所得水準が幸福であるかどうかを感じる際の重要な要素であることが示唆されます。特に所得水準が100万円未満の回答者においては、不幸であると回答した比率が幸福であると回答した比率を上回っており、不幸であると感じる人々が多い傾向にあることが分かります。

一方で、ライフステージが結婚・子育て・子どもの独立となっている人々については、すべての所得グループにおいて、幸福であると回答する比率が不幸であると回答する比率を上回る結果となっています。加えて、これら3つのグループで共通する点として、所得水準が200万円を超えた段階から、所得が上昇することで

**[図表３－14]　ライフステージ別の幸福度**

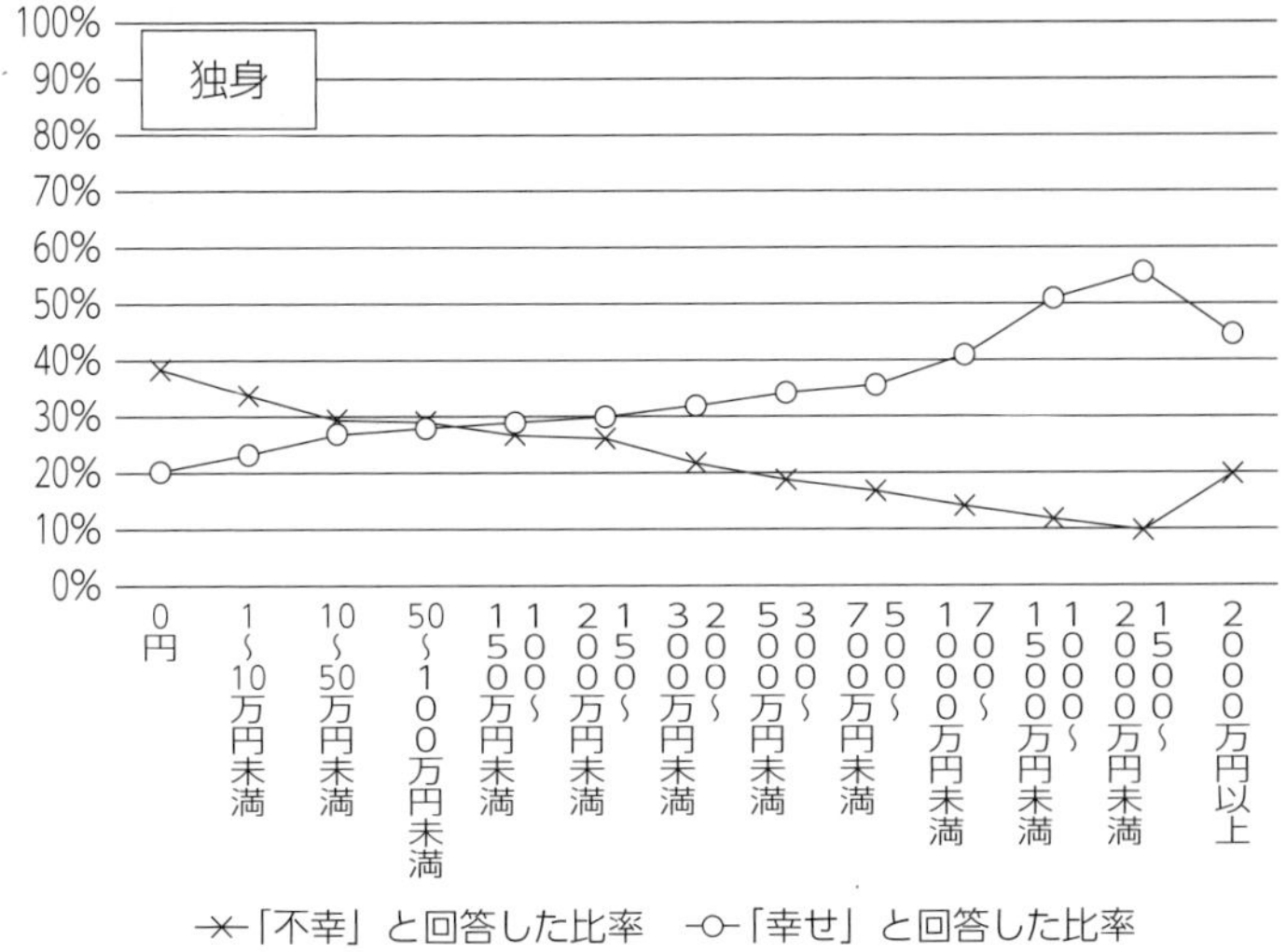


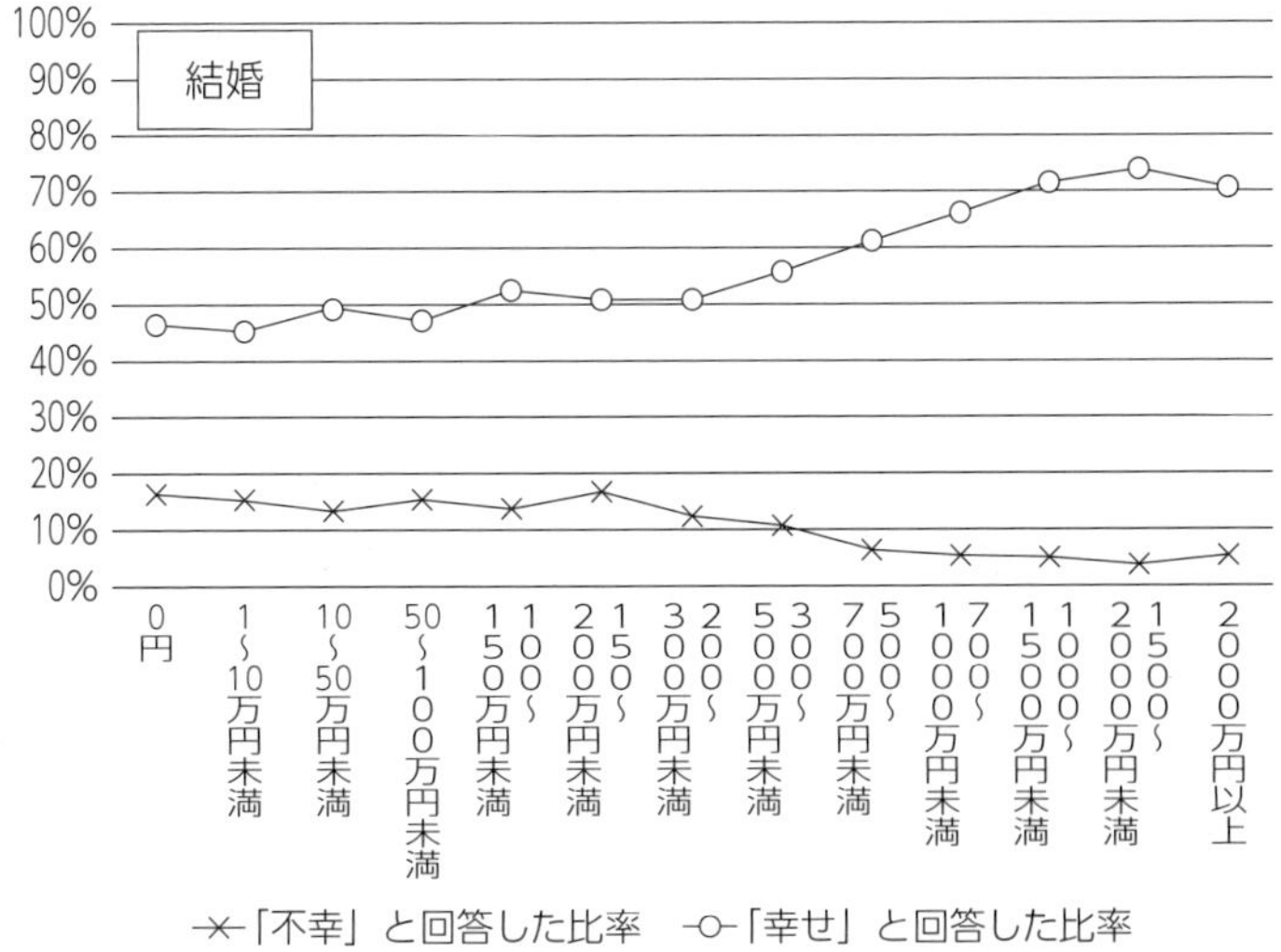

[図表３－14]　ライフステージ別の幸福度（続き）

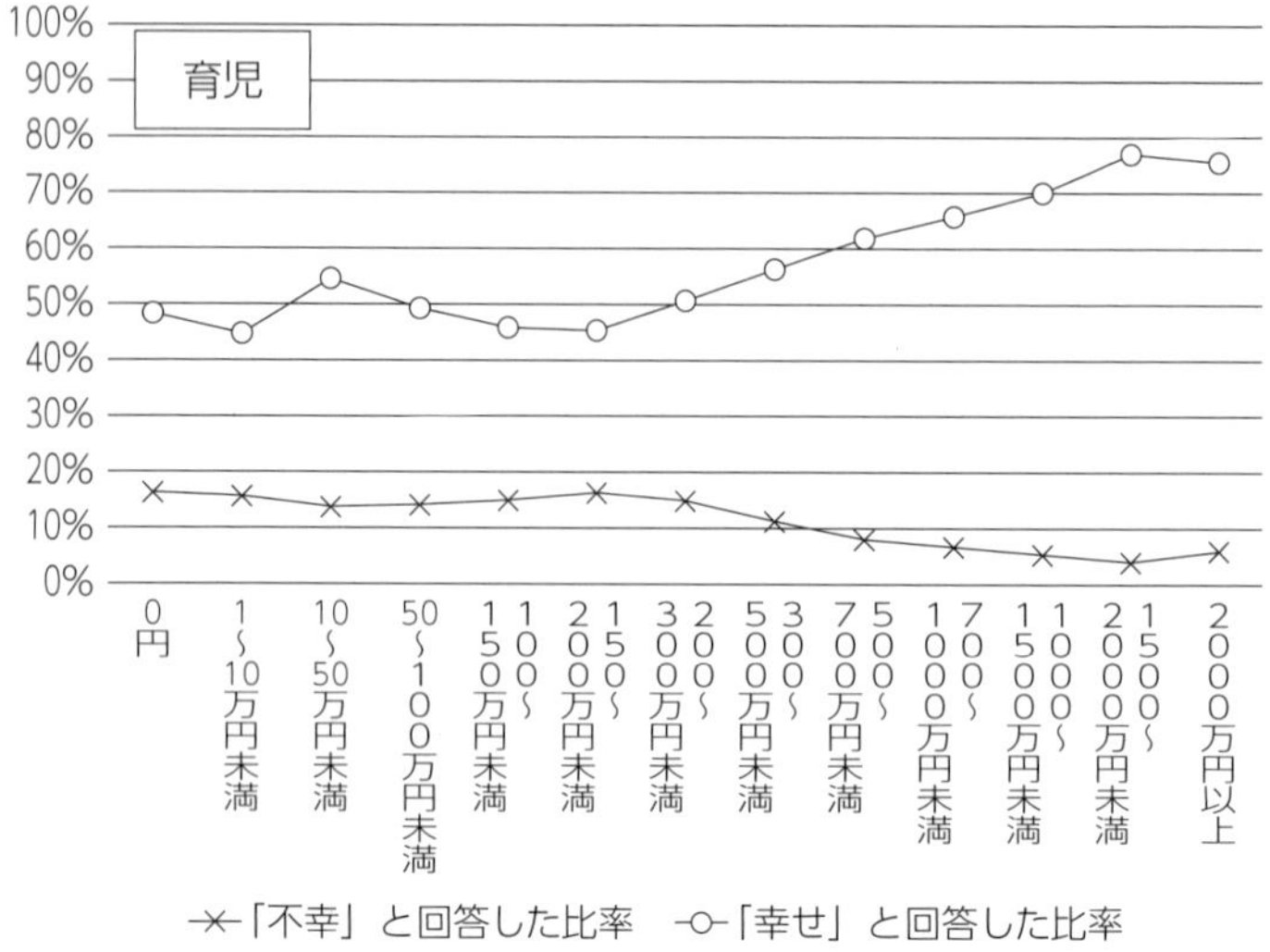


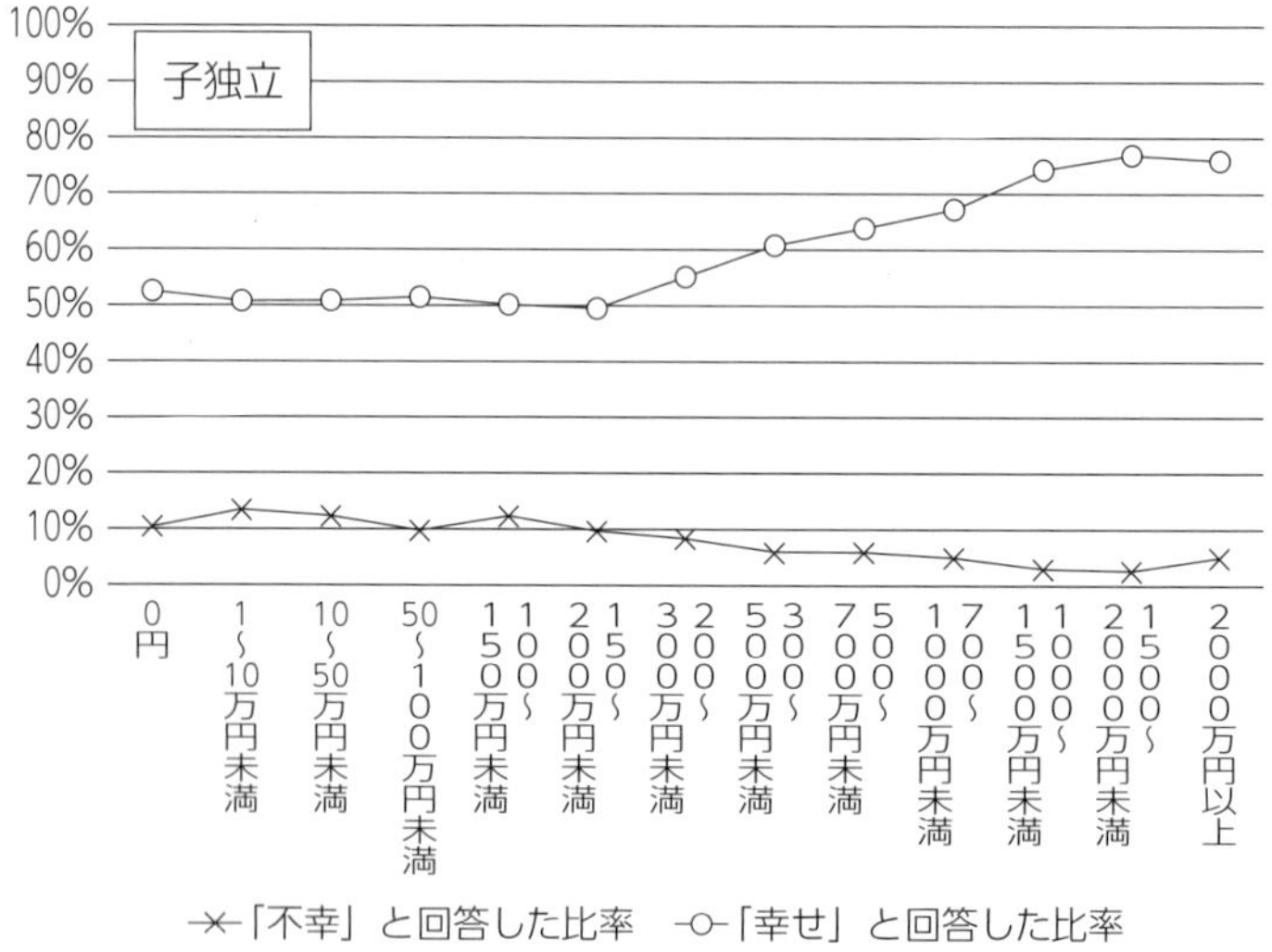

幸福であると回答する比率が上昇するとともに、不幸であると回答する比率が低下しています。そして、所得水準が低い回答者においても、不幸であると回答する比率が低い傾向が確認できます。この点は、ライフステージが独身である人々の回答と異なっています。

以上の結果より、所得水準はライフステージが未婚の状態にある人々において、幸福であるかどうかを認知する際に強く影響を与える効果があると言えます。一方で、ライフステージが結婚、育児、子どもの独立の状態にある人々では、所得水準が低い場合においても、幸福であると回答する比率が不幸であると回答する比率よりも高いことから、所得水準以外の要素が深く関わっていることが考えられ、この結果から家族の存在が大きいことが示唆されます。

## 第3章のまとめ

- 経済的な豊かさは長期的な視点で判断される「人生の評価」に対してはプラスの影響を与え続けるが、短期的な視点で判断される「感情の幸せ」に対しては、豊かさが一定水準を超過すると、プラスの効果が得られにくくなる。
- 多消費型のライフスタイルで行うモノ消費は、幸福度の上昇が限定的である一方で、モノを大事に扱うライフスタイルでのモノ消費や、人間関係に関係性の深い消費（コト消費）では幸福度の上昇に貢献しやすい傾向がある。

●ライフステージが独身の人々では、所得水準の変化に応じて、幸福であると回答する比率と不幸であると回答する比率の両方で変化が見られる。このことは、独身の人々においては所得水準が幸福であるかどうかを感じる際の重要な要素であることを示唆する。

# 第4章 人とのつながりと幸福度

## 人とのつながりと幸福度

人生には様々な出来事が待ち受けています。人生の様々なステージにおいてどのような幸福度となるのか、同一個人を追跡調査することで見えてくることがあります。第1章で紹介したこの種の追跡調査を前例のない長期にわたって行ったアメリカのハーバード成人発達研究（Harvard study of adult development）の Grant Study General Questionnaire は１９３８年から２０１４年という実に77年間にわたって、同一個人に対して行われた追跡調査です。２年ごとの生活全般にわたるアンケート実施、５～10年ごとの面接に加え、５年ごとの医学的な健康状態把握をしていったものです。このおよそ80年にわたる調査の結論として示されたのは人との関係性やその結果としての幸福感は我々の健康に強い影響を及ぼすということでした。

調査のディレクターである Massachusetts General Hospital の精神科医であり Harvard Medical School の教授である Robert Waldinger はこの結論について、「人との関係性に気を配ることは自分自身の体のケアにもつながる。このことが調査から明らかになった新事実である」と述べています[1]。健康については多くの研究で幸福度の主要な決定要因であるということが示されています[2]。人とのつながりはこの健康を向上させることに寄与し、さらには健康を介さずとも直接的にも幸福感を高めることにつながるということになります。

しかし、良好な人間関係は健康と幸福感にプラスの影響を与えるというこの結論は、逆に言えば人とのつながりをないがしろにすることは健康や幸福感にはマイナスに働くということに他なりません。両親、祖父母、子ども、親族、友人、職場の同僚、近所の人々といった周囲の人々との「つながり」の重要性は他の人に言われなくとも分かっていると皆さんはお考えになるでしょうか。時として人は周囲の人の存在を当たり前の存在として考え、そのありがたみを忘れることもあるでしょう。こういった実証的な研究に鑑みると、ありがたみを忘れてしまいがちな人にとって、「意識的に」人とのつながりを大切にしていくことが人生を豊かに過ごすための鍵となるということが言えると思います。また、人間関係が良好でない場合には幸福度を高く保つことが難しいことも示唆されます。

アメリカでは過去数十年、経済発展に伴って人間関係の希薄化が進んできたことが指摘されています[3]。ヨーロッパにおいても同様の傾向が指摘されてきています[4]。日本でも都市部を中心に近所付き合いが減り、町内会の衰退など地域での人間関係の希薄化が進んできているのではないでしょうか。こうした人とのつながりの希薄化は第１章で紹介したイースタリンパラドックスの一要因と考えられます[5]。また長時間労働によって家族との時間を十分に持つことができていないことも家族との関係性に悪影響を及ぼしている可能性があります。

## マズローの欲求段階説

こうした人とのつながりについては、心理学者であるマズローが示した欲求段階説が参考になります（図表4－1参照）。この学説では人間の欲求には段階があり、人々はまず1段階目の欲求として、人が生きるために必要な生理的な欲求（食べる飲む、衛生的な生活）を求め、2段階目として安全（治安など）を求めることが示されています。第1章の図表1－3（10頁）で示したように最貧国など必要最低限のもの、安全な水や食料、衛生状態の良い住宅が手に入らない国、そして政治的に不安定であったり内戦状態にあるような治安の悪い国ではこうした欲求を満たすことができていない可能性があります。すでに第1章で述べたようにこうした基本的な欲求は3段階目以降の副次的欲求と比較して幸福度に相対的に強い影響を及ぼしていることが指摘できます。著者らが独自に実施した日本人を対象としたアンケート調査でも、その傾向が観察されています。

日本では「平均的には」基本的な欲求は満たされてきているのではないでしょうか。もちろん、若者の貧困や、低所得の問題により苦しんでいる人々が一定割合存在していることは忘れてはいけないことですが。基本的な欲求が平均的には満たされてくると、人々はより高次の欲

［図表４－１］　マズローの欲求段階説

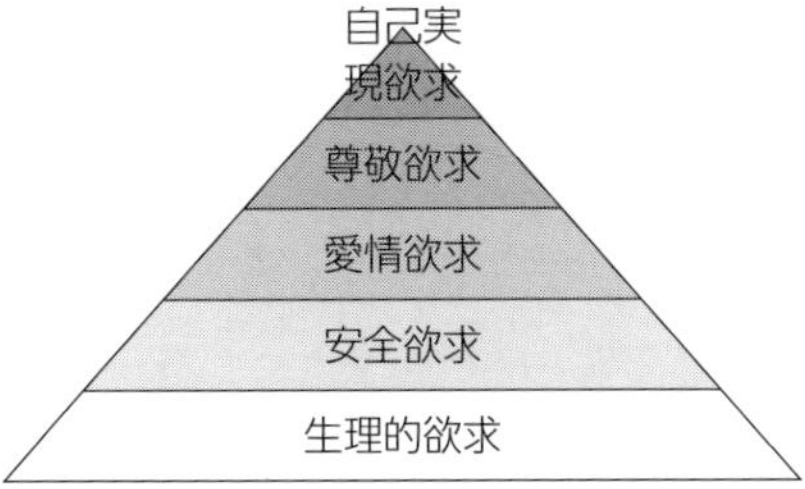


求として愛情欲求（他者との関わり合い）を重視するようになってきます。日本は愛情欲求を重視する段階に入っているのではないでしょうか。しかし、日本では地域や職場、学校などでの人間関係が希薄化したり、対面ではなくSNSでのつながりを重視するようになるなど、人との関わり合いについて悩む人々が多いのではないでしょうか。

## 物質的な幸せから非物質的な幸せへ

第3章で触れたことですが、先行研究では、人々が最も慣れてしまうものは物質的な所有であり、非物質的なもの（家族や友人と過ごす時間など）は慣れてしまうということはない（＝幸福度に寄与し続ける）と言われています[6]。その意味で物質的な消費よりも第3章で触れたコト消費（社会関係消費）のほうが幸福度に日本では寄与しやすいという研究を紹介しました。また、ノーベル経済学賞を受賞したカーネマンも、社会的な厚生を向上させるためには物質的な消費から「社会的な関係」を重視する方向性へシフトすべきと述べています[7]。ここで、社会的な関係とは「時間や人とのつながり」を意味します。

日本では経済発展に伴って、物の豊かさよりも心の豊かさを重視する人の割合が高まってきています。内閣府の「国民生活に関する世論調査」では「これからは心の豊かさか、まだ物の豊かさか」という質問の回答結果が示されています。第二次世界大戦後には途上国であった日本は、高度経済成長から1990年台前半に1人当たりGDPで世界1位になりました。1970年台までは物の豊かさを重視する人が心の豊かさを重視する人よりも多かったのが、1980年ごろ逆転現象が発生し、心の豊かさを重視する人のほうが多くなっています。経済発展をし、物が豊かになってみて初めて、モノからは幸せは得られにくいと悟ったということになるのではないでしょうか。心の幸せをアップさせるものとして「時間や人とのつながり」の重要性が指摘されてきていることは注目に値するのではないでしょうか。

膨大な幸福度研究では、人とのつながりを意味する「社会関係資本」は幸福度の決定要因の主要因とされています[8]。特に先進国では社会関係資本は所得よりも幸福度に影響するという研究もあるほどです[9]。ただし社会関係資本の状況については国によって異なり、経済発展に伴ってアメリカや日本ではその衰退可能性が指摘されますが、一方でスウェーデンでは衰退は見られていないという研究があります[10]。スウェーデンは政策的に社会関係資本を維持してきた国と言われています。社会関係資本が政策的にある程度維持できるのであれば、幸福度の観点からも今後重要視されていくと思われます。

なお、我々が2015年に行った日本における独自のアンケート調査の分析結果においても、人とのつながり（社会関係資本）の重要性は示されています。この研究では第1章で紹介したOECDのより良い生活指標（Better Life Index：BLI）の各種指標のうち、どの指標が日本において相対的に幸福度の意味で重要かを示しています。比較したものはBLIの11種の柱のうち、住居、所得と富、雇用・仕事の質、社会とのつながり、環境の質、健康状態、仕事と生活のバランス（ワークライフバランス）の7種の柱です。分析の結果を図表4－2に示しています。このグラフの縦軸の値は幸福度への貢献度です。図を見ていただくと分かりますが、幸福度への貢献度が最も大きいのが健康状態であり、それに次いで第3章で説明した所得と富の寄与が大きい状況です。本章で扱う人とのつながりは7種の柱の中では社会とのつながりに該当しますが、所得と富に次いで貢献度が大きいことが見出されています。なお、第5章で扱うワークライフバランス、そして第6章で扱う環境の質も同様の大きさの貢献度を有していることも付記しておきます。

人とのつながりについて、幸福研究では家族、友人、隣人、そして同僚とのつながりが幸福度に対してプラスの影響を及ぼすことが指摘されてきています[11]。興味深いことに、所得と人

［図表4－2］ 主観的幸福度に対する貢献度（日本）

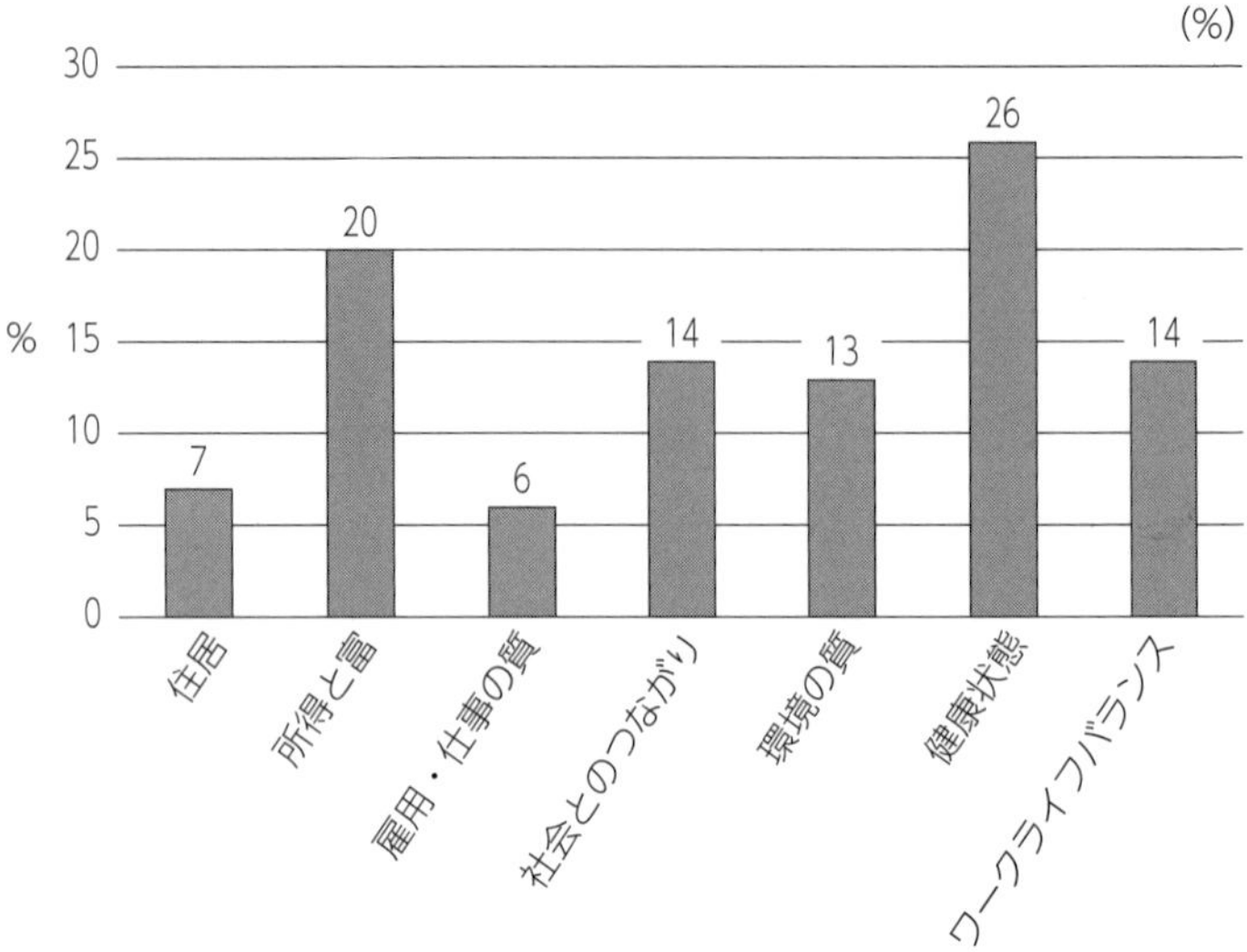


出典：Tsurumi, T. and Managi, S. 2017. Monetary Valuations of Life Conditions in a Consistent Framework : the Life Satisfaction Approach. Journal of Happiness Studies, 18(5), 1275–1303.

とのつながりを幸福度の観点で比較する際に、人とのつながりを金銭価値で表現した研究があります。

たとえばイギリスでの研究[12]では人とのつながりの代理変数として、(1)友人や親戚と会う頻度、(2)隣人と話す頻度に着目しています。イギリスの人々を対象としたサーベイデータを用いた分析を行った結果、(1)に関しては、全く会わない人と比較して月に1、2回会う人は年間世帯所得が3万1000ユーロから3万5000ユーロ増大するのと同等の幸福感を得ること、週に1、2回会う人は4万7400ユーロから5万500

ユーロ増大するのと同等の幸福感を得ること、ほぼ毎日会う人は6万2400ユーロから6万3833ユーロ増大するのと同等の幸福感を得ること、(2)に関しては全く話さない人と比較して、週に1、2回話す人は2万2800ユーロから2万3677ユーロ増大するのと同等の幸福感を得ること、ほぼ毎日話す人は3万9333ユーロから4万8800ユーロ増大するのと同等の幸福感を得ることを見出しています。日本人を対象にした研究でも著者らの研究で「頼りになる人」が1人増えることの金銭価値が年間世帯所得換算で39・36万円から81・42万円の金銭価値に相当することが示されています[13]。

家族に関するものとしては、結婚そして子どもについての研究蓄積があります。結婚に関しては1972年から1994年の長期にわたってヨーロッパやアメリカで大規模調査が行われたものがあります[14]。この調査では、結婚しているカップルの42%が「非常に幸せ」と回答しているのに対し、離婚した人々では17%、別居中は21%、未婚者は26%が「非常に幸せ」と回答したことが示されています[15]。また、上述のイギリスでの研究において、結婚は6万4000ユーロから6万8400ユーロだけ年間世帯所得が増大するのと同等の幸福感を得るのと同じプラスの効果を持つこと、離婚は2万1600ユーロから2万4500ユーロだけ年間世帯所得が減少するのと同等の幸福感を失うことと同じマイナスの効果を持つことが示されています。このように、結婚についてはプラスの影響を統計的に確認している研究が多いと言えます。

ただし、結婚そのものは幸福感を高めるものの、結婚のプラスの効果は結婚してから2〜3年経つと弱まる（ただし完全にはプラスの効果は消えない）ことが多いということを示す研究もあります[16]。中には2年で幸福度が元に戻るという研究も存在します[17]。これは所得に順応するよりもスピードが速いことを同研究は指摘しています。配偶者へ関心を寄せ続けるかという点が重要であることがこの研究から示唆されます。

これらの幸福感が弱まるあるいは消えるという研究では「状況に慣れてしまう」という解釈がなされています。ここで、第3章で触れたカーネマンの「物質的なものではなく非物質的なものに対して時間を投資すべき、そして人間関係は関心を寄せ続けるものである。そうした関心を寄せ続けることができ、かつ人生を豊かにするようなものに時間を投資すべき」というメッセージは、「関心を寄せ続けて初めて人間関係から幸福感を得ることができる」ことを示唆するものであったことが確認できます。幸福度にプラスに寄与する良好な人間関係の継続には、互いに関心を寄せて気をかけ続けることが必要ということになるのではないでしょうか。当然ながら無関心では幸福感は得られない。カーネマンが述べているモノには関心を寄せなくなるということも含めて考えると、モノ消費も人とのつながりも当然ながら平均的な人は状況に慣れてしまう、ということが学術研究では指摘されてきており、「ケアをし続けること」があって初めて幸福が持続していくのかもしれません。

もっとも、家族や友達との交流によって得られる幸福は、贅沢品などの購入によって得られる幸福とは異なり、持続性があることは多くの研究で強調されてきていることです[18]。これは日本の研究成果でも同様であり、貧困層と非貧困層を比較すると、家族間の交流が活発な貧困層の低所得世帯は、非貧困層でありながら家族間の交流がほとんどない世帯より生活満足度が高いという研究も存在します[19]。

## 子どもと幸福度

一方で、子どもの有無については結婚と比較して幸福度に対してプラスの影響が及ぼされにくいことが多くの研究で示されてきています。先ほど紹介した結婚後2年で元の幸福度に戻ってしまうという研究では、子どもについても検証が行われており、結婚と同様に子どもを持つことの喜びは持続しない可能性が指摘されています[20]。同研究では子どもの誕生の1年前程度から幸福度は高まるものの、誕生から1年経たないうちに元の幸福度に戻り、さらに1年後以降はマイナスの影響を与え、そのマイナスの影響は子ども誕生から5年後に「かろうじて慣れる」（マイナスの影響が若干弱まる）ことを示しています。この他、アメリカやヨーロッパで行われた研究では子どもを持つ親は平均的に子どもを持たないカップルよりも幸福度が低いという研究蓄積があります[21]。さらに、子どもが独立したカップルは子どものいない同年代の同じような境遇のカップルと比較して同等か僅かに低い幸福度を報告しているという研究もあります[22]。

このように多くの外国の研究では子どもを持つことが幸福度の増大に結びつきにくいことが指摘されてきていると言えます。それでは日本での研究ではどうなのでしょうか。日本でも子育て世代が苦労をしている傾向が読み取れます。たとえば、20から40歳代の女性を対象とした研究[23]では、子どもを持つ女性は持たない女性よりも主観的幸福度は高いものの、生活満足度は低いことが示されています。また20から30歳代を対象とした研究[24]では、子どもを持つ女性は持たない女性よりも主観的幸福度や生活満足度が低いが、同年代の男性はこれらの幸福度指標に影響がないことが示されています。また、より高年齢を対象とした研究[25]では子どもが独立している可能性もある年代である45歳から60歳のカップルでは子どもの有無による主観的幸福度の差が見られないことが示されています。

このように外国の研究でも日本での研究でも子どもを持つことで幸福度に単純にはプラスの影響が及ぼされないということが示されてきています。これはなぜなのでしょうか。その理由の1つとして、次章でより詳しく述べますが、日本では女性の社会進出とともに共働き世帯が増えて仕事と家庭の両立が難しくなっているのに加えて、核家族化が進んで親に子育てを助けてもらうことも難しくなっており、また地域のつながりも希薄化した中で、地域での子育てをサポートしてくれる体制も不十分となっていることなどが、子育て世代の幸福度が高まらない背景にはあると考えられます。

## 国内30万人アンケートの回答

それでは著者らの国内30万人アンケートでも同様の結果が得られるのでしょうか。著者らの分析では子どもの年齢に左右されることが分かってきています。**図表4－3**は子どもの年齢別の子どもを持つことが幸福度に及ぼす影響の一覧です。図に示したように、著者らの分析では未就学児を持つ親のみプラスの幸福度を得ており、子どものいない同年代の同じような境遇の夫婦と比較して幸福度（ここでは主観的幸福度）が２・８４％高いことが分かりました。他方で、小学生を持つ親は子どものいない同年代の同じような境遇の夫婦と比較して幸福度が０・４４％低く、中学生ではさらに低くなり１・１４％、さらに高校生では１・３３％低いことが確認されました。大学生となると少し幸福度低下は緩和されて１・１１％低いという結果になりました。

このことが意味することは、未就学児を持つ親は幸福度の観点でプラスの影響を受けるもの

［図表4－3］　子どもの年齢別、子どもを持つことが幸福度に与える寄与度（%）

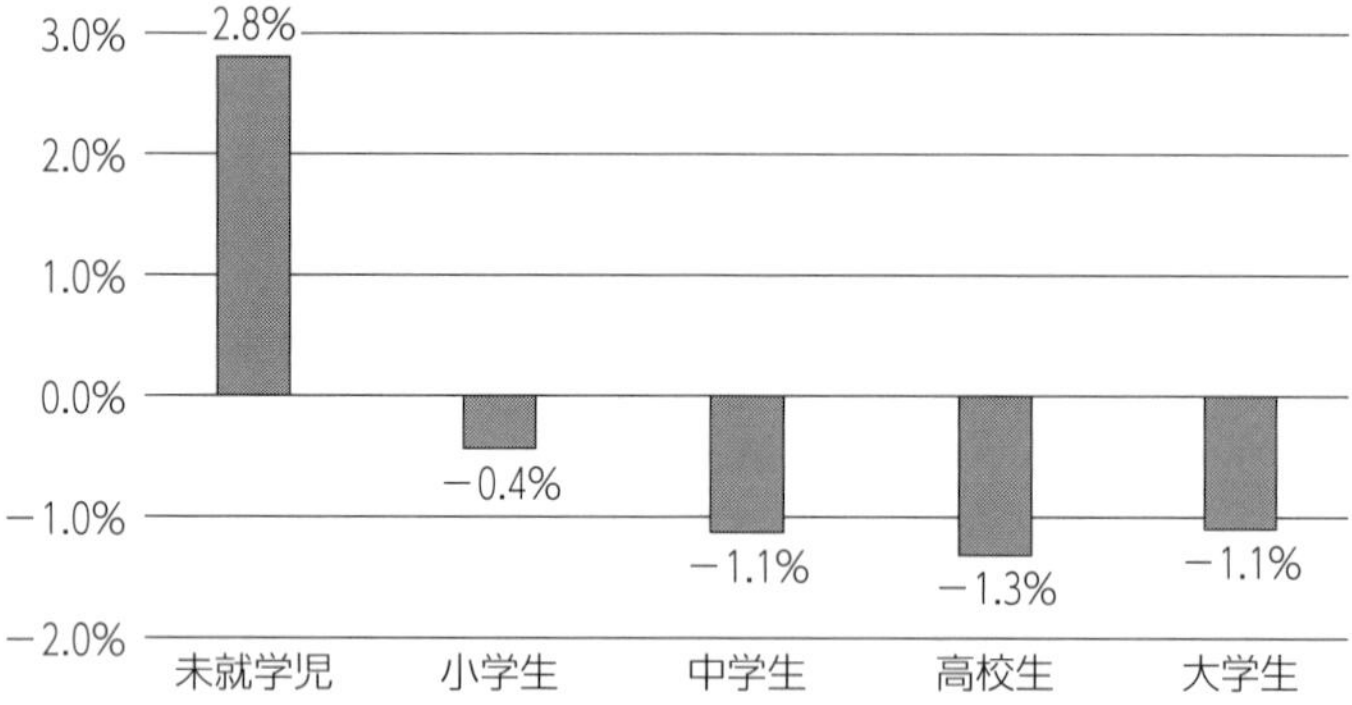


注：サンプルは既婚者。
寄与度の比較対象は子どもを持っていない同年代・同境遇の既婚者。

の、小学生以降は高校生まで徐々にマイナスの影響が強くなり、大学生になって少しそのマイナスの影響が緩和されるということです。外国や日本での他の研究と同様に、小学生以降はマイナスの影響が見出されました。この点は子育てが親にとって負担となっていることを示すものと言えます。他方で、未就学児についてはプラスの影響がみられることは、子どもを持つ喜びに他ならないのではないでしょうか。未就学児を持つ親も子育てのサポートが乏しいと言われる日本では苦労することも多いはずなのですが、その中で幸福度にプラスの影響を与えるということは、子育てのマイナスの影響（負担）よりもプラスの影響（喜び）が未就学児では勝っているということに他ならないのではないでしょうか。

子どもの有無が幸福度に与える影響は子どもを持つことの喜びと育てることの大変さの正味の影響と考えられます。その意味で、この図が物語っているのは、未就学児を抱える日々は、子どもを持つことの喜びが育てることの苦労を上回っているということだと思います。未就学児の時期は笑顔をもらえる存在が子どもであることを実感する時期であると考えられます。他方で、小学校以降になってマイナスの影響となっていることは、思春期を迎え、与えた愛情がストレートに返ってこない日々が多くなり、喜びが少し弱まる。そうした中で、子育ての負担のほうが勝ってきてしまう可能性が考えられます。もちろん子どもが大きくなるにつれて経済的負担も増えてくると思いますが、そういった経済的負担のマイナス分を別にした分析でもこの図と同様の傾向が見出されています。したがって、経済的負担以外の子育てのストレスがマイナスの影響に現れてきている可能性があります。

著者らは大学の教壇に立つ機会がありますが、この分析結果をもとに、親に無関心にならず、反応を返してあげてほしいと、この図を使って説明をすることにしています。

## 北欧との比較

なお、折に触れて比較している北欧の状況ですが、日本と北欧では人とのつながりに関して状況が大きく異なります。第1章の図表1－6（17頁）で紹介をしましたが日本とフィンランドでは家族との関係性の満足度がフィンランドのほうが顕著に高いです。また、家族に対する信頼も厚く、良好な関係性が保たれていることが分かります。また家族だけでなく、親族や知人・友人、そして地域の人についても同様の違いがあり、このことがフィンランドと日本の幸福度の違いを決定づけている可能性が考えられます。先行研究のところで説明をしましたが、人とのつながりは幸福度の決定要因のうち主要なものです。北欧の幸福度の高さと日本の幸福度の低さはこの人とのつながりの状況の違いが大きく影響している可能性が高いと言えると思います。信頼できる家族や知人・友人、そして地域の人々の存在は次章で触れる子育てに苦労をする世帯の支えにもなり、働き方と幸福度の関係性にも影響をしてきます。

## コロナ禍を踏まえて

著者らが行った2017年の国内の「消費と幸福度に関する調査」の回答者に対して、コロナ禍である2020年11月および2021年3月に追跡調査を行いました[26]。第3章でも触れましたが、コロナ禍において大幅に幸福度の低下がみられています。分析の結果、モノ消費がコロナ前とコロナ禍とで変化がほぼないのと比較し、人とのつながりに関係する消費であるコト消費が大幅に減少し、コト消費の減少が主たる幸福度の低下要因であることが分かりました。家族や友人と買い物やレジャーに出かけるなど、人との交流が控えられ、自宅で「巣ごもり」をすることになるという過去に例を見ない状況となりました。

しかし、考えてみますと、フィンランドはこの「巣ごもり」を昔から当たり前のように生活の中に浸透させています。冬の極寒の気候は外出を控えることにつながり、また北極圏に近いことから太陽の出ている時間が短い時期もあります。そのような制約がある中で、北欧の人々は自宅でいかに快適に過ごすか、ということをずっと模索してきたと言えます。コロナ禍においても、自宅にいることで日本人であれば自宅で何をしたらよいか戸惑うこともあったのではないでしょうか。フィンランドの人々は巣ごもりの達人であり、自宅のインテリアにこだわり、キャンドルをともし、家族団らんの時間を楽しむ達人と言えます。

興味深いことに、著者らの上記のコロナ禍の国内アンケート結果によると、自宅での余暇の過ごし方において、「一人で」テレビを見る時間は幸福度を低下させた一方で、「家族と」テレビを見る時間は幸福度を増大させています。また、自宅内で運動を行った場合も幸福度を増大させるなど、自宅での過ごし方が幸福度を左右したことも分かっています。巣ごもりを経験する中で、自宅でいかに幸福に過ごすのか、余暇をいかに幸福に過ごすのか、我々日本人は学ぶ良い機会になったのではないでしょうか。

## ●国内アンケート調査から見た「人とのつながりと幸福度」

次に人とのつながりが、地域別にどのように異なっているかについて、国内30万人アンケートから紐解いてみましょう。ここでは以下のアンケート調査内容を使って、都道府県別に家族とのつながりの満足度と友人とのつながりの満足度について比較を行います。

**主観的幸福度**

現在、あなたはどの程度幸せですか。「とても幸せ」を10点、「とても不幸」を0点とすると、何点くらいになると思いますか？

**家族との関係の満足度**

あなたの生活において、家族との関係の満足度をお答えください。

1. 全く満足していない　2. あまり満足していない　3. どちらでもない
4. まあ満足している　5. 大変満足している

**地域住民との関係の満足度**

あなたの生活において、地域の人との関係の満足度をお答えください。

１．全く満足していない　２．あまり満足していない　３．どちらでもない

４．まあ満足している　５．大変満足している

**友人との関係の満足度**

あなたの生活において、知人・友人との関係の満足度をお答えください。

１．全く満足していない　２．あまり満足していない　３．どちらでもない

４．まあ満足している　５．大変満足している

図表４－４より家族との関係性、地域の人々との関係性、友人との関係性について、満足度が高い回答者ほど、幸福であると回答している傾向が確認できます。これとは逆に、人とのつながりの関係性に満足していない回答者においては、不幸であると回答する割合が高い傾向にあり、これらの関係性は真逆となっています。

こうした結果より、人とのつながりの満足度は人々が幸福を感じる大きな要素の１つであることが示唆されます。

[図表4－4]　人とのつながりと幸福度の関係性

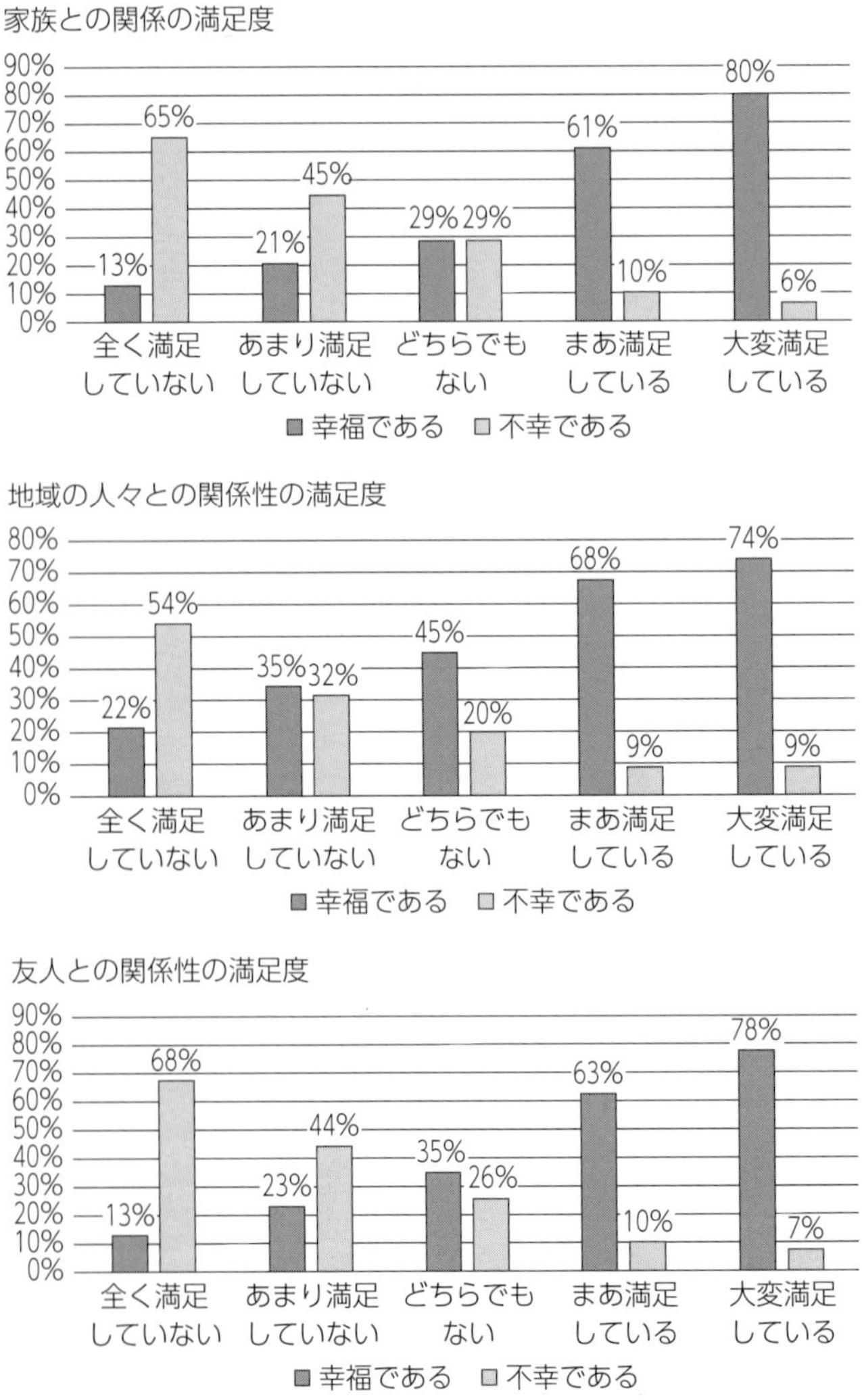

［図表４－５］　都道府県別での幸福度と人とのつながりの満足度の平均値

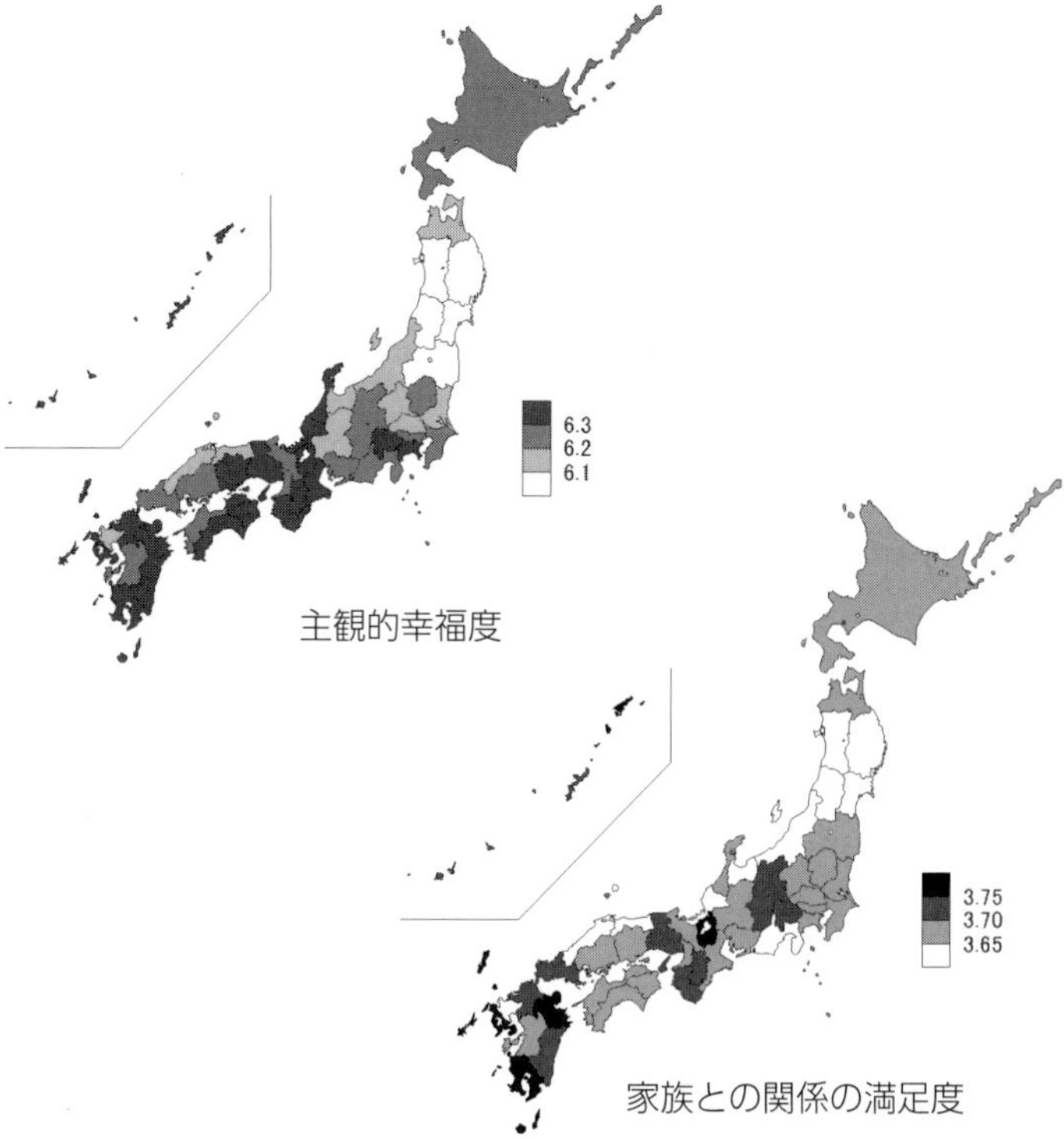


図表４－５では、都道府県別の幸福度と人とのつながりに関する満足度の平均値を記載しています。図表４－５より、東北・関東・北陸地域では、家族との関係の満足度がほかの地域に比べて相対的に低い傾向にあることが分かります。これとは逆に、九州では満足度が高い傾向にあります。類似した傾向は友人との関係性に関する回答においても確認することができます。一方で、地域住民との関係性の満足度につ

［図表４－５］　都道府県別での幸福度と人とのつながりの満足度の平均値（続き）

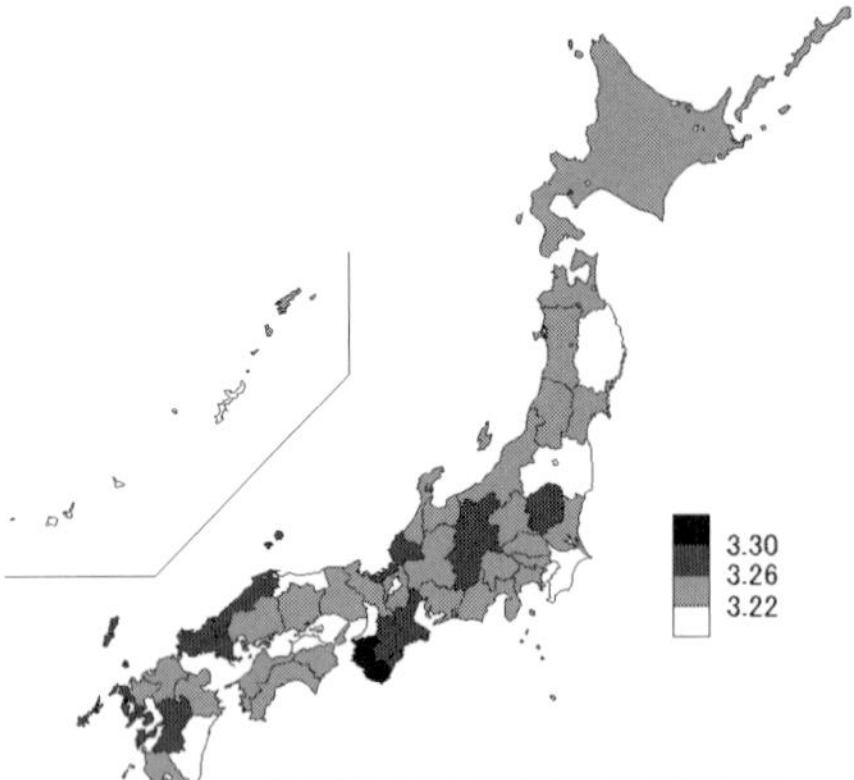


地域住民との関係の満足度

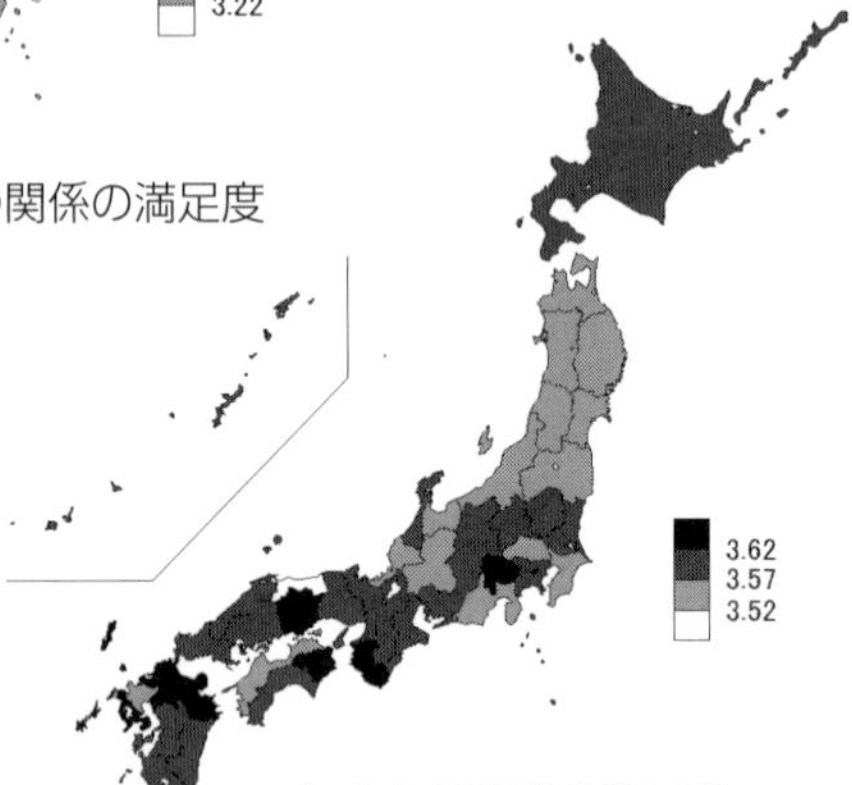


友人との関係の満足度

いては、沖縄県や鳥取県で相対的に低い傾向にあります。これらの結果から、人とのつながりに関する満足度については、地域別に特性が異なっていることが読み取れます。

## 第４章のまとめ

●日本人を対象にした研究で「頼りになる人」が１人増えることの金銭価値が年間世帯所得換算で39・36万円から81・42万円の金銭価値に相当することが示されていることから、人とのつながりは幸福度を規定する重要な要素といえる。

●人々の幸福度に影響を与える要素として健康や環境、ワークライフバランスや経済的要因に加えて、人とのつながりを表す社会関係資本の重要性を紹介している。

●東日本では家族との関係に対する満足度が相対的に低く、九州地方では相対的に高い傾向があることが示され、国内において地域間で大きな差が生じている。

第5章

# 働き方と幸福度

## 私たちはなぜ働くのか

なぜ私たちは働くのでしょうか。お金を稼ぐためでしょうか。社会とのつながりを見出すためでしょうか。生きがいを見出すためでしょうか。幸福学の研究からは、働くことにはお金を稼ぐこと以外の意味があることが実証されてきています。たとえば、ドイツで行われた研究では、職を得ていない人が職を得ることは所得の生活満足度へのプラスの影響を取り除いたとしても生活満足度にさらなるプラスの影響を与えることが示されています[1]。ドイツ以外の国でも、スイス[2]、オーストラリア[3]を対象とした研究で同様の結果が見出されています。幸福度の観点では働くことはお金以外の効果も持っていると言えます。

このお金以外の効果には何が該当するのでしょうか。幸福度研究で注目されていることとしては、上述のドイツやスイス、オーストラリアの研究から示唆されるように「働きがい」が挙げられます。働くことで生きがいを感じるということになります。その他幸福度に影響を与えるものとしては「職場環境」も挙げられます。たとえば、仕事の裁量の大きさ、適度な社員教育、昇給、雇用の安定性、上司や同僚との関係性、仕事内容の多様性などです[4]。このような研究を踏まえると、自分で仕事内容を決定できたり、職場環境を整えられたり、労働時間をコントロールできるような職種の人は幸福なのではないかと、考える人もいるかと思います。たとえば、自営業者や研究者などの裁量労働制の人は、自分自身で仕事内容を決定でき、職場の人間関係もコントロールしやすく、また労働時間も柔軟にコントロールできるため、幸福度が高いのではとお思いになるのではないでしょうか。ヨーロッパでの研究によると、仕事の裁量があり上下関係がなく労働時間がコントロールできることは生活満足度にプラスの影響を与える可能性はあるが、他方で長時間労働になりがちであることや仕事の責任の大きさがあることで、仕事のストレスや精神的健康の問題を感じやすいということも同時に指摘されています。この点がクリアされないと自営業者や裁量労働制であるからといって幸福度が高いとは限らないということとなります[5]。実際に、著者らの国内30万人アンケートを用いた分析でも、裁量労働制の人は他の職種の人と比較してむしろ幸福度が低いことが分かっています。２０２０年以降のコロナウイルスが問題となった中で、在宅ワークやフレックスワーク、裁量労働制の普及が進んでいますが、長時間労働になりがちであることや仕事の責任が増すことにつながることに注意を払う必要があるのではないでしょうか。

　働くことが幸福度に及ぼすマイナスの効果として議論されるものは、健康問題と家庭問題です。もちろん、働くことを生きがいにすることで社会とのつながりそして人との良好なつながりを維持し、健康維持にも気をつけることになり、長寿に結びつくのではという考え方はあります。しかし、一方で、日本では長時間労働の問題があります。外国の研究では、たとえばスペインでは、週労働時間が51時間から60時間の男性は30時間から40時間の男性と比較して、精神的健康に問題を抱え、高血圧で、喫煙率が高く、運動や睡眠時間が不足しがちであるという結果[6]が見出されています。また、韓国の研究では週の労働時間が60時間以上の男性は40時間以下の男性と比較して高ストレスであるという結果が見出されています[7]。また、イギリスの研究では1日3～4時間の残業を行う人は冠状動脈性心疾患になるリスクが高いという結果[8]、そして1日の労働時間が11時間以上の人は、7～8時間の人と比較して精神的健康度が低いという結果[9]が見出されています。台湾での研究では、週の労働時間が60時間以上の人は40～48時間の人と比較して、睡眠時間を考慮しても冠状動脈性心疾患になるリスクが高いという結果[10]が示されています。加えて、アメリカを対象とした研究で、長時間労働が仕事と家族の問題に関する夫婦間の衝突の頻度を増加させるという結果が見出されています[11]。

それでは日本ではどうなのでしょうか。日本を対象とした研究[12]では長時間労働がメンタルヘルスを毀損させる要因となることが実証的に示され、サービス残業など金銭対価のない労働時間の長さはさらに大きくメンタルヘルスに負の影響を与えることも示されています。また、日本の共働き夫婦を対象とした研究[13]でも、いわゆる仕事中毒に陥ることが、自分自身とパートナー両方のワークライフバランスやメンタルヘルスに悪影響を及ぼすことが示されています。

以上の既往研究より、働くことにはプラスの効果とマイナスの効果があることが指摘されてきていることが分かりました。また、これらの効果には仕事内容や、職場の人間関係、家庭問題、身体的・精神的健康問題に関する要素が含まれている可能性がありました。そして、家庭問題や身体的・精神的健康問題を含むマイナスの効果は長時間労働により生じる可能性が示されています。ドイツの研究によれば、所得が主観的幸福度に与えるプラスの影響は長時間労働により過小評価されます[14]。具体的には、女性の場合12％、男性の場合25％だけ所得の効果が過小評価されることを指摘しています。長時間労働が幸福度を低下させるということです。こうしたマイナスの効果は具体的に何時間以上働くと問題が生じてくるのでしょうか。ドイツの研究[15]では、労働時間が生活満足度に与えるプラスの影響は男性で約７・５時間の労働、女性で約４時間[16]の労働で最も高くなり、それ以降は減少するという推計結果が示されています。

## 国内30万人アンケートの回答

それでは日本ではどうなのでしょうか。著者らの国内30万人アンケートの分析結果を以下説明します[17]。就業者（フルタイム、契約・派遣、パートタイム、合計９万４５０２人）の平日１日あたりの平均労働時間と生活満足度の関係性についてです。全就業者の平均的特徴については、労働時間7時間半までは生活満足度が増大し、7時間半で平均的な生活満足度が得られていることが分かりました。そしてその後も生活満足度は増大し、8時間を超えて10時間程度までは平均よりも高い生活満足度が得られることが分かりました。平均より高い生活満足度が得られている理由は以下のことが考えられます。すなわち8時間を超えるような仕事内容は一般的にフルタイムであり契約・派遣社員、パートタイムと比較して賃金が高くなるため、所得のプラスの影響があることが考えられます（残業の手当も得られているかもしれない）。また、仕事のやりがいの面で充実している可能性も考えられます。しかし、労働時間が10時間を超えてくると生活満足度は減少をし始め、10時間半で平均を下回り、11時間以降は急激に減少することが明らかとなっています。すでに幸福度研究の既往研究で触れたようなマイナスの影響、健康状態や家庭との両立、余暇時間が確保できなくなるなどの影響が所得のプラスの影響を上回って、正味の影響がマイナスとなっていることが考えられます。

日本では共働きの割合が増えてきており、特に子育て世代では長時間労働での家庭との両立は困難を極める可能性があります。回答者の置かれた状況によって「労働時間と幸福度の関係性」は当然ながら変わってくるはずです。著者らの分析では独身の就業者と既婚の就業者の「労働時間と幸福度の関係性」が大きく異なることが分かりました。

独身の回答者については、労働時間8時間までは生活満足度が増大し続け、8時間で平均的な生活満足度が得られ、その後、10時間くらいまで生活満足度が上昇し続けることが分かりました。そして、８時間以降の上昇度合いは先ほど触れた全就業者平均よりも2倍以上大きいことが分かっています。これは、独身であるために家庭との両立を比較的気にする必要がなく、家庭との両立によるマイナスの影響が全就業者と比較して小さいことが関係していると考えられます。他方で既婚の就業者では８時間までは生活満足度が増大し続けますが、８時間で生活満足度が最大となり、その後は労働時間が増えるにつれて生活満足度が低下し、９時間を超えると平均以下の生活満足度となり、その後も低下していくことが明らかとなりました。８時間以降において生活満足度の上昇が見られないことから家庭との両立の問題が既婚者に大きく影響していることが分かります。

次に既婚者の就業者での片働きと共働きの違いについてです。片働きの就業者では８時間までは生活満足度が増大し、８時間で生活満足度のピークを迎え、その後生活満足度は減少しますが10時間半程度までは平均以上の生活満足度を維持していることが分かりました。既婚の就業者全体では平均以上の生活満足度が得られていたのが９時間までであったことを考えると、片働きの就業者の場合は家庭との両立が既婚の就業者全体と比較してしやすいということが言えます。一方で、共働きの就業者では労働時間が短いほど生活満足度が高いという驚くべき結果が得られました。すなわち６時間、７時間、８時間と労働時間が増えていくにつれて生活満足度が減少し続け、８時間半を超えると平均以下の生活満足度となり、その後も減少し続けるという結果が得られました。家庭との両立を共働きの場合には実現しにくいことを示唆しているのではないでしょうか。

なお、既婚者の男女別の違いを見ると既婚男性の就業者が既婚の就業者全体と同様の結果であったのに対して、既婚女性の就業者（そのほとんどは共働き）は共働きの就業者と同様に労働時間が増大するにつれて常に生活満足度が低下するというこちらも驚くべき分析結果が得られました。ただしその減少幅は共働きの就業者全体と比較して倍近く大きいことが見出されています。このことは女性が家庭を担うという古くからの日本の習慣が未だ日本では根強いことが背景にあることを示唆するものと言えないでしょうか。男性が働いて、女性が家庭を支えるという状況が共働きの場合の女性の生活満足度増大の足を引っ張っている可能性が考えられます。

最後に特筆すべきこととして、どのような個人であっても全体に共通する傾向として労働時間が11時間を超えたところから一気に生活満足度が低下することが指摘できます。

## 北欧と比較して

ところで、働き方については、著者らが研究フィールドとしているフィンランドなどの北欧地域の働き方に近年注目が集まっています。フィンランドでは通常16時には仕事が終わり[18]、その後子どものいる家庭では子どもと一緒に過ごしたり、子どもがいたとしても信頼できる子育て支援サポートが充実しているので子どもを預けて「課外活動」を行うことも多いです。「課外活動」は、日本の学生が行っているような一種の部活動のようなものです。自分の趣味を楽しんだり、家族と触れ合ったりすることが可能となります。実際、著者らが行ったアンケート調査でも、すでに触れた人とのつながりに関する第1章の図表1－6に示したように、家族や親族、知人・友人、そして地域の人との関係性満足度が大変高く、また、余暇の過ごし方を比較した図表1－8に示したように、課外活動の時間は日本ではほとんど存在していないのに対してフィンランドでは平日1日あたり1・35時間を課外活動に割くことができていることが分かります。また、自宅での過ごし方についても、家族との交流の時間が日本よりも平日1日あたり1時間以上長いこと、そして自分の時間（休養、くつろぎ、趣味・娯楽）の時間も平日1日あたり1時間弱長いことも分かります。自宅外での余暇時間も日本よりも平均的には長く、仕事以外の生活の時間に余裕があることが分かります。

このような日本とフィンランドの状況の違いの結果、同アンケートの仕事満足度が日本が5段階の平均で2・85、フィンランドが3・31、そして余暇時間満足度が日本が5段階の平均で3・19、フィンランドが3・73という違いにつながっていると考えられます。

余暇活動は幸福度研究で幸福度に対してプラスの影響を与えることが指摘されてきています。余暇活動別に幸福度の影響を検証した研究では、たとえば、2007年の33か国のアンケートデータを用いて分析を行った研究では多くの種類の余暇活動（たとえば、スキルを磨く、人間関係を強化する、自分の時間を過ごす、スポーツをする、スポーツ観戦に行く、読書をする、買い物に行く、親族・友人と会う、音楽を聴くなど）で幸福度に対してプラスの影響が及ぼされていることが実証されています[19]。ただし、同研究では余暇時間に仕事のことを考えること、インターネットを使うことについては逆にマイナスの影響が見出されています。また、ドイツのデータを用いた分析でも余暇活動別の幸福度への影響を検証していますが、友人に会うことや運動をすること、休暇に出かけることは生活満足度を向上させるものの、個人の目的のためにインターネットを使うことやテレビを見ることは生活満足度を低下させることが示されています[20]。このように、余暇については内容次第ですが幸福度を向上させる可能性が先行研究で示されており、他方で労働時間の増大は余暇を減少させるという点で幸福度にマイナスの影響を及ぼすと考えられます。

コラム

## 仕事を切り上げるためにーフィンランドから学ぶべきこと

既に述べたとおり、フィンランドでは仕事を早い時間に終える人も多く、その後、スポーツや自分の趣味など、課外活動に平均して平日１日あたり１・35時間を割くことができていることが著者らが行った先述のアンケートからも分かりました。これは日本の大学生が授業後に部活やサークルなどの課外活動を行うような生活を彷彿とさせます。日本の社会人は長時間労働で苦しんでおり、家庭との両立を考えたときに、課外活動のような自分の時間を持つことは難しい状況にあることが多いのではないでしょうか。課外活動は１つのコミュニティであり、人とのつながりも得ることができると考えられます。また、労働時間が短いことは家族との団らんの時間を確保することにつながることは言うまでもありません。それでは、なぜフィンランドの人々は仕事を早い時間に切り上げることができるのでしょうか？

そのヒントは仕事の位置づけにあると考えられます。アンケート調査や現地でのインタビュー調査から見えてきていることは、フィンランドの人々は仕事に重きを置いていないということです。人生の中で仕事の優先度合いがそれほど高くないということは現地でのインタビュー調査でも見えてきていることです。しかし、仕事の優先度合いが低いということが生産性の低さにつながっているわけではありません。むしろ限られた時間の中で最高のパフォーマンスを発揮することを目指しているような活気を感じます。この原動力はどこから来るのでしょうか。この原動力は1つには「余暇が本当に楽しみである」という発想にあるのではないかと考えます。余暇の重要度が高く、その余暇の時間を何としても確保したいとフィンランドの人々は考えているのではないでしょうか。現地での生活の様子を知れば知るほど、余暇の時間を待ち望んでいるという考えを上司を含めすべての人が共通認識として持っている。そのことこそが仕事に対して前向きに取り組む原動力となっていることを感じずにはいられません。部下も上司も含め、仕事のために余暇を犠牲にするという発想はない、そのような環境であればこそ全員一丸となって効率的に仕事を進めることができるのだと思います。加えて、第3章のコラムでも触れましたが、自己効力感に裏付けされた積極性、「自分で問題を解決していく力」が限られた時間で仕事を高い生産性でこなす原動力となっているように思います。

もちろん、充実したセーフティネットがあることで、お金の心配はそれほど必要性がない、ということも仕事に重きを置く必要がないことにつながっている可能性が考えられます。現地でのインタビューで印象的だったことは、フィンランドの人々は貯金という概念があまりないということでした。

お金に対する心配が小さいことの象徴だと考えられます。

関連して、ウルグアイのムヒカ元大統領は、2012年の国連持続可能な開発会議のスピーチにて、次のようなことを述べています[21]。「労働者たちは8時間労働を成立させるために戦い、今では6時間労働を獲得した人もいる。しかし、6時間労働になった人たちは別の仕事もしており、結局は以前よりも長時間労働をしている。バイク、車などのリボ払いやローンを支払う必要があるから。毎月2倍働き、ローンを払っていったら、いつの間にか私のような老人になっている。私と同じく、幸福な人生が目の前を一瞬で過ぎてしまう。人生は短いし、すぐ目の前を過ぎてしまう」と。ムヒカ元大統領は人生の目的がお金になってしまうことの行き着く先として、大切な時間が無為に過ぎ去ってしまう、そのことへ警鐘を鳴らしていると考えられます。そして次のようなことも述べています。「我々は発展するために地球上にやってきたのではない、幸せになるためにやってきた。発展は人類に幸福をもたらすものでなければならない。愛情や人間関係、子どもを育てること、友達を持つこと、そして必要最低限のものを持つこと。これらをもたらすべきである」と。人とのつながりや時間の重要性は、第1章で触れたダニエル・カーネマンのインタビューの内容とも重なります。

## コロナ禍を踏まえて

2020年および2021年のコロナ禍において、人と人との接触を減らすことを目的にテレワークが多くの企業で実施されました。2020年4月の緊急事態宣言が出されたときには、学校の休校も同時にあり、子どもの面倒を自宅で見ながら、仕事を自宅で行うという、いまだかつてない経験に苦労された方も多かったのではないでしょうか。通勤時間がなくなったことから時間に余裕が生じて仕事と家庭の両立がとりやすくなったという声がある一方で、もともとテレワークの仕組みがなかった会社の場合には、自宅でできる仕事に制約があり、思うように成果が出せず、しかし成果は要求され、というところでストレスを感じた方も多かったのではないでしょうか。

さて、同時期のフィンランドの様子はどうだったのでしょうか。もともと柔軟な働き方が許されることが多いフィンランドではテレワークにも慣れていたため、特にテレワークで苦労をしたという話は聞かれません。学校の休校も日本と同様にあった中で、もちろん仕事が進まないこともあったそうですが、多くの場合はそういった事情を会社が汲み取ってくれる習慣がもともとあることから、仕事が進まなくても特にストレスに感じることはなかったようです。家庭の事情を理解してくれる雰囲気があるのとないのとでは、働く人のストレスに大きな差が生じるのは自明です。テレワークが柔軟な働き方として、家庭との両立の意味でプラスになるのか、マイナスになるのかは、テレワークの技術的な面のクリアが必須であることは前提として、会社および上司・同僚の理解次第と言えるのではないでしょうか。

通勤は余暇満足度や幸福度、メンタルヘルスを下げる要因として学術的には有名です[22]。働き方改革が叫ばれる中で、仕事と家庭をいかに両立していくか、においてテレワークが果たすプラスの可能性は大いに議論されるべきと思います。フィンランドのようなテレワークの技術導入そして上司・同僚の理解があれば、通勤時間が減ることによるプラスの影響は家庭や余暇の充実につながり、ひいては精神的な健康が仕事に対する熱意にもつながってくることと思います。コロナウイルスの流行が落ち着くと、以前の勤務体制にすぐに戻した企業も多いことと思います。しかし、テレワークの利点を感じた方も多かったと思います。今後のテレワークの活用は幸福度向上の１つの鍵かもしれません。

## ●国内アンケート調査から見た「働き方と幸福度」

以上、働き方と幸福度の関係性を見てきましたが、以下、国内30万人アンケートデータを活用して、働き方と幸福度の関係性についてより詳細に紹介したいと思います。幸福度の質問内容は『現在、あなたはどの程度幸せですか。「とても幸せ」を10点、「とても不幸」を0点とすると、何点くらいになると思いますか』です。

図表5－1は職業別の幸福度を示したグラフであり、図表2－7（38頁）を再掲したものです。第2章でも紹介したように、学生や派遣社員では幸福度が低く、正社員や専業主婦・主夫で幸福度が高い傾向にあることが分かります。また、パート・アルバイト、自営業、無職のグループは類似した結果が得られています。本章では、無職の回答者グループをさらに細かく分けることで、求職中の失業者と定年退職後に無職となっている高齢者の比較を行います。加えて、パート・アルバイトの人々についても自らが世帯主の場合と配偶者が世帯主の場合とで世帯年収が大きく異なることから予想されますので、細かく属性別に分けたグループを設定し、幸福度の平均値を比較していきます。

図表5－2ⓐとⓑは性別で分けた場合の職業別の幸福度の平均値を比較したものです。これら2つのグラフを比較すると、男性では無職と回答した人々で幸福度が高い傾向にあり、女性ではパート・アルバイトや専業主婦と回答した人々で幸福度が高い傾向にあることが分かります。前述したように定年退職後に無職となっている場合や、配偶者が世帯主であり自身は家事・育児を行いながらパート・アルバイトを行っている回答者も含まれることから、所有資産別、世帯年収別、年齢別における比較を行い、詳細に考察してみましょう。

**［図表5－1］　職業別の幸福度**

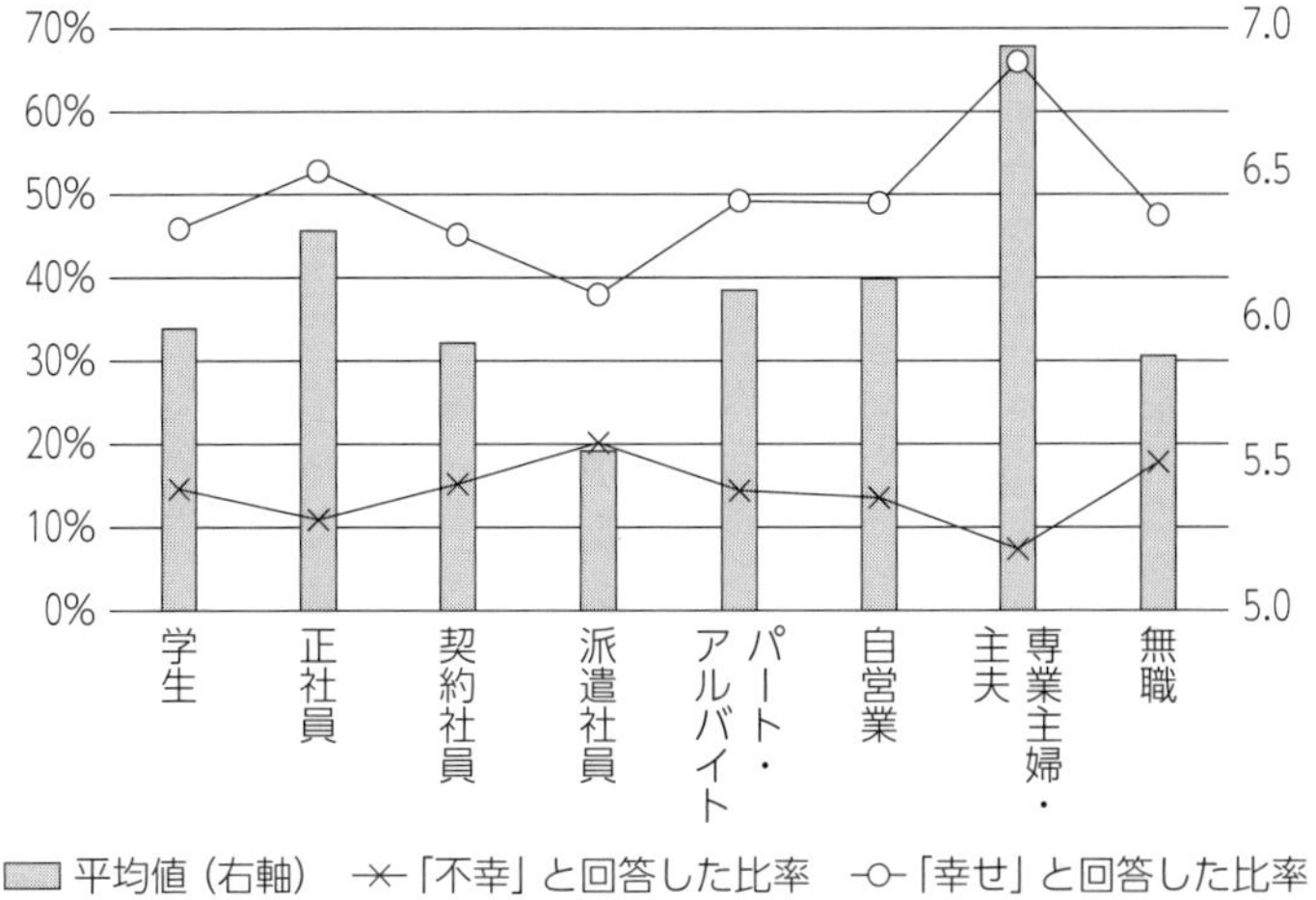


（注）　幸福度のアンケートに対して0から3を選択した回答を「不幸」、7から10を選択した回答を「幸せ」として、全回答数に占める回答比率を線グラフで表す。以下、同じ。

図表5－3(a)より、専業主婦・主夫の回答では、20歳から34歳のグループで幸福度が高い傾向にあることが分かります。加えて図表5－3(b)より、第一子誕生から小学校入学前の時期で幸福度が高くなっています。特徴的な点として不幸であると回答する比率が10％以下で推移しており、不幸であると感じている専業主婦・主夫は少ない傾向にあることが分かります。

図表5－4(a)より、女性のパート・アルバイト従事者の回答では、15歳から20歳グループで幸福度が低い傾向にあり、年齢を重ねるごとに幸福度が上昇していることが分かります。加えて図表5－4(b)より、世帯年収の金額が1万円から200万円の間では、幸福であると回答する比率に大きな差は見られませんが、世帯年収が200万

[図表５－２(a)]　男性回答者における職業別の幸福度

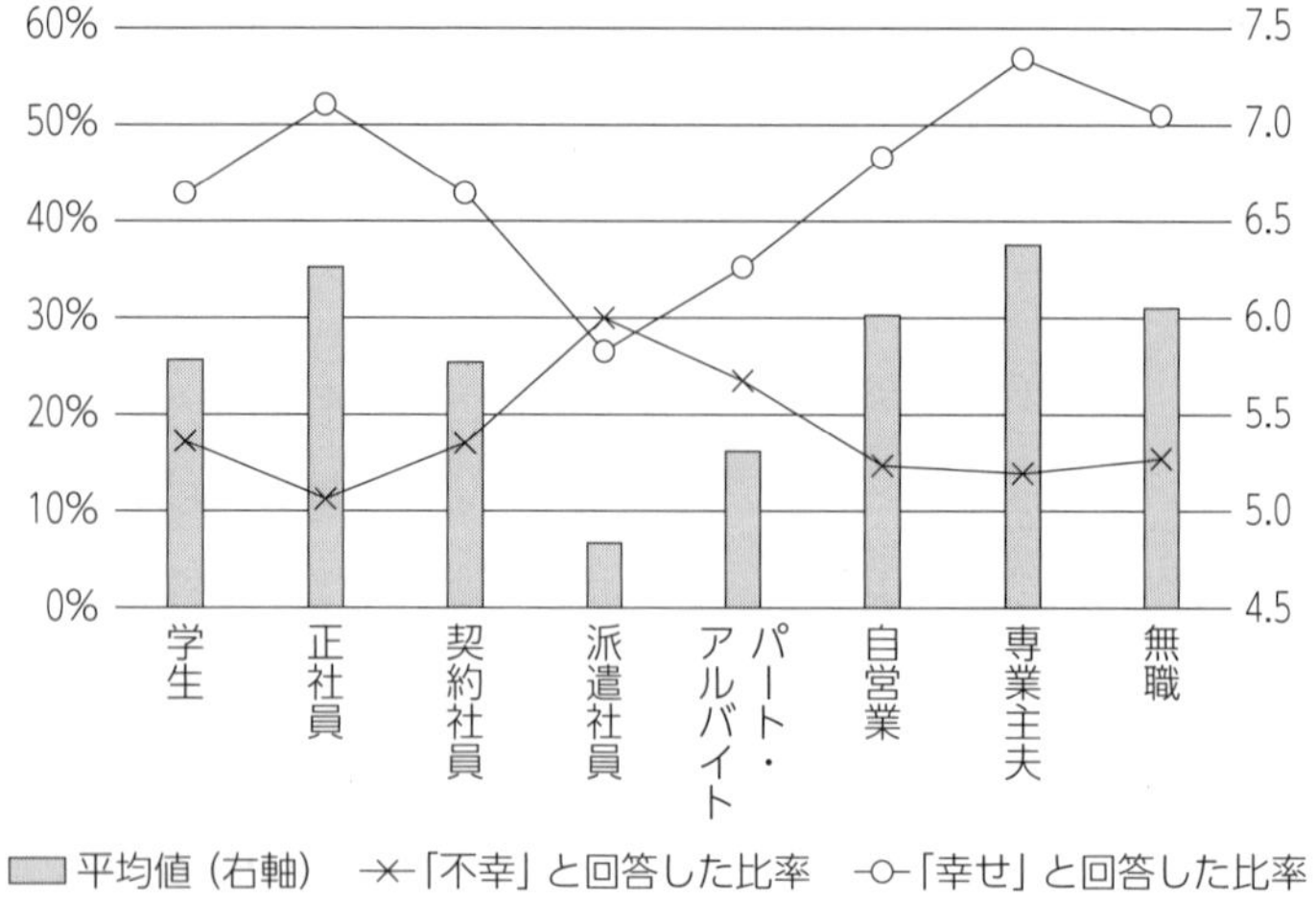


[図表５－２(b)]　女性回答者における職業別の幸福度

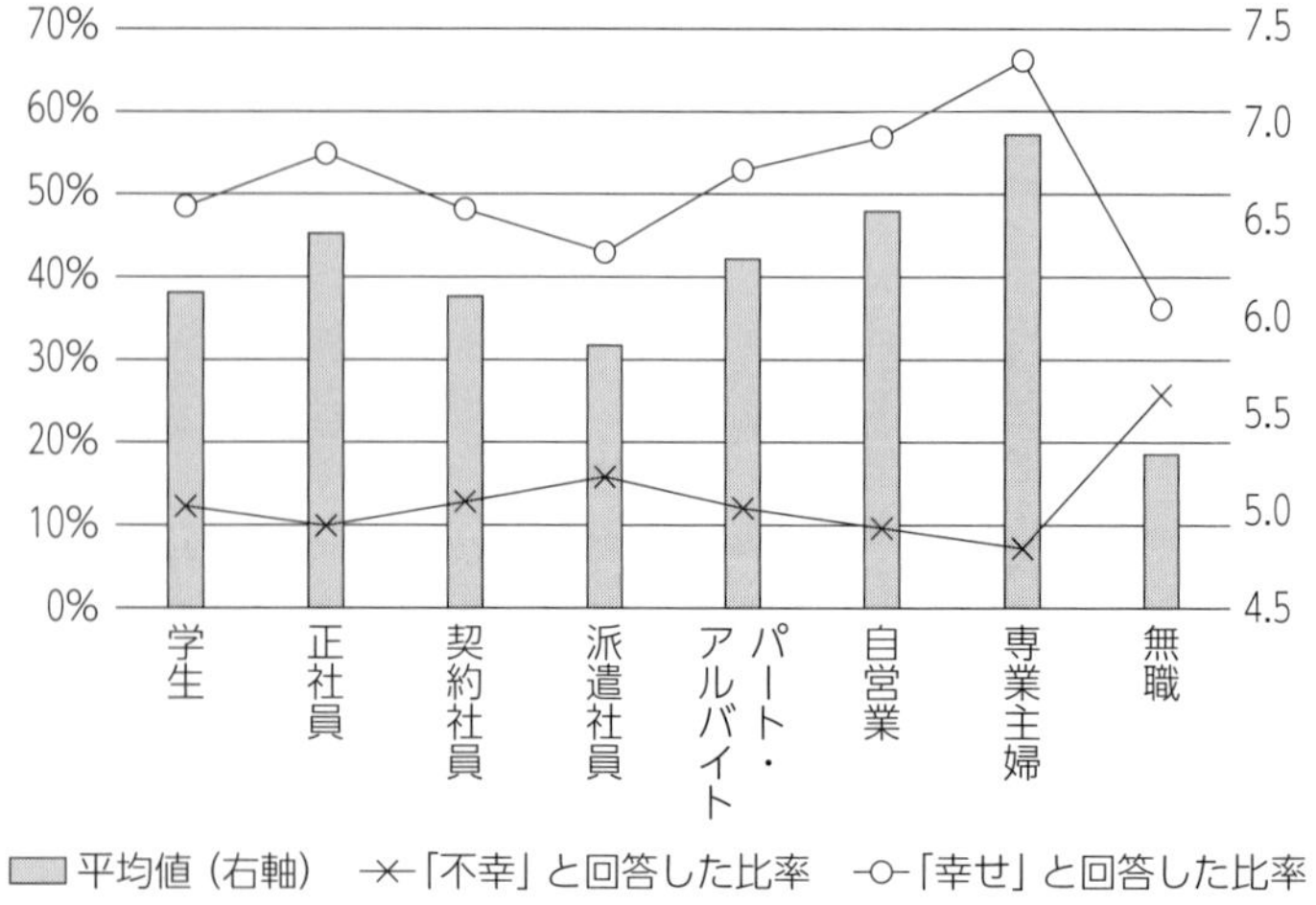

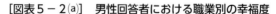

[図表５－３⒜]　専業主婦・主夫における年齢別の幸福度

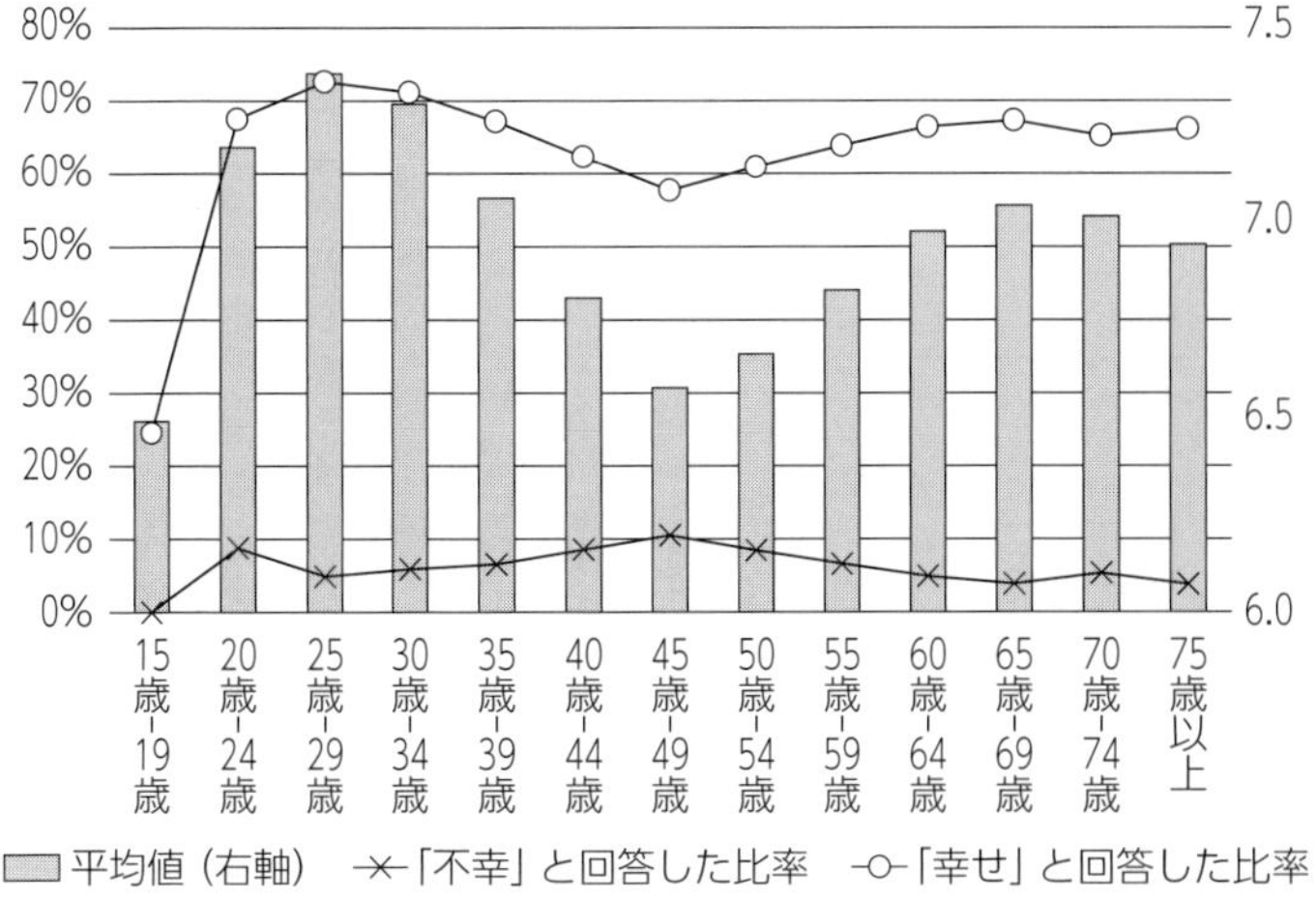


[図表５－３⒝]　専業主婦・主夫におけるライフステージ別の幸福度

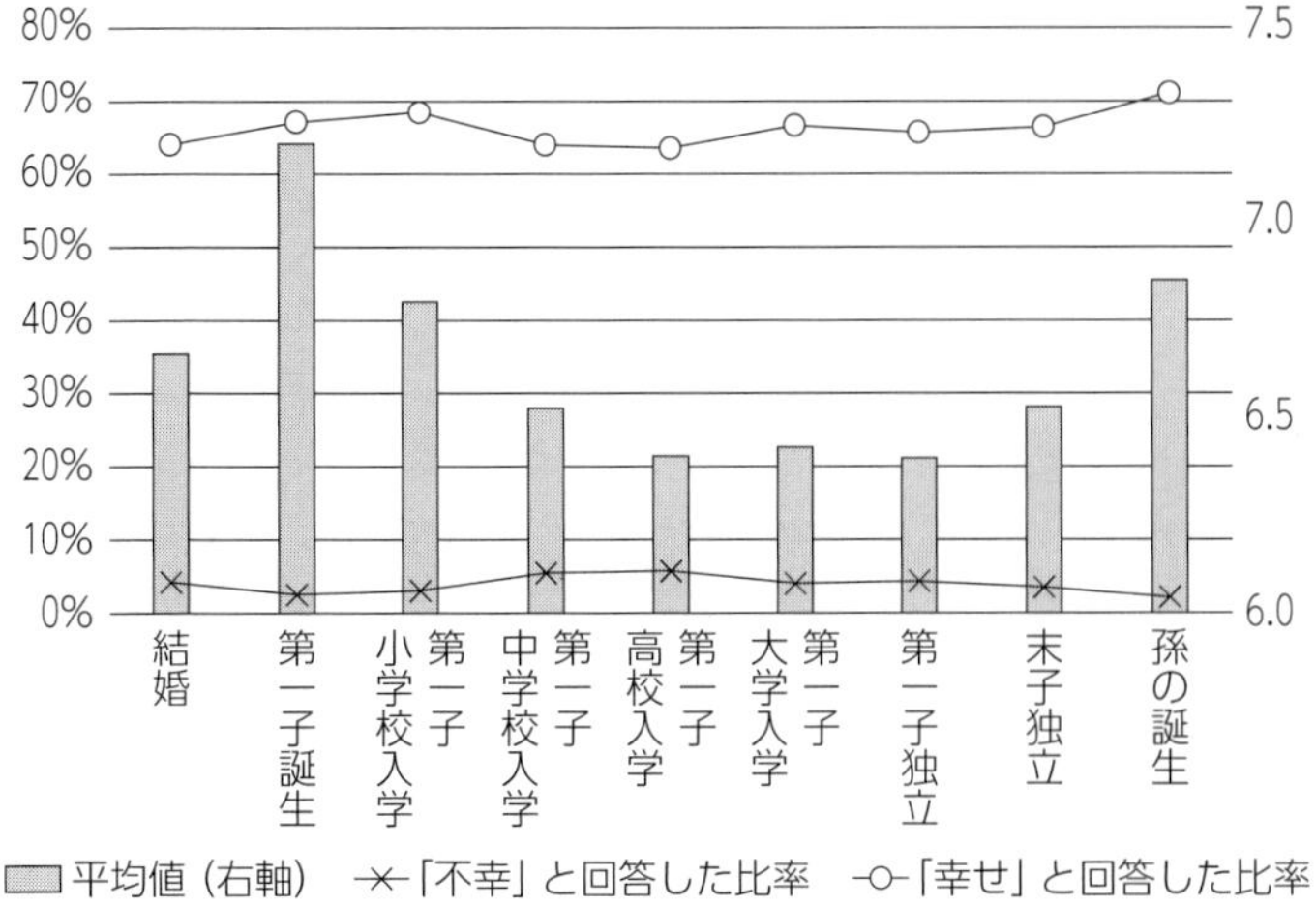

**[図表5－4(a)]　パート・アルバイト(女性)における年齢別の幸福度**

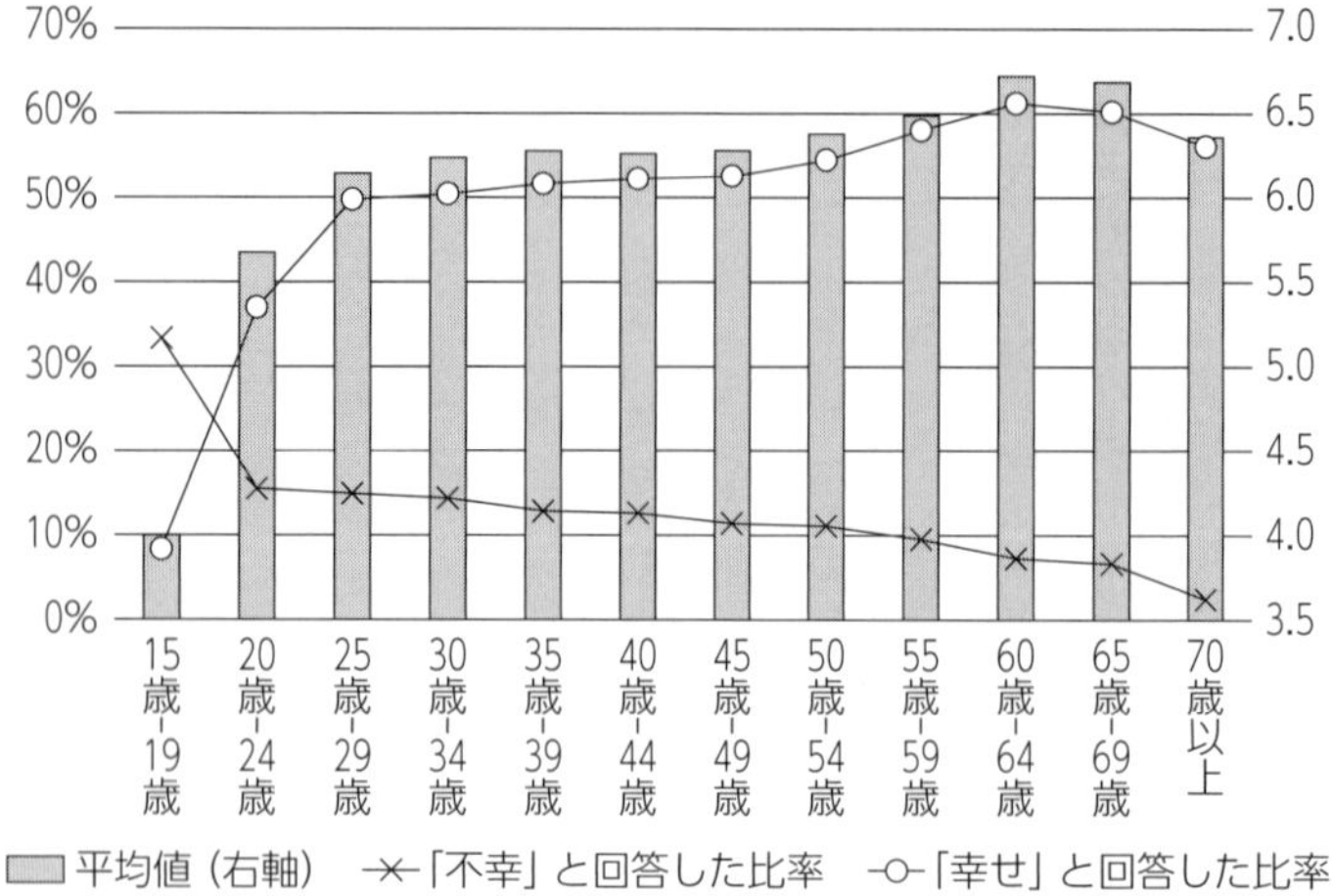


**[図表5－4(b)]　パート・アルバイト（女性）における世帯年収別の幸福度**

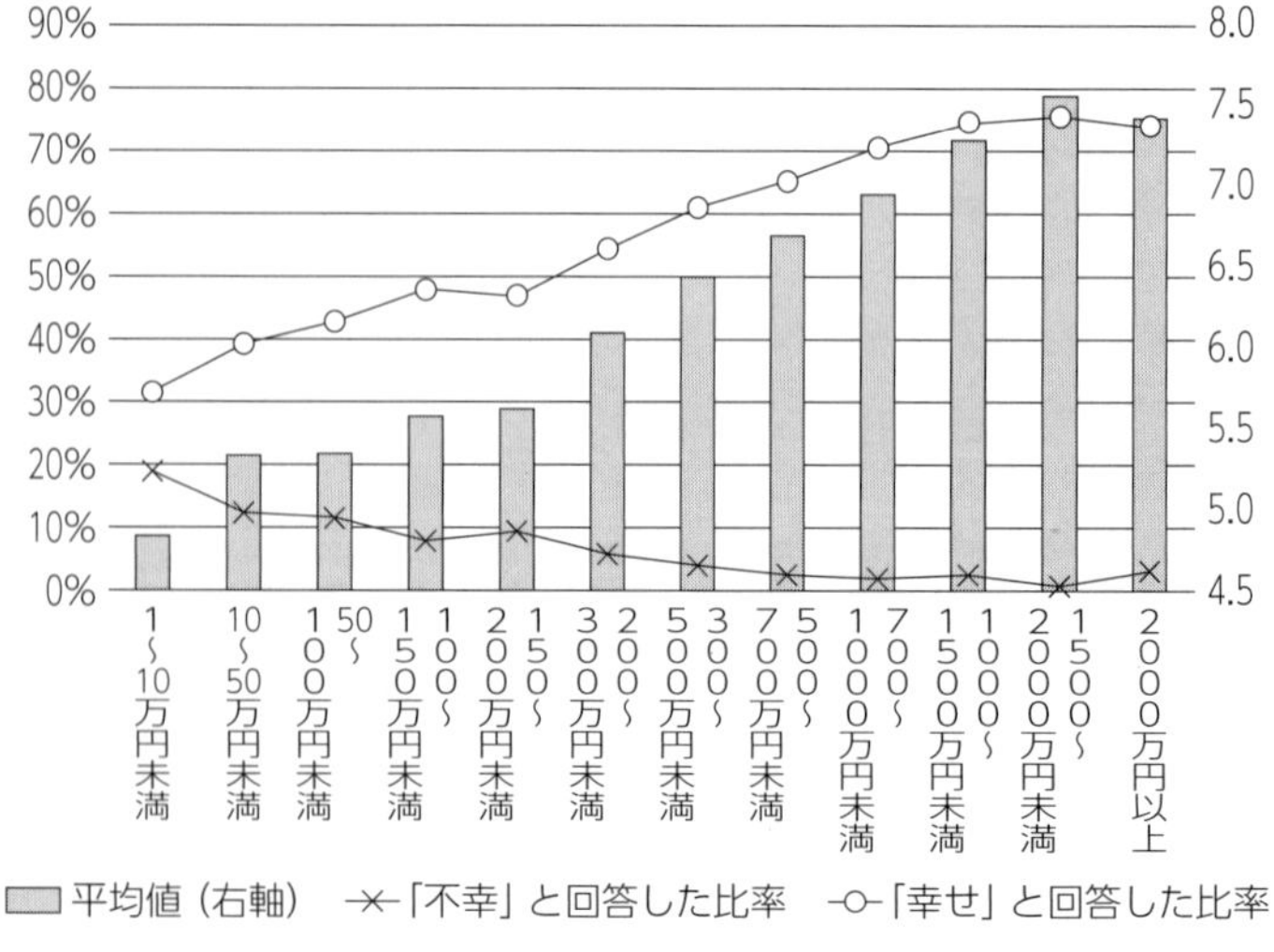

[図表5－5(a)]　無職（男性）における年齢別の幸福度

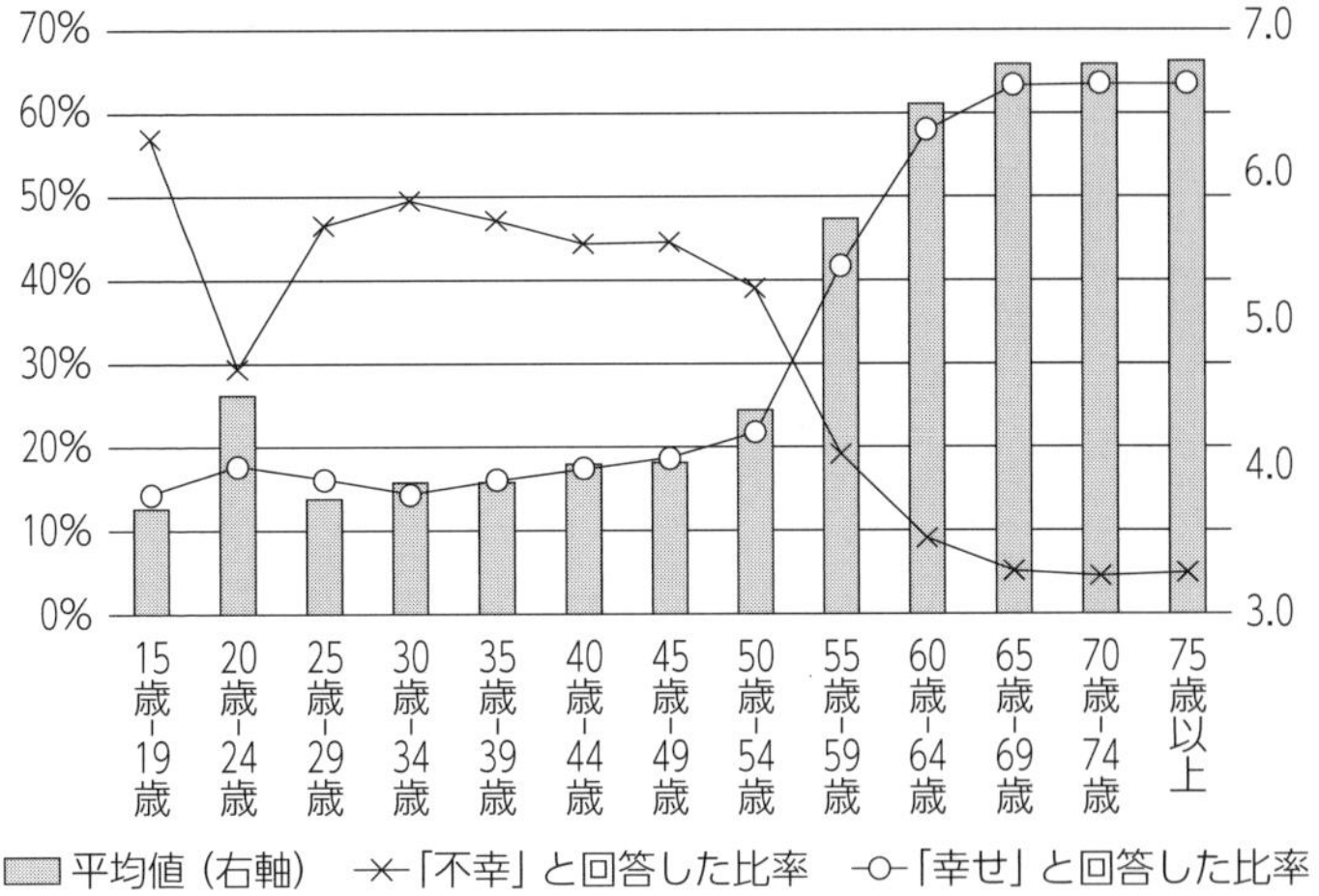


[図表5－5(b)]　無職（男性）における保有資産金額別の幸福度

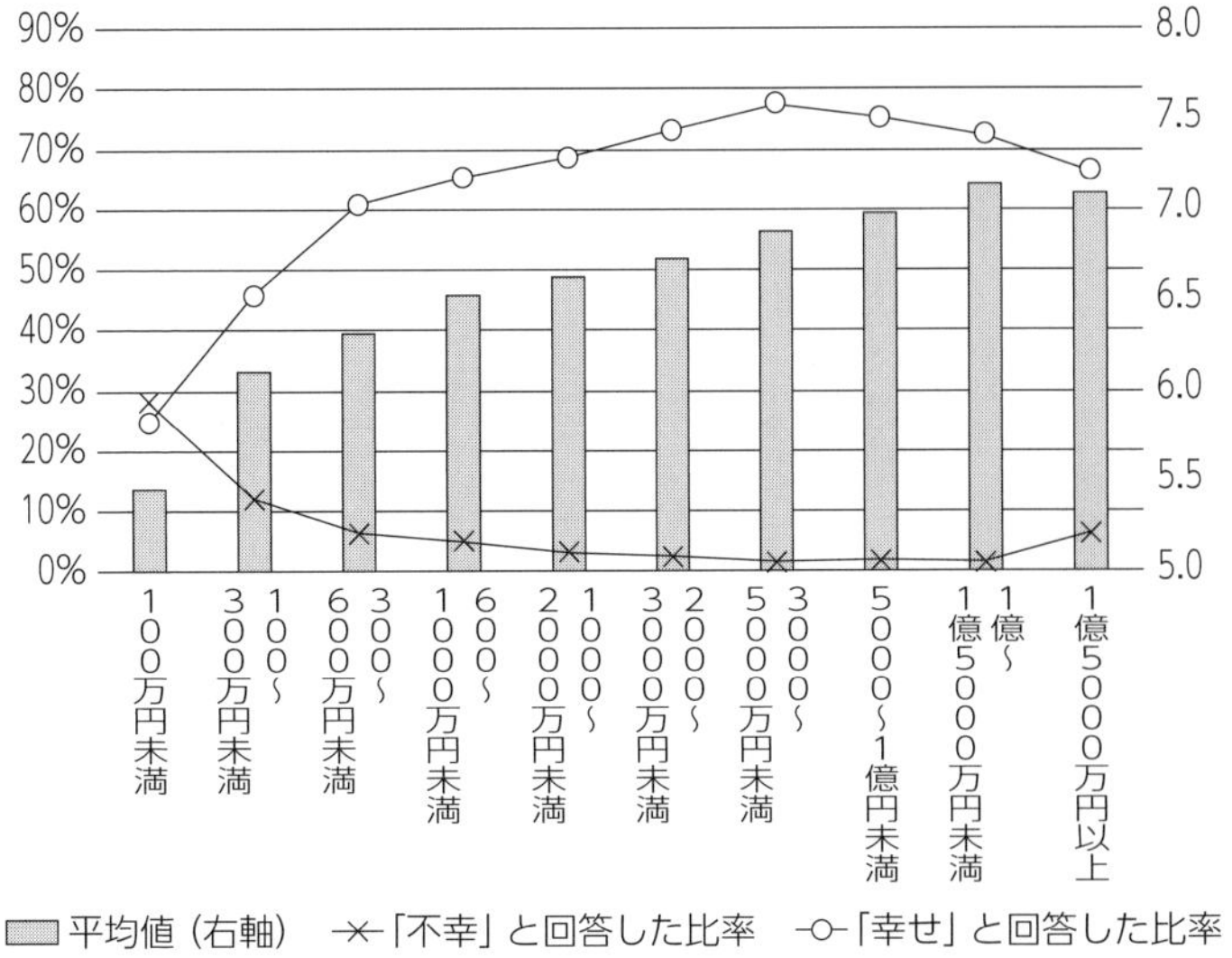

円以上では金額が増加するにつれて幸福であると回答する比率が上昇しています。この理由として、世帯年収200万円以上のパート・アルバイト従事者の多くは既婚者であり配偶者が世帯主であるケースが挙げられます。

最後に**図表5－5ⓐ**および**図表5－5ⓑ**において、無職と回答した男性の幸福度について考察を行います。多くの企業で定年の年齢として設定されている65歳前後において、幸福度が大きく変化していることが分かります。これは、65歳以上であれば定年退職に伴い無職となるケースが想定される一方で、65歳以前であればリストラや解雇など本人が望まない形での失業となる場合が想定されることから、65歳未満において無職であると回答する人々が不幸であると回答する比率が高い理由として挙げられます。また、20歳代、30歳代、40歳代についても、幸福度が大幅に低く、不幸であると考えている回答者比率も50％と高い水準にあることが分かります。

保有資産別の**図表5－5ⓑ**についてですが、全体の結果（図表2－5）と比較した場合、保有資産100万円未満で幸福度が低く、不幸であると感じている回答者割合が高い傾向にあります。しかし、保有資産100万円から300万円未満では幸せと回答した割合は増大し、それ以上の保有資産金額においては全体の結果と比較して回答割合に大きな差が見られなかったことは意外です。

### 第５章のまとめ

●働き方が幸福度に及ぼすプラスの効果として「働きがい」が、マイナスの効果を与える要素として「健康問題」や「家庭問題」が挙げられる。

●既婚女性は労働時間が増大するにつれて生活満足度が低下していることが調査より明らかとなった。

●アンケート調査結果より、専業主婦・主夫の回答では、20歳から34歳のグループで幸福度が高く、ライフステージ別では、第一子誕生から小学校入学前の時期で幸福度が高くなっている。特徴的な点として不幸であると回答する比率が10％以下で推移しており、不幸であると感じている専業主婦・主夫は少ない傾向にある。

# 第6章
# 住みよさと幸福度

## 自宅や自宅周辺での居心地の良さ

２０２０年の新型コロナウイルスの感染拡大を受け、自宅やその周辺で過ごす時間が増えることとなりました。在宅での仕事が増える、休業となる、あるいは休校で子どもが自宅にいるなど、自宅で家族と過ごす時間が増える結果となりました。在宅勤務を経験された方は、勤務時間は当然ながら自宅にいるわけですが、それに加えてそれまで必要であった通勤時間が不要となり、勤務時間以外にも自宅で過ごす時間的余裕が増えた方も多かったのではないでしょうか。自宅でいかに快適に過ごすのかを模索した方も多かったと思います。自宅や自宅周辺がどの程度居心地が良いのかを考えるきっかけになったのではないでしょうか。

こうした自宅や自宅周辺で過ごす時間をいかに居心地の良いものにするか、どのようにしたら快適に過ごすことができるのか、について過去ずっと模索し続けてきた国があります。それが北欧諸国です。極めて厳しい自然条件にあり、冬季は極寒であることに加え、太陽の出ている時間が少なく、自宅や自宅のすぐ周辺で過ごす時間が自然と増えることになります。いわば「巣ごもり」の状況となるわけです。本書で取り上げているフィンランドについても、この巣ごもりを過去ずっと経験してきており、コロナ禍でも自宅で過ごすことに戸惑いはなかったと言います。自宅でどのように快適に過ごすのかをこれまでずっと真剣に考え続けてきた結果であると思います。

フィンランドの言葉に「シス」というものがあります。この言葉は「忍耐強さ」を表す言葉であり、厳しい自然条件の中で生き抜くことで培われた精神を象徴する言葉です。また、デンマークの言葉に「ヒュッゲ」というものがあります。この言葉は「居心地の良い空間で過ごす」というような意味です。デンマークをはじめとする北欧諸国ではこの「ヒュッゲ」の精神が浸透していると言われます。厳しい自然条件のもと、自宅でいかに快適に過ごすのか、について模索をし続けてきたことが、仕事以外の時間を居心地の良いものにしてきたと言えます。日本人はコロナ禍で、自宅で過ごす時間の多さに戸惑い、むしろストレスを感じた場合もあったと言われます。第5章の「仕事と幸福度」でも紹介しましたが、長時間労働が改善された場合に人々が幸福になることができるかは、仕事以外の時間（余暇）をいかに快適に過ごすことができるか、ということにかかっています。その意味で、自宅やその周辺で過ごす時間の快適さは、今後日本でさらに重要になっていくものであると考えられます。

## 住みよさと幸福度

住みよさに関する研究をここで概観したいと思います。住みよさに影響するものとして緑地の量や閑静さ、住宅密集度、汚染、利便性や景観といった近隣環境に関する要素や、地域コミュニティの結びつきの強さや治安が影響するとされ、緑地の量や閑静さは地域への愛着を高め、住宅密集度や汚染は地域への愛着に負の影響を与える要因であると考えられています[1]。また、居住年数は、同じ場所に長く居住する人ほど、居住地域との関わりが強く地域への愛着が高いと考えられている一方で、個人の特徴に関して、高学歴であるほど転勤が多い仕事に就く傾向にあり地域への愛着が薄まる可能性、他方で、高所得者ほど自分の好みに合った居住地を選択することができるため、居住地への愛着が高いと考えられています[2]。しかし、自分の所得のみでなく他者の所得水準の影響も受ける（周りの所得が自分より高いことで幸福度が低下する）ということも指摘されてきています。関連して、アメリカのメリーランド州ボルチモアを対象とした研究で、所得水準が高い人が多く住んでいる地域と比較して、居住者の所得水準が多様な地域は地域への愛着が低いという結果が示されています[3]。このことは、多様な所得水準の人が近隣に混在している場合は、地域への愛着が高まりにくい可能性を示唆していると言えます。地域内での所得格差が大きければ、その地域の居住者は地域への愛着を感じにくい可能性がある一方で、所得水準が同じような人たちが多く居住している地域は、ライフ・スタイルも似ている可能性があり、地域の人との関わりが生じやすく地域への愛着を醸成する可能性があるということが説明されています。

## 自然とのつながりと幸福度

第1章で紹介したように、近年の幸福度研究では「自然とのつながり」が統計的に頑健に幸福度を増大させることが示されてきています[4]。皆さんは普段、自然と触れ合う機会はどの程度ありますか？　皆さんが住んでいる地域はどの程度自然豊かですか？　また、近隣に車や公共交通機関で気軽に行けるような魅力ある自然はありますか？

居住地によって自然と触れ合うことの容易さは大いに異なると思います。図表1－9（22頁）で触れたように、日本とフィンランドの自然との触れ合いの状況を考えると絶対的にフィンランドのほうが触れ合う機会が多いです。フィンランドは人口が集中しているヘルシンキなどの都市部から車で30～40分程度のところに魅力的な森が点在しており、気軽に週末などに遊びに行くことができるという特徴があります。他方で日本は自然豊かな地域に住んでいたとしてもなかなか気軽に森に立ち入るということは難しいのではないでしょうか。たとえば、公有林であっても管理がされておらず立ち入りにくい、急勾配で険しい地形である、あるいは立ち入り禁止地域に指定されているなどです。そして私有地であるために森に立ち入ることができないということも多いのではないでしょうか。自然豊かなところに遊びに行くということになると、少数の大規模公園や近所の小規模公園に限られてしまうということはないでしょうか。その限られた大規模公園は気軽に遊びに行ける距離にあるでしょうか。また近場にあったとしてもあなたにとって魅力的でしょうか。日本では都市部はもちろんのこと、自然豊かな地方であっても、「自然が身近」という感覚が持ちにくいのが現状ではないでしょうか。

## 自然享受権

フィンランドには「自然享受権」と呼ばれる権利があります。この権利のもと、一部の国立公園、自然保護区、鳥獣保護区を除いて、土地の所有者に不利益を与えたり環境に悪い影響を与えたりしない限りは、私有地の森であっても自由に散策をすることが可能です。自然が自己回復できる量であればキノコやベリーを採集することも許されますし、一時的であればテントを張ることさえできます。ただし、焚き火やバーベキューなど火を使うことができるのはそういった設備のある国立公園等であれば可能ですが、それ以外では不可能です。ただしそういった設備は豊富に点在しています。それからもちろん庭に立ち入る、あるいは騒音を立てるなど土地の所有者あるいは近隣に迷惑をかけることはできません。日本では子どもの外での遊び場所と言えば都市部であれば決まって近所の小規模公園、田舎であっても森の中ではなくて田んぼや通学路の脇のちょっとした自然であることが多いと思います。一方で、フィンランドでは都市部の人も田舎の人も、普段から大自然の中で自然の恵みを享受しながら遊びまわる、焚き火を囲んで料理をする、ということを日常的に行っています。自然が誰にでも開放されているとでも言いましょうか。加えて、第1章の図表1-9で触れたように、日本では大人になると自然と触れ合う機会が子ども時代に比べて減ることが多いですが、フィンランドは年代問わず森が好きで遊びに行くことが多いのです。

この自然享受権があるということの背景には、前章で触れた「人とのつながり」がフィンランドでは強いということも関係していると考えられます。特に、人とのつながりの指標である「信頼」がその背景にあるのではないでしょうか。第1章図表1-6で紹介した信頼の指標はフィンランドが日本に比べて高く、家族はもちろんのこと、知人友人や地域の人々そして国内の人々一般に対しても信頼をしていることが分かります。こうした人々のつながりがある社会だからこその権利なのではないでしょうか。

日本では子ども時代は自然と触れ合っていても大人になると触れ合う機会が減ってしまうということが言えるのではないでしょうか。子ども時代は虫取りが好きで走り回っていたのに、大人になると自然と触れ合う機会が減る。それは大人にとって魅力的な自然が身近に存在していないということに他ならないのではないでしょうか。

とは言え、子育てをしている世代では子どもが生まれることで子どもと一緒に夢中になって虫取りをするお父さんも目にします。こういった機会が多くの世代で、日本で増えることが自然とのつながりの向上のためには必要かもしれません。自分の子どもと虫取りをすることで昔の楽しかった思い出が蘇ったり、自然と触れ合うことの楽しさを再発見することもあるでしょう。近年、日本でも余暇の過ごし方としてキャンプがブームになっており、子ども連れだけでなく、幅広い世代でキャンプに行くことに人気が出始めています。第3章のモノ消費のところでモノをメンテナンスして使っていくなど、少しの手間をかけることでモノに対して愛着を持つようになる可能性があると述べました。長時間労働で時間にも余裕がない日本だからこそ、DIYブームにも象徴されますが、効率性だけを重視する時間に余裕のない生活から解放されることを人々は望んでいるのかもしれません。不便さをあえて楽しむことで、自分のペースを取り戻す、時間に余裕を感じることができる、ということなのかもしれません。キャンプも少し不便な状況で時間を過ごしたり料理をしたり寝泊りをする体験です。そこに新たな喜びがあるということなのだと思います。

## 森は「日常」

しかし、ここで強調したいのは、フィンランドの人々にとっての森は「日常」であるという点です。意識的に森に行くのではなく、無意識的に森に行くのです。あるフィンランドの人はこう言っていました。「気づいたら森に来ていた。」森に行くことが日常の一部になっているという表現もしていました。一方で、日本では「非日常」を求めてレジャーで森に行く、という発想なのではないでしょうか。そしてその週末のレジャーとしての森に行くことは少し準備が大変で一大イベントの感覚もあり、日頃の疲れを癒すどころか、レジャーでどっと疲れて週末が終わるということもないでしょうか？　フィンランドで聞いた言葉で印象的だったのは、「疲れたら森に行く」という言葉でした。真の意味で自然を身近に感じるためには自然と触れ合うことを日常のレベルまで引き下げていくことが必要なのかもしれません。

この森が「日常」ということに関連して、以下の著者らが行った研究を紹介したいと思います。それは余暇として「非日常」としてレジャーに行く（音楽ライブに行く、キャンプに行くなど）ことは幸福度に結びついているのか、という研究です。研究の結果、予想とは異なる結果が得られました。それは、「非日常」としてレジャーに行く人は他の人と比較して普段の幸福度が低いという結果です。一見すると解釈が難しい結果ですが、こう考えてみると解釈が可能なのではないでしょうか。それは、「非日常」を求める人は、普段の生活に何らかの不満を抱えており、そこからの逃避として「非日常」を求めるということです。普段に不満を持っているから「非日常」を求める。しかし、ここで「非日常」の後には「不満のある日常」が待っているということに注意が必要だと思います。「非日常」を体験したその日は確かに幸福感が得られるかもしれません。しかし、人生の大部分は当然ですが「日常」の時間です。その時間が不幸である場合にはそこにケアが必要になるはずです。週末の「非日常」の幸せは、平日には持続しにくいということになります。当然ながら日本の「日常」はフィンランドと比較して長時間労働で子育てや介護のサポートも十分とは言えず、余暇時間がとりにくいということで状況は大きく異なると思います。しかし、フィンランドがそうであるように、「森はいつも心の支えとして身近に存在している」というレベルまで自然とのつながりの感覚を持つことができれば、「日常」を支えてくれる可能性は大いにあるのではないでしょうか。

余暇やレジャーが「日常」になることで、そういった時間が「通常」となり、それで初めて日々の幸せや幸福感につながっていくのではないでしょうか。自然とのつながりを日常のレベルまで身近にしていくことは今の日本では難しいかもしれませんが、フィンランドに学ぶことは多いように思います。

また、フィンランドでは社会人でも日本の学生と同じような長期の休暇を取ることが可能です。そして気軽に行くことのできる距離に別荘を持っていることも珍しくなく、長期休暇中は気軽に別荘で過ごしています。別荘は湖の近くに点在していることが多く、自然に囲まれてゆったりとした時間を過ごします。こうした余暇の時間の過ごし方が自然との距離をより身近にしていることは言うまでもありません。

著者らが行った独自の日本国内でのアンケート調査の分析結果によると、自宅周辺の徒歩圏内の緑は、居住地から近ければ近いほど幸福度にプラスの影響を及ぼすことが分かっています[5]。加えて、都市部の緑の種類として、中に立ち入ることのできない雑木林や荒れ地と比較して、整備された街路樹や公園など普段から自然と触れ合うことができる緑のほうが幸福度にプラスに寄与することも分かっています[6]。いかに緑と一体感を持ち、触れ合っていくことができるかどうか、いかに緑を身近に感じられるか、については都市計画も相まって幸福度に影響する可能性があります。同様に、自宅から車や公共交通でアクセスするような少し離れた場所の緑（森林公園や緑地など）についても、自宅から離れれば離れるほどアクセスは難しくなり、幸福度へのプラスの影響は小さくなることが分かっています[7]。都市部に住む人にとって、郊外の緑についても、フィンランドのように気軽に週末にアクセスできるようになると、普段から自然と触れ合う機会が増して、自然との一体感をより感じられるようになると思います。

## 地域への愛着と幸福度

住みよさに関連するものとして「地域への愛着」があると思います。居住地域に親族、友人が住んでいる場合、地域への愛着が湧くかもしれません。また、長く住めば住むほど愛着が湧いてくるかもしれません。著者らが行った研究[8]でも自分の出身地であったり、親族友人が多く住んでいたり、あるいは居住年数が長ければ長いほど、地域への愛着が増すことが示されています。また、日本では地縁という言葉に代表されますが、地域の人とのつながりを大切にする文化が昔からあります。近所付き合いなど地域の人との関係性も住みよさにつながるのではないでしょうか。第4章「人とのつながりと幸福度」で触れたように、経済発展や都市化の進行により、地域での人間関係の希薄化が問題となってきています。困ったときに頼れる親族や友人、そして地域組織がなく、子育てや介護のしにくい状況が問題となっています。こうした地域の人との関係性は前述の著者らが行った研究でも幸福度に大きな影響を与えることが分かっています。

他方で、フィンランドの状況を考えてみると、第3章のノーマライゼーションに関する説明に関連しますが、電車で体の不自由な方に席を自然に譲るなど街中で困った人がいれば自然とその人を助ける姿が散見されます。最近は観光客が増えたこともあり、あまり見られなくなってきましたが、カフェの扉の外に赤ちゃんを乗せたままのベビーカーが置いてあることもあるなど、地域の人々への信頼が高いことも特筆できます。さらに、フィンランドでは手厚い社会保障に加えて、全国規模での強固な生活支援団体が充実していることも特筆されます。こうした頼りになる「人とのつながり」が地域に存在することは住みよさに大いにプラスに働くことと考えられます。

日本では核家族化も進み、頼れる親族が遠方に住んでいることも多くなっています。そうした中で共働きの家庭が多くなり、子育ての苦労が増している可能性があります。また公共的な金銭補助が充実していないこともあり、金銭的な余裕がないことから制度が十分に利用できないことも大いにあると思います。頼ることができる人が存在しない場合にサポートできるような支援団体の充実も日本ではフィンランドと比べると不十分です。子育てや介護、そして障害を持った場合、そして所得が減少した場合など、困ったときに助け合う仕組みが課題と言えます。

フィンランドには地縁という言葉は存在せず、地域を超えた全国規模の支援団体が充実しています。フィンランドが地域にこだわらない理由の1つに、モノ消費のところで触れたように、住宅の中古価格が下がっていかないことが挙げられます。住宅はメンテナンスを繰り返すことでその価値が新築よりも高まっていくということがあり、住宅の中古価格が安定していることから、住み替えがしやすいということにつながっていきます。転職もしやすいフィンランドでは仕事もフットワーク軽く変えていくことができ、そういう意味での引越しのしやすさもあると言えます。

一方、日本では住宅の価値は建物の価値が下がっていくことから長く住むほどに中古価格が下がっていき、その住宅を売って新たな住宅を買うことの障壁が極めて高いと言えます。こうしたことが地域にずっと留まる1つの要因になっていると考えられます。フィンランドで地域を超えた支援団体が発達することの理由には住宅市場と労働市場の流動性や活性化が挙げられるかも知れません。東日本大震災後の福島で起きたことは、地域コミュニティの崩壊により生まれた孤立の状況でした。地域に依存し過ぎることはそのコミュニティが崩壊した場合や、地縁のない場所に移り住む必要が生じた場合に頼りになる人の存在がなくなることを意味します。地域支援団体が地域によって強固であったり弱かったりなど地域差が存在する、そして核家族化や仕事が理由で親族と離れて暮らすことが多くなってきている日本において大切なのは、フィンランドのように地域を超えた頼りになる人の存在、全国的規模での支援団体の存在なのかもしれません。また、地域とは無関係に街中で困った人を自然に助けるような社会が実現されていくことが幸福に結びつくのかもしれません。

## ●国内アンケート調査から見た「住みよさと幸福度」

次に地域の住みよさが都道府県別、年代別、所得別にどのように異なっているかについて、国内30万人アンケートデータから紐解いてみましょう。ここでは都道府県別における「地域の住みよさ」、「地域住民との関係の満足度」、「自然環境の満足度」について比較を行います。加えて、アンケートの回答結果を3つの年齢区分（40歳未満、40歳～65歳未満、65歳以上）と3つの世帯所得区分（200万円未満、200万円～1000万円未満、1000万円以上）に分けて、年齢や所得水準の違いと人とのつながりの満足度の関係性について考察を行います。

**地域の住みよさ**

あなたの自宅周辺はどの程度住みやすいですか？

1．大変住みにくい　2．やや住みにくい　3．どちらとも言えない
4．やや住みやすい　5．大変住みやすい

**地域の人間関係**

あなたの生活において、地域の人との関係の満足度をお答えください。

1. 全く満足していない　2. あまり満足していない　3. どちらでもない
4. まあ満足している　5. 大変満足している

**自然環境の満足度**

あなたの生活において、自然環境の満足度をお答えください。

1. 全く満足していない　2. あまり満足していない　3. どちらでもない
4. まあ満足している　5. 大変満足している

最初に「地域の住みよさ」に関するアンケート調査結果から確認していきます。図表6－1の全体の回答分布より、回答者の20％が大変住みやすいと回答しており、やや住みやすいと大変住みやすいを合計すると70％に達しています。一方で、大変住みにくいと回答している回答者は2％程度であり、やや住みにくいの回答と合わせても全体の10％程度であることが分かります。

次に、年齢別の回答分布をみていきます。全体的な傾向としては、年代が上がっていくにつれて、住みやすいと回答する割合が高まり、住みにくいとする割合が下がっている傾向にあります。特に65歳以上の回答者で

[図表6－1]「地域の住みよさ」の回答分布

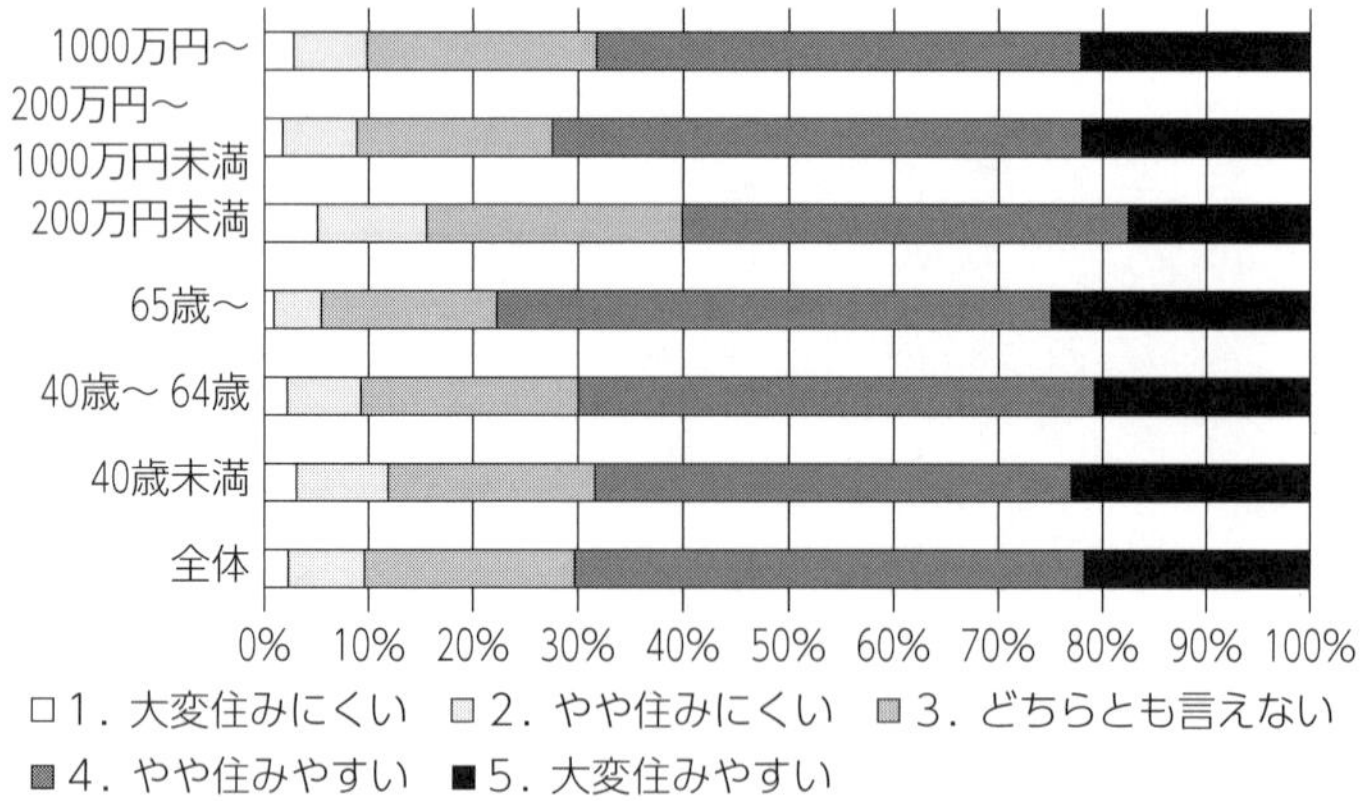


は大変住みやすいとやや住みやすいを合計すると80％近くに達しており、多くの高齢者が住みやすいと感じていることが見て取れます。

高齢者で住みやすいと回答する割合が高い理由の1つに、住環境への慣れが指摘できます。住み始め当初は住みにくさを感じていた場合でも、その要因に対して長年付き合っていくことで、慣れが生じ、住みにくい要因として認識されなくなっていく点が考えられます。

次に年収別の回答分布より、年収200万円以下の回答者では他グループに比べて住みやすいと回答する割合が低い傾向にあり、大変住みやすい及びやや住みやすいの合計が60％となっています。この理由の1つに、所得の制約から希望する場所に居住することが経済的に難しく、住みここちが良くない場合においても、転居することを我慢しながら居住している可能性が指摘できます。

また、年収200万円から1000万円未満のグループと1000万円以上のグループでは、大変住みやすいと回

［図表6－2］「地域の人間関係」の回答分布

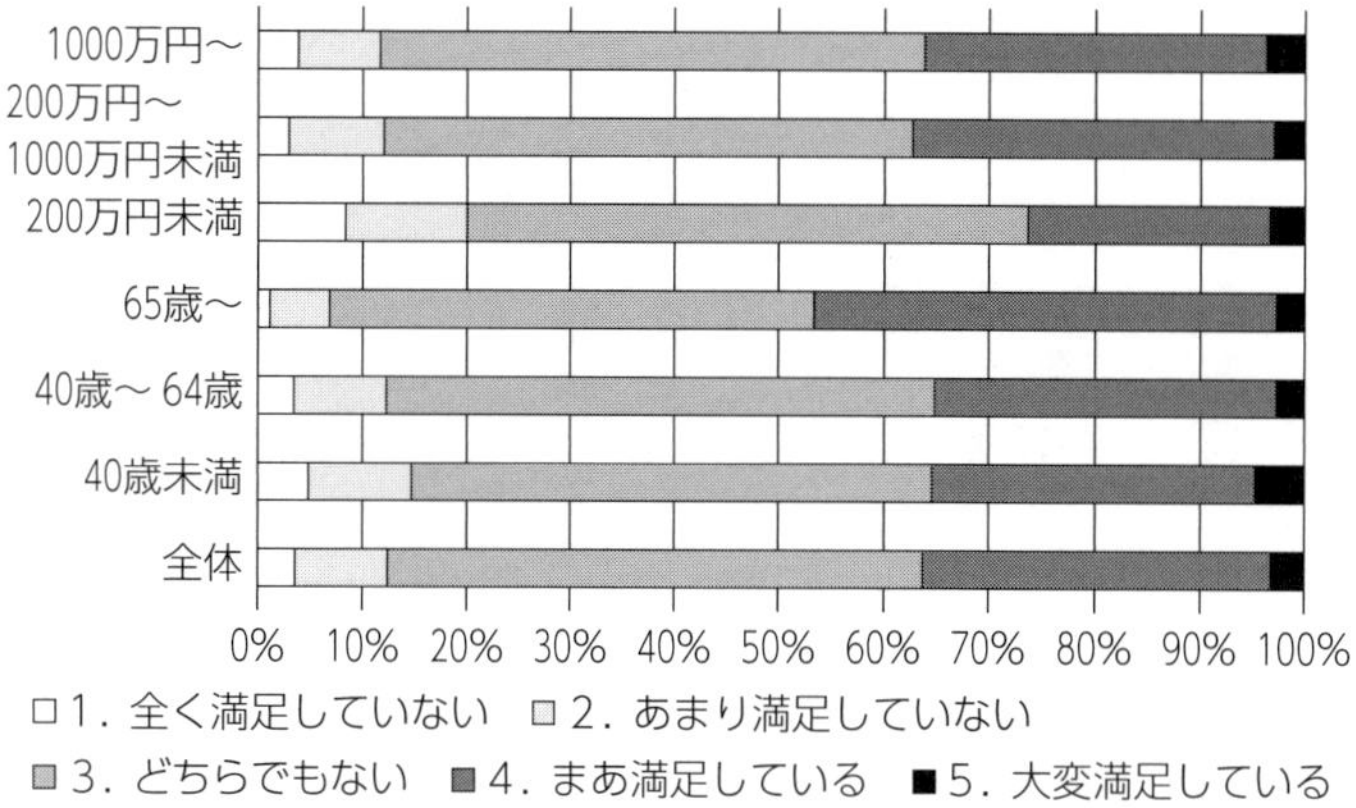


答する割合には大きな差は見られませんでした。加えて、やや住みやすいと回答する比率では年収２００万円から１０００万円未満のグループで回答割合が高い結果となっています。

次に「地域の人間関係」に関するアンケート調査結果を確認していきます。**図表6－2**の全体の回答分布より、地域の人々との関係性については、大変満足していると回答した割合は低い傾向にあります。加えて、大変満足しているとまあ満足しているの回答を合わせても35％程度となっており、満足度が高いと感じている回答者は多いとは言えない結果となっています。図表6－1で示した住みよさのアンケート調査結果と比較すると、どちらでもないと回答する割合が50％と高い点が大きな違いとして挙げられます。

次に、年齢別の回答分布をみていきます。回答の傾向としては、65歳以上のグループとそれ以外のグループの間で大きな違いが見られます。65歳以上のグループでは、まあ満足していると回答する比率が他年代のグループに比べて

10ポイント程度高く、全く満足していないと回答する割合が非常に小さいことが分かります。この点についても、さきほどの住みよさのアンケート結果の考察と同様に、地域の人間関係についても長年生活していく中で慣れが生じてくることから、満足度を下げる要因として認識されなくなっていく点が指摘できます。

次に年収別の回答分布より、年収200万円以下の回答者では他グループに比べて地域の人間関係に対して満足であると回答する割合が低い傾向にある一方で、満足していないと回答する割合が高い結果となりました。特に、全く満足していないと回答した割合は8％となっており、他グループが4％程度であることから、大きな違いが見られます。一方で、年収200万円から1000万円未満のグループと1000万円以上のグループでは、回答の分布に大きな違いが見られない点も興味深い結果と言えます。

次に「自然環境の満足度」に関するアンケート調査結果を確認していきます。図表6－3の全体の回答分布より、回答者の8％が自然環境に対して大変満足していると回答しており、まあ満足していると回答した割合を合計すると55％に達しています。一方で、全く満足していないと回答している回答者は2％程度であり、あまり満足していないの回答と合わせても全体の9％程度であることが分かります。

次に、年齢別の回答分布をみていきます。回答の傾向としては、65歳以上のグループとそれ以外のグループの間で大きな違いが見られます。65歳以上のグループでは、まあ満足していると回答する比率が他年代のグループに比べて15ポイント程度高く、全く満足していないと回答する割合が非常に小さいことが分かります。

次に年収別の回答分布より、年収200万円以下の回答者では他グループに比べて自然環境の満足度が低い傾向にあり、大変満足している及びまあ満足しているの合計が50％以下となっています。その一方で、全く満

［図表６－３］「自然環境の満足度」の回答分布

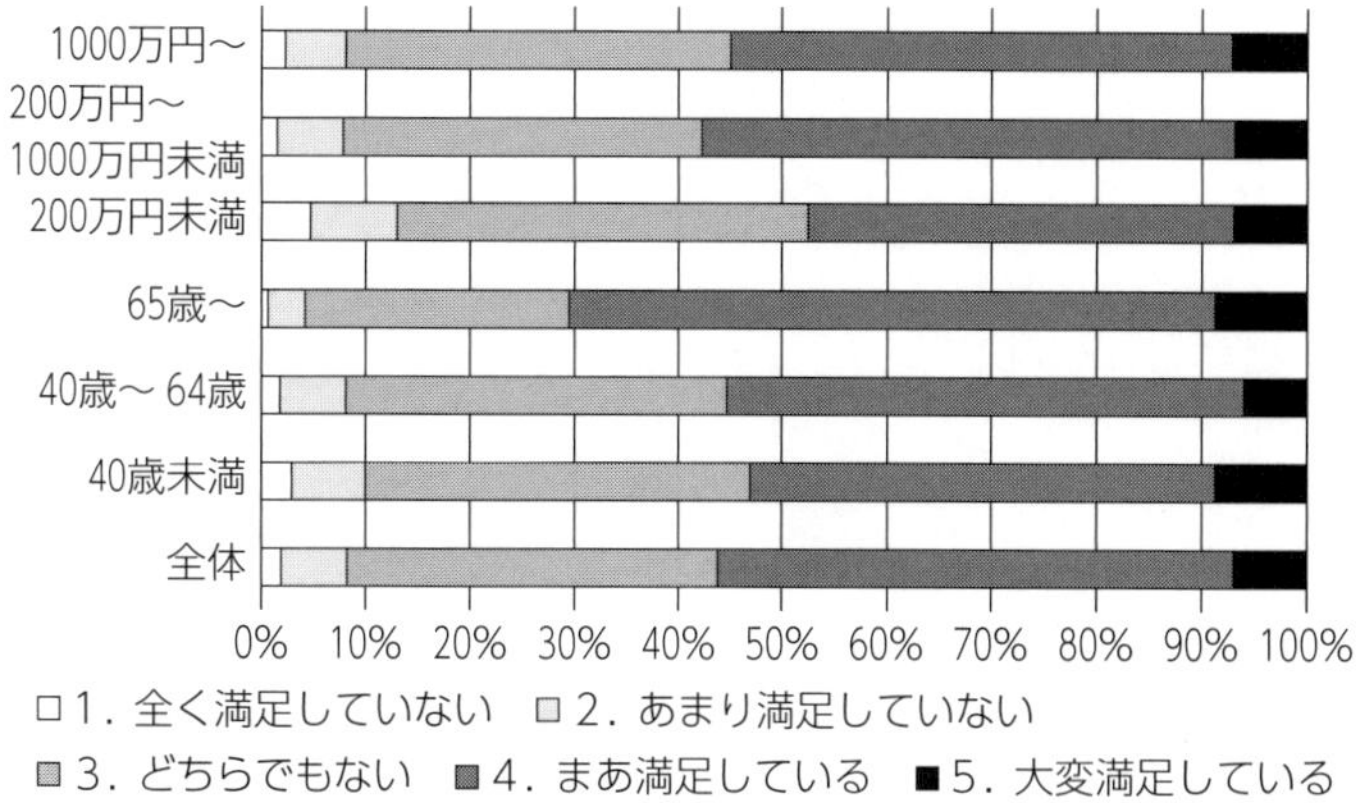


足していないと回答する比率は５％と高い傾向にあり、２％程度である他グループと比べると高い水準にあります。また、年収２００万円から１０００万円未満のグループと１０００万円以上のグループでは、回答割合には大きな差は見られませんでした。

最後に「地域の住みよさ」に関する３つの指標について、都道府県別に比較を行います。図表６－４は主観的幸福度、地域の住みよさ、地域の人間関係、自然環境の満足度に関するアンケート調査の回答の平均値を示した図です。いずれも数値が高いほど、幸福度や満足度が高い傾向を示しており、平均値が高い都道府県は黒で表しています。一方で、他都道府県に比べて幸福度や満足度が低い傾向にある都道府県は白やグレーで表しています。

図表６－４より、東北地方で主観的幸福度と地域の住みよさに関して他地域よりも低い回答が得られていることが分かります。一方で、地域の人間関係については関西地方と九州地方で高い傾向にあります。

［図表６－４］　都道府県別での幸福度と住みよさの満足度の平均値

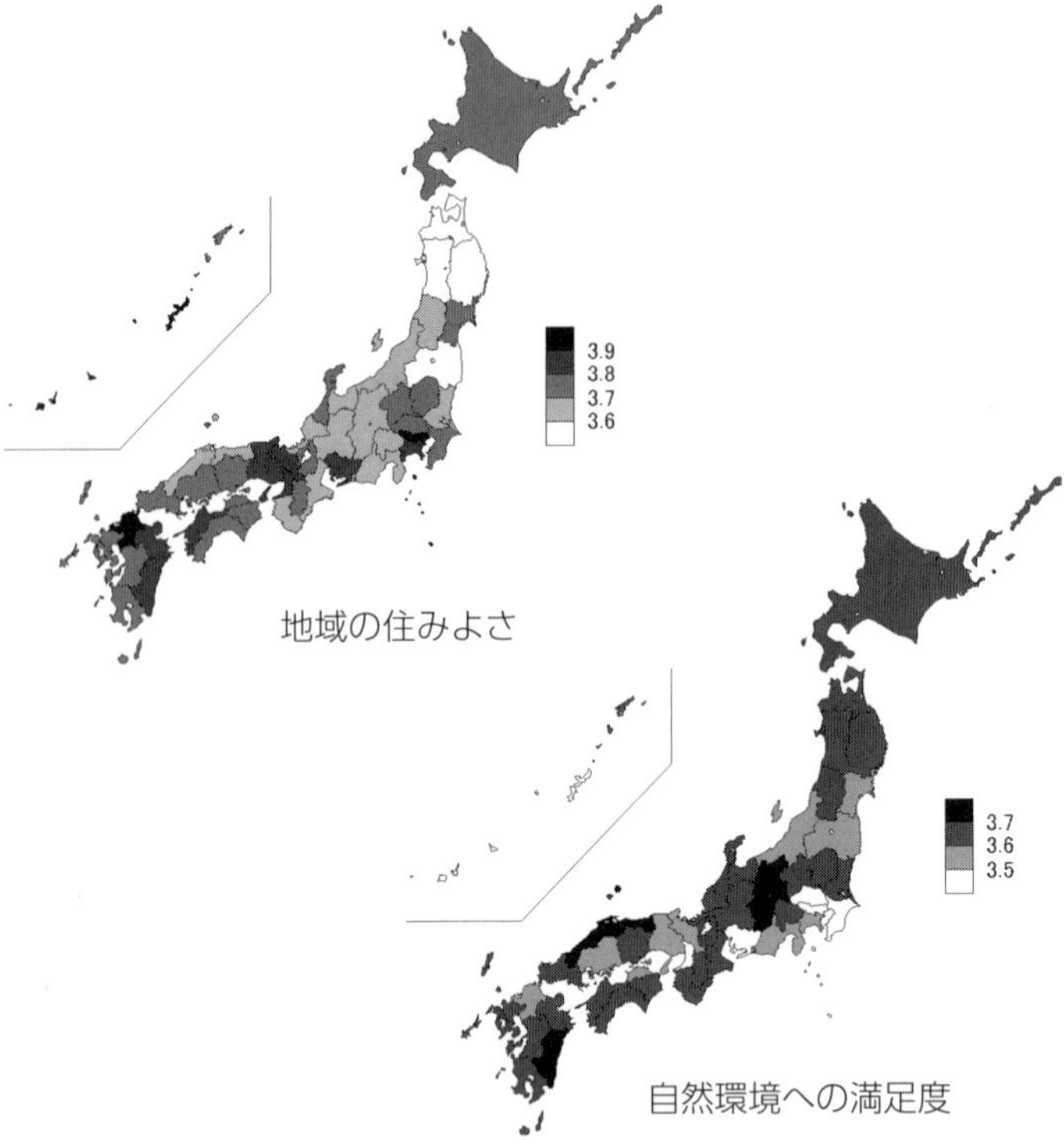


　また、自然環境への満足度では大都市圏である東京圏や大阪圏で満足度が低い結果となっていますが、それ以外の都道府県では、これら都市圏に比べて高い満足度であることが分かります。

　意外な結果だったのが、沖縄県の自然環境への満足度が他都道府県と比べて相対的に低い点です。この結果が得られた理由の一つとして、沖縄県の人口構成において65歳未満の人々が多く、65歳以上の高齢者の割合が他地域に比べて少ない点が指摘できます。図表６－３で示したように、

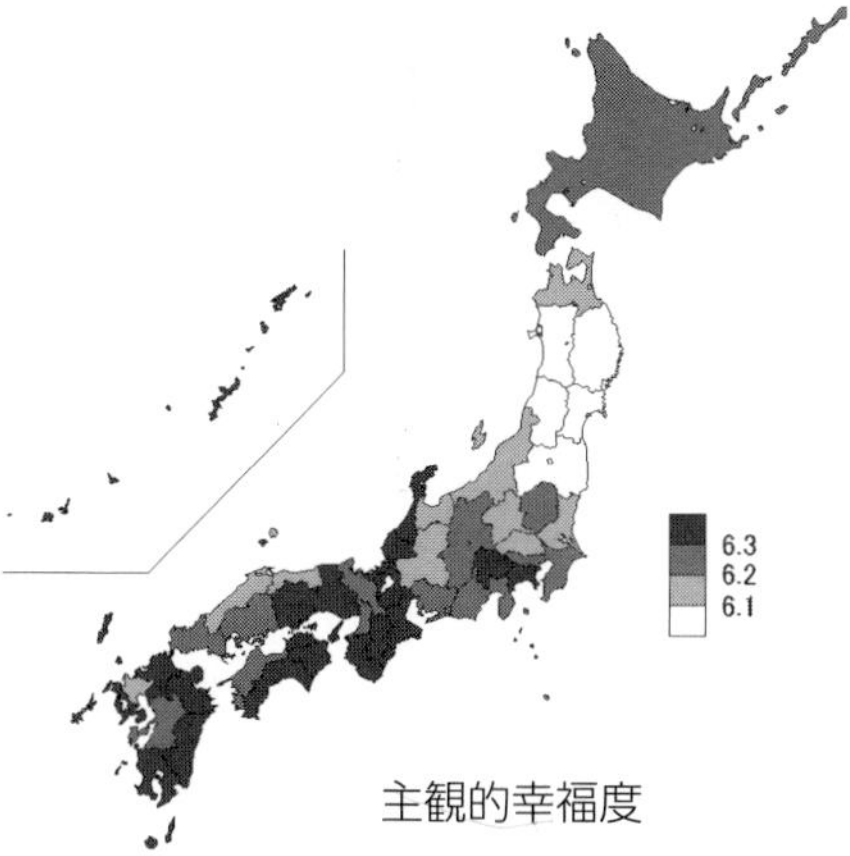


主観的幸福度

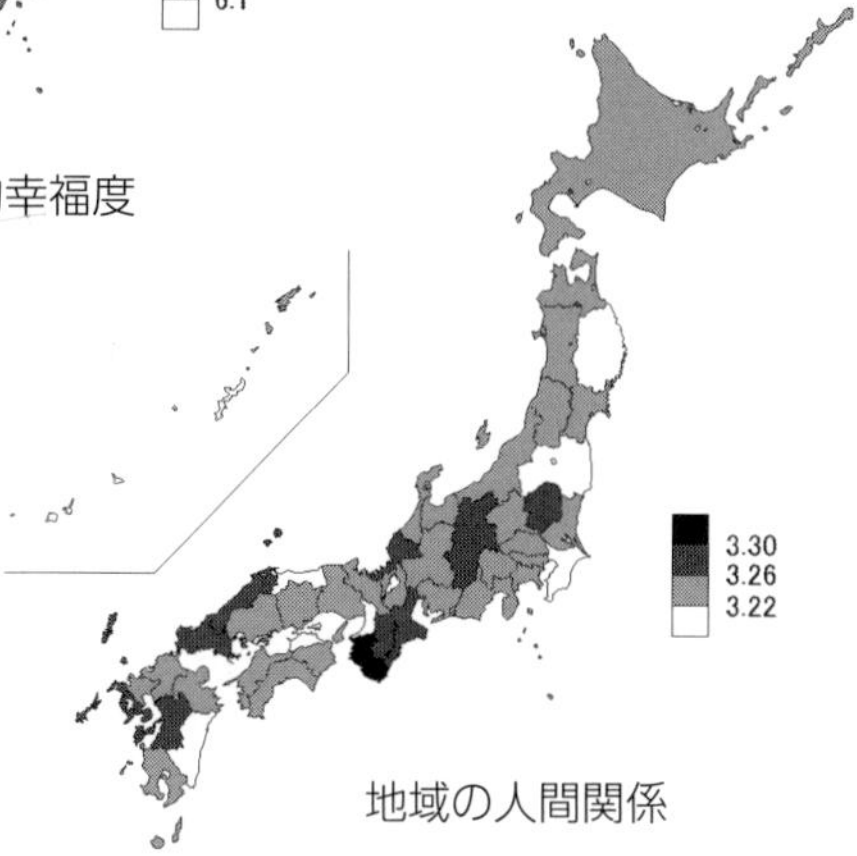


地域の人間関係

高齢者は自然環境の満足度を高く認知する傾向がありますので、高齢者が少ない点が反映された可能性があります。

## 第6章のまとめ

●居住者の地域への愛着や自然とのつながりが、幸福度と深いかかわりを持っている。

●国内アンケート調査結果から、世帯収入別・年代別に、地域の住みよさや人間関係、そして自然環境の満足度が異なっている傾向が確認できる。

●東北地方で主観的幸福度と地域の住みよさに関して他地域よりも低い回答が得られている。一方で、地域の人間関係については関西地方と九州地方で高い傾向にある。また、自然環境への満足度では大都市圏である東京圏や大阪圏で満足度が低い結果となっている。

# 第7章
# 幸福度の地域別比較

本章では国内30万人アンケートを用い、地域別の幸福度の比較結果を紹介します。テレビや雑誌などで県民性の違いに焦点を当てた内容が紹介されていますが、私たちが実施したアンケート調査においても居住地域の違いによって大きく傾向が異なっていることが明らかとなっています。本章では、こうした居住地域における幸福度について、年齢や性別、居住地域の都市化度合いに焦点を当てながら、地域別比較の結果を紹介していきます。本章は大きく3つに分かれています。1つ目は都道府県を対象とした比較調査結果に焦点を当てたものです。2つ目は政令指定都市、3つ目は東京23区を対象とした調査結果です。

居住地域と人々の幸福度との間にどのような関係性があるでしょうか？　居住地域によって利便性や自然環境、文化や生活習慣が異なることが考えられますが、これらの要因はどのように幸福度に影響しているのでしょうか？　本章では地域別に、年齢や所得などの要素別に分けて幸福度の平均値を比較することで、こうした問に対する答えを導き出すことを目指します。

## 都道府県の比較

本節では、都道府県別にアンケートデータを集計した結果を利用して、地域別の比較を行います。まず、回答者が居住する都道府県と幸福度の関係性について紹介します。図表7－1（図

**［図表７－１］　都道府県別での回答比率の比較**

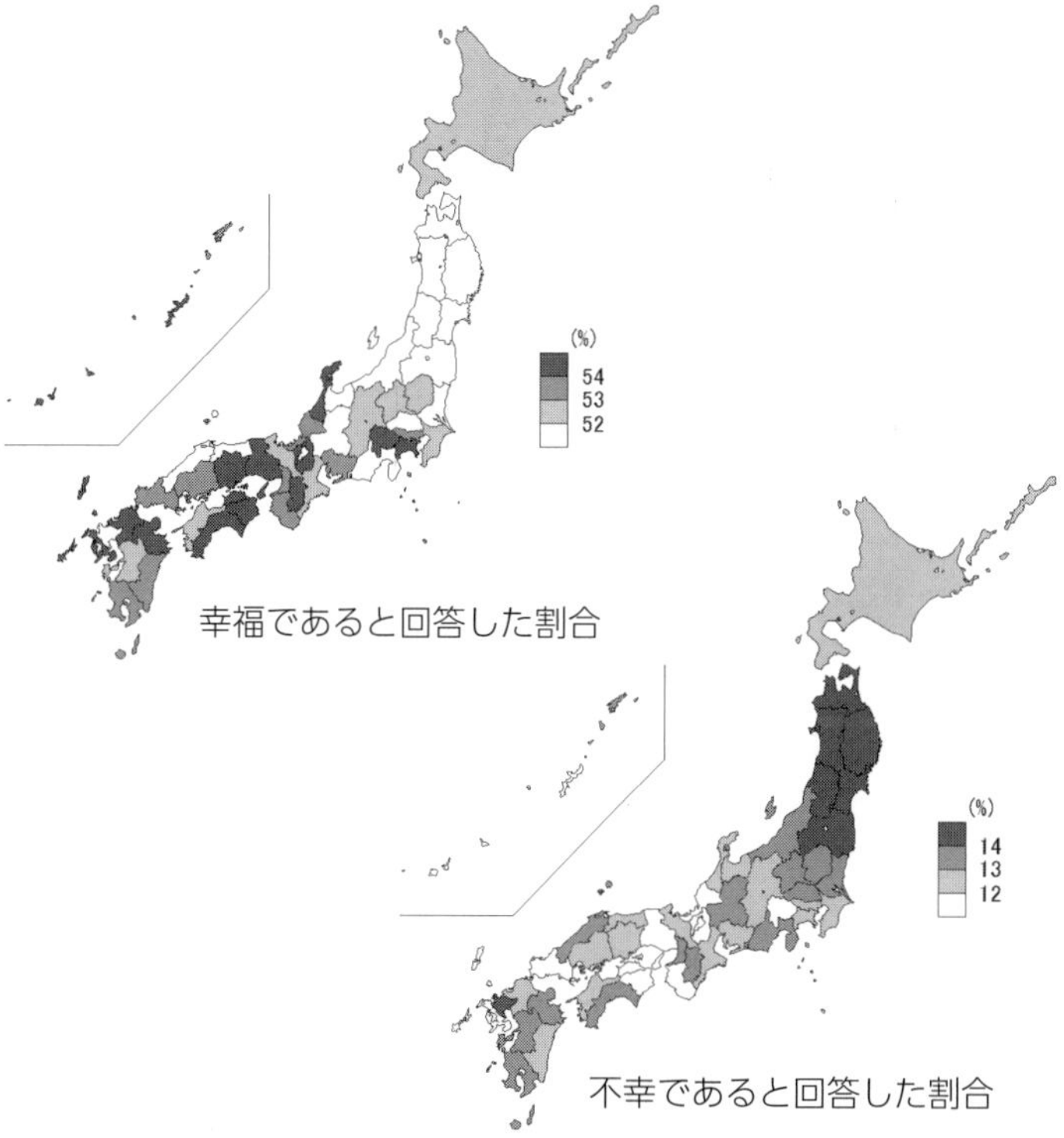


注：『現在、あなたはどの程度幸せですか。「とても幸せ」を10点、「とても不幸」を０点とすると、何点くらいになると思いますか』という質問に対して、０、１、２、３を選択した場合を「不幸である」、７、８、９、10を選択した場合を「幸福である」として割合を計算した。

表２－９（41頁）を再掲）は、回答者の居住する都道府県別に「幸福である」と回答した比率と「不幸である」と回答した比率を示した図です。それぞれの図で幸福および不幸であると回答した比率が高ければ濃い

［図表7－2］　都道府県データを対象とした散布図

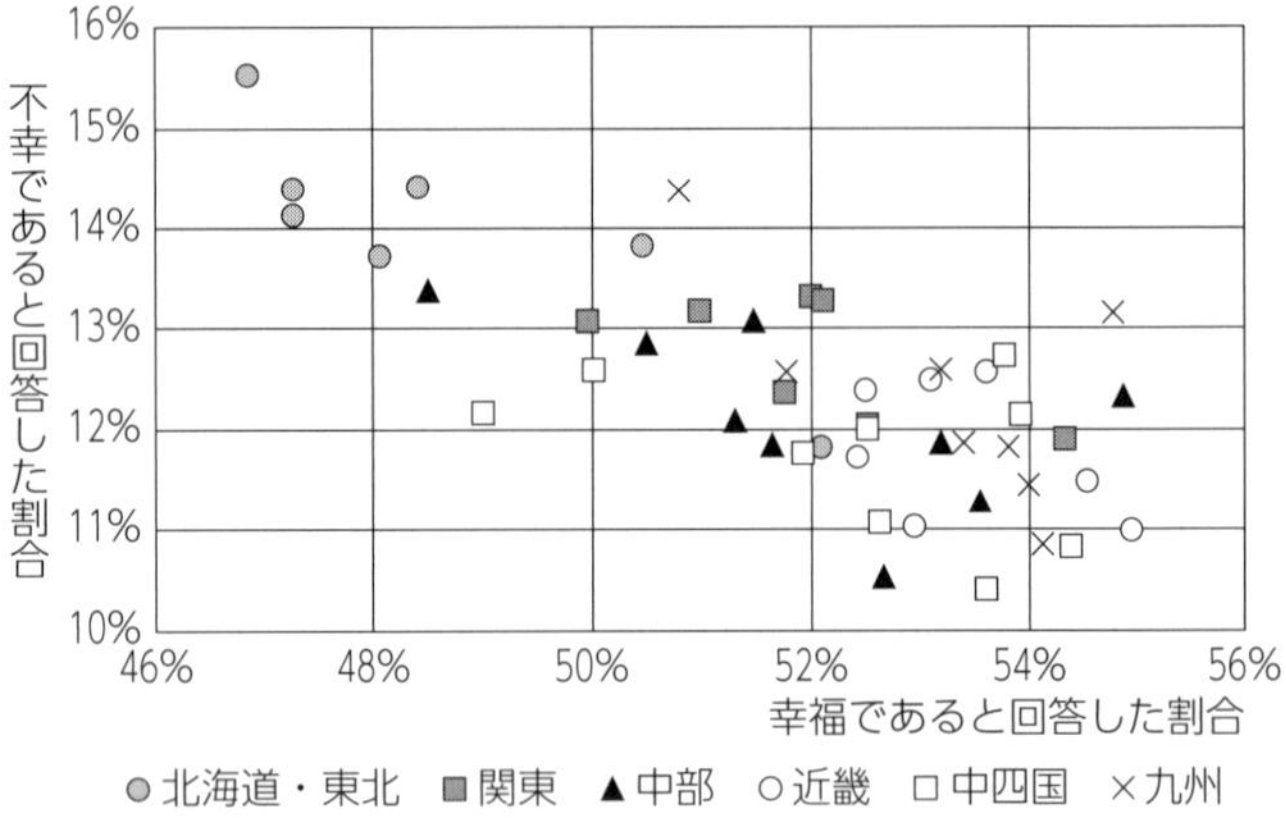


色で示しています。

二つの図が示すものは、居住する地域別に幸福であると回答する比率と不幸であると回答する比率に一定の傾向が見られるということです。これまでの章の中で紹介してきた経済的な豊かさや人とのつながり、働き方や住みよさによって幸福度に関する回答の傾向が大きく異なりますので、これらの要因の違いを踏まえた考察が必要になります。一方、これらの要因を考慮した場合でも、東日本、特に東北地方において幸福であると回答する比率が相対的に低い水準にある点は説明が難しいと言えます。

図表7－1の地域特性を別の形で表したのが**図表7－2**です。図表7－2は横軸に「幸福である」と回答した割合を、縦軸に「不幸である」と回答した割合を示した散布図で、47都道府県を6つの

地域区分に分けてマーカーを設定しています。図表7－2より、北海道・東北地方では左上に位置する都道府県が多い傾向にありますが、近畿や九州地方では右下に位置する都道府県が多い傾向にあることが分かります。図表7－1及び図表7－2より、都道府県別の幸福度の水準が異なっている点に加えて、その傾向は地域によって類型化されている点が確認できます。

では、地域別の幸福度を掘り下げていきましょう。以下では、地域別に年齢や性別などの要素別に分けて主観的幸福度の回答内容を比較します。さらには居住する場所の特性によって幸福度がどのように異なるかを分析するために、居住地域を大都市と一般市・町村に分類し、幸福度の水準を比較します。

図表7－3では都道府県別の「幸福である」と回答した割合について、都道府県全体、性別及び年代でグループ分けした平均値、さらには居住地域の都市化度合いでグループ分けした平均値を記載しています。パーセント表示の数字はグループ内で幸福であると回答した人々の割合を示しており、括弧内の数値は47都道府県のランキングを示しています。ランキングについては上位10位の数値を太字で示しています。前述した図表7－1では、幸福であると回答する割合では、西日本や九州で高く、東日本で低い傾向が見られました。一方で、図表7－3からは、グループ分けの方法によっては東日本の地域においても幸福であるとする回答割合が高い都道府県も存在していることが確認できます。こうした結果は、性別や年代別、また居住地域

[図表７－３(b)]　都道府県別の「幸福である」と回答した割合（近畿地方、中国・四国地方、九州地方）

| | 都道府県 | 全体 | | 男性 | | 女性 | | 40歳未満 | | 40歳～64歳 | | 65歳以上 | | 大都市 | | 一般市・町村 | |
|---|---|---|---|---|---|---|---|---|---|---|---|---|---|---|---|---|---|
| 近畿地方 | 三重県 | 52% | (25) | 49% | (24) | 57% | (15) | 53% | (12) | 51% | (30) | 64% | (21) | 54% | (14) | 52% | (22) |
| | 滋賀県 | **55%** | **(1)** | **53%** | **(3)** | 57% | (13) | 53% | (15) | **53%** | **(6)** | **71%** | **(4)** | 54% | (11) | **55%** | **(4)** |
| | 京都府 | 52% | (24) | 50% | (16) | 55% | (33) | 52% | (19) | 51% | (26) | 64% | (19) | 53% | (21) | 52% | (25) |
| | 大阪府 | 53% | (18) | 50% | (18) | 57% | (25) | **54%** | **(9)** | 51% | (22) | 65% | (12) | 53% | (20) | 54% | (11) |
| | 兵庫県 | **55%** | **(4)** | **51%** | **(8)** | **58%** | **(7)** | 51% | (29) | **54%** | **(2)** | 64% | (18) | **55%** | **(8)** | **54%** | **(7)** |
| | 奈良県 | 54% | (13) | 51% | (11) | 57% | (16) | 47% | (40) | **53%** | **(7)** | **68%** | **(5)** | **55%** | **(6)** | 53% | (15) |
| | 和歌山県 | 53% | (19) | 49% | (28) | **58%** | **(6)** | **57%** | **(3)** | 51% | (32) | 61% | (34) | 53% | (18) | 53% | (18) |
| 中国・四国地方 | 鳥取県 | 49% | (41) | 46% | (45) | 54% | (38) | 45% | (46) | 50% | (38) | 61% | (35) | 47% | (47) | 50% | (35) |
| | 島根県 | 50% | (39) | 46% | (44) | 57% | (18) | 49% | (37) | 51% | (31) | 47% | (47) | 51% | (32) | 49% | (40) |
| | 岡山県 | **54%** | **(9)** | 50% | (15) | **59%** | **(4)** | 51% | (28) | **54%** | **(5)** | 64% | (22) | 54% | (12) | **54%** | **(9)** |
| | 広島県 | 53% | (22) | 49% | (25) | 57% | (17) | 52% | (20) | 51% | (23) | **66%** | **(10)** | 52% | (27) | 53% | (13) |
| | 山口県 | 53% | (21) | 50% | (14) | 56% | (31) | 52% | (21) | 51% | (28) | 64% | (16) | 51% | (33) | 53% | (16) |
| | 徳島県 | **54%** | **(5)** | 50% | (12) | **59%** | **(3)** | 53% | (17) | **54%** | **(4)** | **67%** | **(6)** | 52% | (25) | **56%** | **(1)** |
| | 香川県 | 54% | (12) | **54%** | **(2)** | 54% | (40) | 53% | (18) | **53%** | **(9)** | 63% | (23) | **55%** | **(7)** | 52% | (23) |
| | 愛媛県 | 52% | (29) | 48% | (33) | 57% | (23) | 51% | (30) | 52% | (17) | 62% | (29) | 51% | (37) | 53% | (17) |
| | 高知県 | 54% | (11) | 47% | (39) | **62%** | **(2)** | **59%** | **(1)** | 51% | (27) | 59% | (40) | **55%** | **(4)** | 51% | (32) |
| 九州地方 | 福岡県 | **54%** | **(10)** | **52%** | **(6)** | 56% | (30) | 53% | (16) | **53%** | **(8)** | 65% | (14) | **54%** | **(9)** | 53% | (19) |
| | 佐賀県 | 51% | (36) | 48% | (36) | 55% | (35) | 50% | (31) | 50% | (36) | 66% | (11) | **57%** | **(1)** | 47% | (43) |
| | 長崎県 | **54%** | **(8)** | **52%** | **(5)** | 56% | (29) | **55%** | **(6)** | 51% | (20) | **73%** | **(2)** | 53% | (19) | **55%** | **(5)** |
| | 熊本県 | 52% | (30) | 48% | (31) | 57% | (24) | 53% | (13) | 50% | (34) | 61% | (33) | 52% | (30) | 52% | (24) |
| | 大分県 | **55%** | **(3)** | **53%** | **(4)** | 57% | (20) | 50% | (32) | **55%** | **(1)** | **73%** | **(3)** | **56%** | **(3)** | 53% | (12) |
| | 宮崎県 | 53% | (15) | 50% | (19) | 58% | (12) | 53% | (14) | 53% | (12) | 63% | (25) | 51% | (36) | **56%** | **(2)** |
| | 鹿児島県 | 53% | (17) | 50% | (23) | **58%** | **(9)** | **57%** | **(2)** | 52% | (16) | 51% | (45) | 53% | (23) | **54%** | **(10)** |
| | 沖縄県 | **54%** | **(7)** | 48% | (30) | **62%** | **(1)** | **54%** | **(10)** | **53%** | **(10)** | **78%** | **(1)** | 52% | (31) | **55%** | **(3)** |

注：括弧内の数値は47都道府県の中の順位を示している。上位10位の個所は割合と順位を太字で記載している。

[図表７－３(a)]　都道府県別の「幸福である」と回答した割合（北海道・東北地方、関東地方、中部地方）

| | 都道府県 | 全体 | | 男性 | | 女性 | | 40歳未満 | | 40歳～64歳 | | 65歳以上 | | 大都市 | | 一般市・町村 | |
|---|---|---|---|---|---|---|---|---|---|---|---|---|---|---|---|---|---|
| 北海道・東北地方 | 北海道 | 52% | (27) | 50% | (13) | 54% | (37) | 52% | (27) | 51% | (24) | 63% | (24) | 52% | (24) | 52% | (28) |
| | 青森県 | 50% | (38) | **51%** | **(9)** | 49% | (46) | 49% | (35) | 50% | (35) | 63% | (27) | 51% | (34) | 50% | (37) |
| | 岩手県 | 47% | (47) | 44% | (46) | 51% | (43) | 45% | (45) | 47% | (46) | 53% | (44) | 49% | (42) | 45% | (45) |
| | 宮城県 | 47% | (46) | 46% | (43) | 49% | (47) | 46% | (41) | 47% | (47) | 57% | (43) | 49% | (45) | 45% | (46) |
| | 秋田県 | 47% | (45) | 44% | (47) | 52% | (42) | 46% | (42) | 48% | (44) | 49% | (46) | 51% | (40) | 45% | (47) |
| | 山形県 | 48% | (43) | 48% | (35) | 49% | (45) | 43% | (47) | 49% | (39) | **67%** | **(8)** | 48% | (46) | 49% | (41) |
| | 福島県 | 48% | (44) | 46% | (41) | 51% | (44) | 46% | (43) | 48% | (45) | 61% | (37) | 49% | (44) | 46% | (44) |
| 関東地方 | 茨城県 | 50% | (40) | 48% | (37) | 54% | (39) | 49% | (36) | 49% | (40) | 59% | (39) | 51% | (38) | 50% | (36) |
| | 栃木県 | 52% | (28) | 48% | (34) | **59%** | **(5)** | 50% | (33) | 52% | (18) | 65% | (15) | 52% | (26) | 52% | (26) |
| | 群馬県 | 52% | (26) | 49% | (26) | 57% | (19) | 52% | (22) | 51% | (25) | 62% | (28) | 54% | (13) | 50% | (39) |
| | 埼玉県 | 51% | (35) | 49% | (29) | 55% | (34) | 49% | (34) | 51% | (33) | 58% | (41) | 51% | (39) | 51% | (33) |
| | 千葉県 | 52% | (31) | 50% | (20) | 55% | (36) | 49% | (38) | 51% | (29) | 64% | (20) | 52% | (28) | 52% | (29) |
| | 東京都 | 53% | (23) | 50% | (21) | 56% | (28) | 52% | (23) | 51% | (19) | 63% | (26) | 53% | (22) | 51% | (31) |
| | 神奈川県 | **54%** | **(6)** | **52%** | **(7)** | **58%** | **(8)** | 54% | (11) | 53% | (11) | 65% | (13) | **54%** | **(10)** | **54%** | **(8)** |
| 中部地方 | 新潟県 | 48% | (42) | 46% | (42) | 53% | (41) | 45% | (44) | 49% | (42) | 62% | (30) | 49% | (43) | 47% | (42) |
| | 富山県 | 51% | (34) | 47% | (40) | **58%** | **(10)** | **56%** | **(5)** | 49% | (41) | 58% | (42) | 53% | (15) | 50% | (38) |
| | 石川県 | **55%** | **(2)** | **54%** | **(1)** | 56% | (27) | **55%** | **(7)** | **54%** | **(3)** | 60% | (38) | **55%** | **(5)** | **55%** | **(6)** |
| | 福井県 | 53% | (20) | 50% | (22) | 57% | (21) | 52% | (25) | 52% | (13) | 62% | (31) | 53% | (16) | 52% | (21) |
| | 山梨県 | 54% | (14) | **51%** | **(10)** | 57% | (14) | **56%** | **(4)** | 52% | (15) | 61% | (36) | **56%** | **(2)** | 53% | (20) |
| | 長野県 | 52% | (32) | 49% | (27) | 56% | (26) | 49% | (39) | 52% | (14) | 62% | (32) | 52% | (29) | 52% | (30) |
| | 岐阜県 | 50% | (37) | 47% | (38) | 56% | (32) | 52% | (24) | 48% | (43) | **67%** | **(7)** | 50% | (41) | 51% | (34) |
| | 静岡県 | 51% | (33) | 48% | (32) | 57% | (22) | 52% | (26) | 50% | (37) | 64% | (17) | 51% | (35) | 52% | (27) |
| | 愛知県 | 53% | (16) | 50% | (17) | 58% | (11) | **54%** | **(8)** | 51% | (21) | **66%** | **(9)** | 53% | (17) | 53% | (14) |

注：括弧内の数値は47都道府県の中の順位を示している。上位10位の個所は割合と順位を太字で記載している。

### [図表7－4(b)]　都道府県別の幸福度が高い上位5自治体と幸福度の平均値

| | 1位 | | 2位 | | 3位 | | 4位 | | 5位 | |
|---|---|---|---|---|---|---|---|---|---|---|
| 三重県 | 多気郡多気町 | 69% | 三重郡川越町 | 67% | 名張市 | 62% | 度会郡玉城町 | 59% | 三重郡朝日町 | 58% |
| 滋賀県 | 高島市 | 60% | 長浜市 | 60% | 甲賀市 | 60% | 彦根市 | 57% | 近江八幡市 | 57% |
| 京都府 | 久世郡久御山町 | 61% | 相楽郡精華町 | 60% | 乙訓郡大山崎町 | 59% | 船井郡京丹波町 | 58% | 京都市左京区 | 58% |
| 大阪府 | 南河内郡河南町 | 65% | 泉南郡田尻町 | 64% | 富田林市 | 62% | 豊能郡豊能町 | 62% | 泉北郡忠岡町 | 61% |
| 兵庫県 | 美方郡香美町 | 69% | 小野市 | 68% | 川辺郡猪名川町 | 63% | 丹波市 | 63% | 養父市 | 63% |
| 奈良県 | 北葛城郡王寺町 | 62% | 葛城市 | 61% | 生駒郡平群町 | 60% | 北葛城郡広陵町 | 59% | 香芝市 | 56% |
| 和歌山県 | 西牟婁郡上富田町 | 74% | 東牟婁郡那智勝浦町 | 71% | 有田郡湯浅町 | 70% | 有田市 | 68% | 伊都郡かつらぎ町 | 64% |
| 鳥取県 | 東伯郡湯梨浜町 | 63% | 西伯郡伯耆町 | 58% | 米子市 | 53% | 西伯郡大山町 | 50% | 東伯郡琴浦町 | 47% |
| 島根県 | 江津市 | 55% | 浜田市 | 54% | 益田市 | 52% | 松江市 | 51% | 隠岐郡隠岐の島町 | 50% |
| 岡山県 | 玉野市 | 81% | 都窪郡早島町 | 76% | 久米郡美咲町 | 75% | 新見市 | 60% | 和気郡和気町 | 60% |
| 広島県 | 世羅郡世羅町 | 83% | 安芸郡坂町 | 77% | 庄原市 | 70% | 三原市 | 64% | 広島市安佐南区 | 57% |
| 山口県 | 大島郡周防大島町 | 67% | 熊毛郡平生町 | 63% | 下松市 | 61% | 宇部市 | 57% | 岩国市 | 56% |
| 徳島県 | 板野郡上板町 | 69% | 三好市 | 67% | 板野郡松茂町 | 65% | 板野郡北島町 | 64% | 美馬市 | 62% |
| 香川県 | 綾歌郡綾川町 | 74% | 木田郡三木町 | 59% | 綾歌郡宇多津町 | 58% | 丸亀市 | 56% | 仲多度郡多度津町 | 56% |
| 愛媛県 | 大洲市 | 70% | 伊予郡砥部町 | 69% | 八幡浜市 | 59% | 今治市 | 55% | 西条市 | 55% |
| 高知県 | 南国市 | 67% | 安芸市 | 64% | 高知市 | 55% | 香美市 | 55% | 須崎市 | 54% |
| 福岡県 | 京都郡苅田町 | 72% | 糟屋郡宇美町 | 68% | 遠賀郡岡垣町 | 67% | 福津市 | 63% | 糟屋郡志免町 | 62% |
| 佐賀県 | 神埼市 | 67% | 西松浦郡有田町 | 60% | 佐賀市 | 57% | 鳥栖市 | 52% | 唐津市 | 51% |
| 長崎県 | 平戸市 | 90% | 西彼杵郡長与町 | 65% | 五島市 | 64% | 東彼杵郡川棚町 | 62% | 雲仙市 | 61% |
| 熊本県 | 阿蘇市 | 76% | 合志市 | 71% | 上天草市 | 67% | 水俣市 | 60% | 上益城郡益城町 | 60% |
| 大分県 | 宇佐市 | 65% | 由布市 | 61% | 日田市 | 60% | 豊後大野市 | 60% | 別府市 | 59% |
| 宮崎県 | 東臼杵郡門川町 | 70% | 日向市 | 64% | 都城市 | 59% | 延岡市 | 59% | 日南市 | 52% |
| 鹿児島県 | 西之表市 | 77% | 熊毛郡屋久島町 | 67% | 志布志市 | 67% | 指宿市 | 61% | 鹿屋市 | 60% |
| 沖縄県 | 中頭郡北谷町 | 75% | 島尻郡与那原町 | 73% | 南城市 | 60% | 宮古島市 | 60% | 浦添市 | 59% |

(注) アンケート調査結果の信頼性を担保するために、有効回答数が10件以上の自治体のみを対象とした。

**［図表７－４(a)］　都道府県別の幸福度が高い上位５自治体と幸福度の平均値**

| | 1位 | | 2位 | | 3位 | | 4位 | | 5位 | |
|---|---|---|---|---|---|---|---|---|---|---|
| 北海道 | 夕張郡長沼町 | 73% | 白老郡白老町 | 73% | 空知郡南幌町 | 69% | 根室市 | 67% | 石狩郡当別町 | 67% |
| 青森県 | 上北郡七戸町 | 67% | 上北郡おいらせ町 | 63% | 南津軽郡藤崎町 | 60% | 三戸郡南部町 | 53% | 平川市 | 53% |
| 岩手県 | 大船渡市 | 60% | 二戸市 | 58% | 一関市 | 55% | 遠野市 | 54% | 紫波郡紫波町 | 52% |
| 宮城県 | 遠田郡美里町 | 58% | 黒川郡大和町 | 58% | 富谷市 | 57% | 宮城郡七ヶ浜町 | 55% | 名取市 | 50% |
| 秋田県 | 仙北郡美郷町 | 67% | 横手市 | 55% | 秋田市 | 51% | 仙北市 | 50% | 大館市 | 49% |
| 山形県 | 東置賜郡高畠町 | 68% | 東田川郡庄内町 | 64% | 東置賜郡川西町 | 64% | 寒河江市 | 56% | 米沢市 | 56% |
| 福島県 | 大沼郡会津美里町 | 79% | 伊達郡川俣町 | 73% | 南相馬市 | 57% | 相馬市 | 54% | 伊達市 | 51% |
| 茨城県 | 稲敷郡美浦村 | 67% | 稲敷市 | 61% | 高萩市 | 60% | 鹿嶋市 | 58% | 牛久市 | 56% |
| 栃木県 | 那須郡那須町 | 64% | 矢板市 | 62% | 河内郡上三川町 | 61% | 那須烏山市 | 59% | 芳賀郡益子町 | 57% |
| 群馬県 | 北群馬郡吉岡町 | 73% | 利根郡みなかみ町 | 63% | 佐波郡玉村町 | 57% | 渋川市 | 57% | 邑楽郡大泉町 | 56% |
| 埼玉県 | 入間郡越生町 | 73% | 児玉郡上里町 | 63% | 蓮田市 | 60% | さいたま市大宮区 | 60% | 羽生市 | 60% |
| 千葉県 | 白井市 | 64% | 大網白里市 | 64% | 八千代市 | 60% | 印旛郡栄町 | 59% | 流山市 | 59% |
| 東京都 | 八丈島八丈町 | 79% | 西多摩郡日の出町 | 65% | 千代田区 | 62% | 西多摩郡瑞穂町 | 61% | 国分寺市 | 61% |
| 神奈川県 | 足柄下郡箱根町 | 71% | 横浜市都筑区 | 63% | 川崎市麻生区 | 62% | 横浜市西区 | 62% | 横浜市戸塚区 | 60% |
| 新潟県 | 西蒲原郡弥彦村 | 67% | 新潟市秋葉区 | 58% | 新潟市南区 | 58% | 南魚沼市 | 57% | 糸魚川市 | 56% |
| 富山県 | 砺波市 | 71% | 中新川郡上市町 | 63% | 魚津市 | 54% | 富山市 | 53% | 高岡市 | 51% |
| 石川県 | 野々市市 | 61% | 鳳珠郡能登町 | 60% | 加賀市 | 60% | 羽咋市 | 59% | かほく市 | 58% |
| 福井県 | 小浜市 | 60% | 丹生郡越前町 | 59% | 勝山市 | 59% | 鯖江市 | 56% | 吉田郡永平寺町 | 55% |
| 山梨県 | 中巨摩郡昭和町 | 67% | 北杜市 | 63% | 富士吉田市 | 60% | 甲斐市 | 60% | 都留市 | 58% |
| 長野県 | 東筑摩郡山形村 | 73% | 飯山市 | 67% | 北佐久郡軽井沢町 | 65% | 北安曇郡白馬村 | 63% | 下伊那郡松川町 | 63% |
| 岐阜県 | 高山市 | 61% | 加茂郡八百津町 | 60% | 関市 | 59% | 揖斐郡揖斐川町 | 59% | 羽島郡岐南町 | 58% |
| 静岡県 | 駿東郡小山町 | 67% | 榛原郡川根本町 | 60% | 裾野市 | 58% | 伊豆の国市 | 58% | 浜松市西区 | 56% |
| 愛知県 | 知多郡美浜町 | 75% | 東海市 | 63% | 新城市 | 62% | 西尾市 | 61% | 額田郡幸田町 | 61% |

(注) アンケート調査結果の信頼性を担保するために、有効回答数が10件以上の自治体のみを対象とした。

の都市化度合いによって、幸福であると回答する比率が異なっていることを示しています。

次に、各都道府県において幸福であると回答する比率が高い自治体を紹介します。図表7－4（a、b）は都道府県別に「幸福である」と回答した割合の上位5自治体を示した表です。自治体名を確認すると、町村が多い傾向にあることが分かります。この背景としては町村においては都市部に比べて高齢化が進んでいる状況である点、さらには、高齢者は若者に比べて平均的に幸福であると回答する割合が高い点が指摘できます。

前述した図表7－1では、都道府県全体の結果では青森県や秋田県、山形県や福島県などの東北地方において幸福であると回答する比率は他地域に比べて相対的に低い傾向にあることが示されていますが、図表7－4の結果から、県内の自治体別に割合が大きく異なる点が示唆されます。図表7－4より、青森県や秋田県、山形県や福島県の上位の自治体では幸福であると回答する割合が65％を超えており、福島県の大沼郡会津美里町では回答者の約8割が幸福であると回答しています。したがって、都道府県全体の調査結果から、都道府県内すべての自治体で同様の回答が行われていると解釈することは適切ではなく、各自治体別に幸福度に関する調査内容を詳細に確認する必要があると言えます。

興味深い調査結果として、島嶼地域に居住する人々は幸福であると回答する割合が高い傾向が示されています。東京都の八丈島町（79％）や長崎県の平戸市（90％）、鹿児島県の西之表市（77％）では、他自治体に比べて幸福であると回答する比率が大幅に高い傾向にあることが分かります。これは第６章で紹介した自然とのつながりの満足度が高い点が、島民の方々が幸福であると認知することに寄与している可能性があります。

## 政令指定都市の比較

**図表７－５**は国内20の政令指定都市を対象に「幸福である」と回答した割合について比較したものです。図表７－５の横棒は政令指定都市全体の平均値を示しており、上向き矢印は政令指定都市内の区の中で、幸福であると回答する比率が最も高い区の値を表しています。矢印の上部には、最も高い区の名前を記載しています。この図表から、政令指定都市内における平均値と最大値の差を確認することができます。

図表７－５より平均値が高い自治体としては横浜市、神戸市、北九州市が挙げられます。また、図表７－５より、仙台市は平均値が他政令指定都市に比べて相対的に低く、さらに幸福であると回答する割合が最大値となった青葉区においても、平均値との差は小さい傾向にあります。仙台市とは逆に、札幌市やさいたま市、川崎市などは平均値と最大値の差が約８ポイントとなっており、政令指定都市内において区別に大きな差が生じていることが分かります。

**[図表7－5]　政令指定都市における「幸福である」と回答した割合の平均値及び区別の最大値**

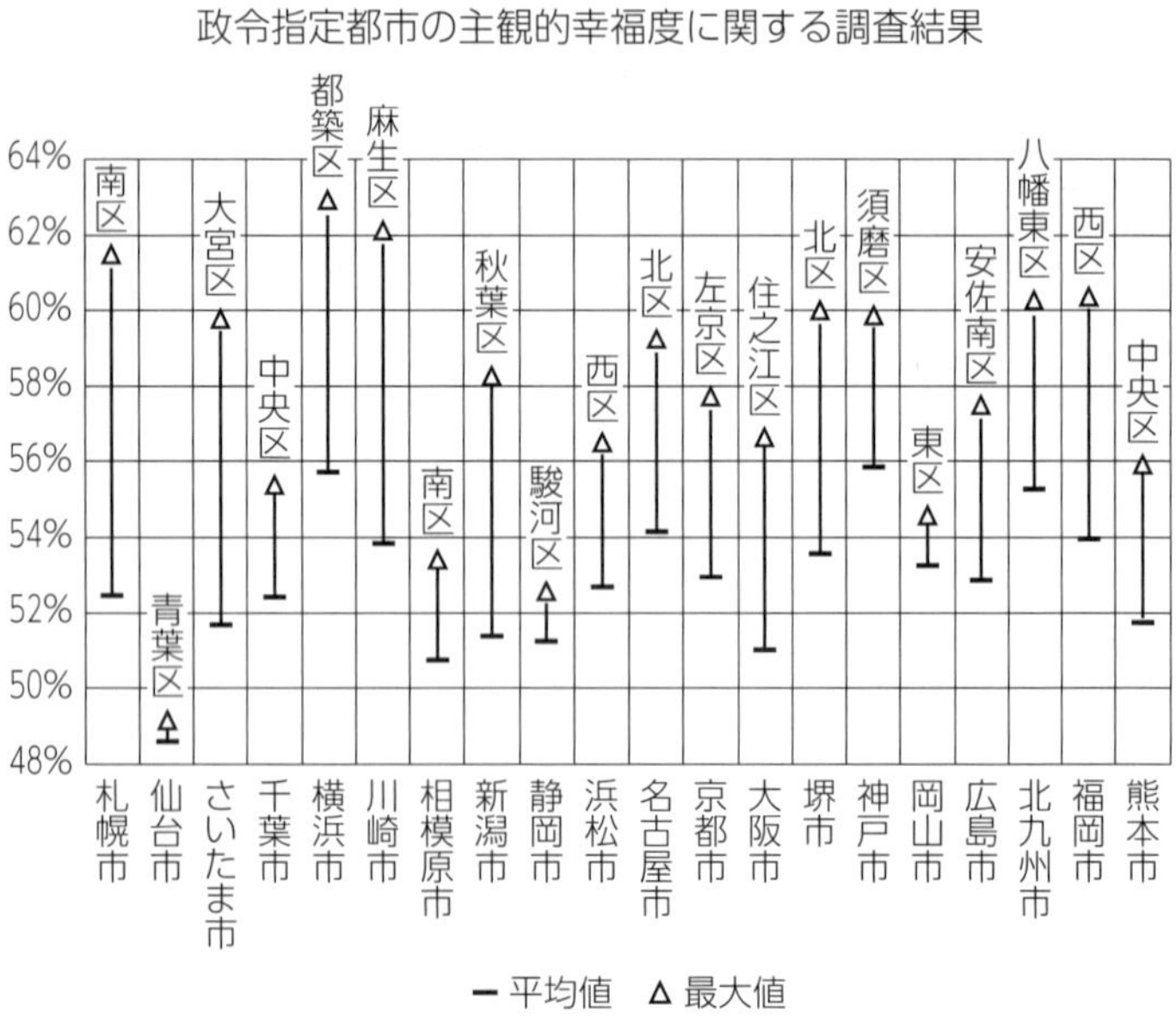


**図表7－6**は、政令指定都市別に幸福であると回答する割合が高い上位3つの区について紹介しています。図表7－5でも示したように、仙台市においては最も割合が高い青葉区においても49・1％と過半数に届いていない状況であるとともに、2位の泉区や3位の太白区と比べても、割合の差が小さいことが確認できます。一方で、横浜市では上位3つの区すべてで、幸福であると回答する割合が60％を超えており、複数の区において高い幸福度を達成していることが分かります。

**図表7－7**は政令指定都市を対

［図表７－６］　政令指定都市における上位３区の主観的幸福度の平均値

| | １位 | | ２位 | | ３位 | |
|---|---|---|---|---|---|---|
| 札幌市 | 南区 | 61.5% | 中央区 | 55.4% | 西区 | 53.9% |
| 仙台市 | 青葉区 | 49.1% | 泉区 | 48.9% | 太白区 | 48.6% |
| さいたま市 | 大宮区 | 59.8% | 見沼区 | 55.3% | 緑区 | 55.1% |
| 千葉市 | 中央区 | 55.4% | 稲毛区 | 54.9% | 若葉区 | 52.7% |
| 横浜市 | 都筑区 | 62.9% | 西区 | 61.9% | 戸塚区 | 60.4% |
| 川崎市 | 麻生区 | 62.1% | 中原区 | 57.0% | 幸区 | 56.5% |
| 相模原市 | 南区 | 53.4% | 緑区 | 51.9% | 中央区 | 46.9% |
| 新潟市 | 秋葉区 | 58.2% | 南区 | 57.9% | 西蒲区 | 54.5% |
| 静岡市 | 駿河区 | 52.6% | 葵区 | 51.2% | 清水区 | 49.8% |
| 浜松市 | 西区 | 56.5% | 東区 | 54.9% | 浜北区 | 52.7% |
| 名古屋市 | 北区 | 59.2% | 瑞穂区 | 57.5% | 東区 | 56.5% |
| 京都市 | 左京区 | 57.7% | 北区 | 57.1% | 南区 | 54.3% |
| 大阪市 | 住之江区 | 56.6% | 城東区 | 56.5% | 西淀川区 | 56.3% |
| 堺市 | 北区 | 60.0% | 東区 | 54.1% | 美原区 | 53.7% |
| 神戸市 | 須磨区 | 59.9% | 中央区 | 57.4% | 北区 | 57.0% |
| 岡山市 | 東区 | 54.5% | 北区 | 53.5% | 南区 | 53.4% |
| 広島市 | 安佐南区 | 57.5% | 安芸区 | 55.1% | 南区 | 54.0% |
| 北九州市 | 八幡東区 | 60.2% | 八幡西区 | 58.3% | 門司区 | 55.8% |
| 福岡市 | 西区 | 60.3% | 中央区 | 55.3% | 早良区 | 5[illegible].1% |
| 熊本市 | 中央区 | 55.9% | 東区 | 52.8% | 北区 | [illegible]9.2% |

象に性別・年代別・世帯収入別にグループ分けした場合の幸福であると回答した割合を比較した表です。図表７－７より、性別や年代、収入別に割合が異なっていますが、その傾向は政令指定都市間で多様であることが確認できます。たとえば、仙台市や新潟市では性別間で幸福であ

[図表7－7]　政令指定都市別の「幸福である」と回答した割合

| | 全体 | 男性 | 女性 | 40歳未満 | 40歳〜64歳 | 65歳以上 | 200万円以下 | 200万円〜1000万円 | 1000万円以上 |
|---|---|---|---|---|---|---|---|---|---|
| 札幌市 | 52% | 50% | 55% | 52% | 51% | 65% | 37% | 55% | 70% |
| 仙台市 | 49% | 48% | 49% | 46% | 48% | 60% | 32% | 51% | 65% |
| さいたま市 | 52% | 50% | 54% | 49% | 52% | 61% | 33% | 53% | 68% |
| 千葉市 | 52% | 51% | 54% | 48% | 51% | 67% | 31% | 55% | 68% |
| 横浜市 | 56% | 54% | 59% | 55% | 55% | 65% | 39% | 55% | 73% |
| 川崎市 | 54% | 51% | 58% | 55% | 52% | 65% | 40% | 52% | 72% |
| 相模原市 | 51% | 47% | 57% | 49% | [illegible] | 70% | 33% | 52% | 71% |
| 新潟市 | 51% | 50% | 53% | [illegible] | 52% | 67% | 32% | 55% | 69% |
| 静岡市 | 51% | 48% | [illegible] | 47% | 51% | 61% | 35% | 54% | 74% |
| 浜松市 | 53% | [illegible] | 56% | 55% | 50% | 61% | 28% | 57% | 61% |
| 名古屋市 | [illegible] | 51% | 58% | 56% | 52% | 64% | 40% | 54% | 72% |
| 京都市 | 53% | 50% | 56% | 53% | 52% | 62% | 38% | 55% | 69% |
| 大阪市 | 51% | 47% | 55% | 54% | 49% | 58% | 35% | 53% | 72% |
| 堺市 | 53% | 49% | 59% | 58% | 51% | 59% | 39% | 56% | 66% |
| 神戸市 | 56% | 53% | 59% | 53% | 55% | 65% | 42% | 57% | 73% |
| 岡山市 | 53% | 51% | 56% | 48% | 55% | 61% | 41% | 54% | 75% |
| 広島市 | 53% | 50% | 57% | 54% | 51% | 70% | 37% | 54% | 68% |
| 北九州市 | 55% | 53% | 57% | 57% | 53% | 69% | 39% | 57% | 83% |
| 福岡市 | 54% | 52% | 56% | 53% | 53% | 67% | 39% | 56% | 71% |
| 熊本市 | 52% | 49% | 56% | 50% | 50% | 75% | 40% | 54% | 69% |

ると回答する割合に大きな差は見られませんが、相模原市や堺市では女性が男性に比べて10ポイント高い結果となっています。年代についても、全体的な傾向としては40歳未満の若年層や40歳から64歳の中年層に比べて、65歳以上の高齢層で幸福であると回答する比率が高い傾向にあります。高齢層と他の年代のグループとの間に10ポイント以上の差が生じている政令指定都市が数多く確認できる一方で、堺市や大阪市では40歳未満の若年層と高齢層の間の差が比較的小さい傾向にあります。２つの自治体で、このような結果が得られた理由としては、他自治体に比べて若年層の幸福であると回答する割合が高い点と高齢層で幸福であると回答する割合が低い点が指摘できます。

## 東京23区の比較

図表７－８では東京23区を対象に「幸福である」と回答した割合について、性別・年代別・世帯収入別に比較したものです。23区は幸福であると回答する割合が高い順に上から記載しています。図表７－８より、幸福であると回答した割合が最も高い区は千代田区であり62％の回答者が幸福であると回答しています。意外な結果として千代田区では女性よりも男性のほうが幸福であると回答する比率が高い結果となっています。これは都道府県や政令指定都市を対象

[図表7－8]　東京23区別の「幸福である」と回答した割合

| | 全体 | 男性 | 女性 | 40歳未満 | 40歳〜64歳 | 65歳以上 | 200万円以下 | 200万円〜1000万円 | 1000万円以上 |
|---|---|---|---|---|---|---|---|---|---|
| 千代田区 | 62% | 63% | 61% | 52% | 66% | 75% | 43% | 59% | 73% |
| 渋谷区 | 57% | 55% | 59% | 58% | 56% | 62% | 41% | 51% | 79% |
| 港区 | 57% | 53% | 60% | 55% | 57% | 63% | 40% | 49% | 72% |
| 文京区 | 56% | 55% | 58% | 57% | 57% | 52% | 41% | 51% | 74% |
| 世田谷区 | 56% | 54% | 59% | 54% | 55% | 69% | 38% | 55% | 72% |
| 荒川区 | 55% | 55% | 56% | 59% | 53% | 69% | 52% | 51% | 79% |
| 品川区 | 55% | 52% | 59% | 54% | 55% | 57% | 39% | 54% | 72% |
| 大田区 | 55% | 55% | 55% | 54% | 54% | 66% | 43% | 53% | 72% |
| 新宿区 | 55% | 49% | 62% | 55% | 52% | 81% | 42% | 52% | 74% |
| 練馬区 | 53% | 51% | 56% | 50% | 53% | 68% | 32% | 52% | 74% |
| 豊島区 | 53% | 51% | 55% | 48% | 53% | 66% | 31% | 56% | 61% |
| 北区 | 52% | 48% | 58% | 51% | 52% | 65% | 41% | 51% | 68% |
| 中央区 | 52% | 50% | 55% | 52% | 53% | 47% | 25% | 51% | 68% |
| 江東区 | 52% | 50% | 56% | 55% | 50% | 68% | 37% | 48% | 71% |
| 台東区 | 52% | 48% | 57% | 58% | 49% | 58% | 41% | 51% | 63% |
| 目黒区 | 52% | 49% | 55% | 55% | 49% | 68% | 40% | 47% | 71% |
| 杉並区 | 52% | 51% | 52% | 50% | 51% | 63% | 41% | 48% | 70% |
| 墨田区 | 51% | 47% | 56% | 50% | 52% | 50% | 29% | 51% | 75% |
| 板橋区 | 50% | 46% | 56% | 52% | 49% | 53% | 34% | 51% | 68% |
| 江戸川区 | 50% | 46% | 55% | 50% | 50% | 49% | 35% | 50% | 68% |
| 葛飾区 | 49% | 48% | 52% | 53% | 47% | 63% | 31% | 50% | 69% |
| 中野区 | 49% | 43% | 57% | 52% | 48% | 52% | 40% | 49% | 65% |
| 足立区 | 46% | 43% | 51% | 44% | 47% | 47% | 34% | 46% | 68% |

とした調査結果では確認できなかった点であり、千代田区の特徴を反映した結果であると言えます。加えて、荒川区や大田区においても男性と女性の間で、幸福であると回答する割合に大きな差が見られません。これとは逆に新宿区や中野区では女性が男性に比べて、それぞれ約13ポイント高い結果となっています。

年代別の比較結果より、多くの区で年代が上昇するにつれて幸福であると回答する比率が高まる傾向にあります。その中で、文京区や中央区、墨田区や江戸川区では、高齢層以外のグループで幸福であると回答する割合が最も高い結果となっており、政令指定都市別の調査結果である図表７－７とは異なる傾向を示しています。加えて、中央区や江戸川区、足立区においては高齢層で幸福であると回答する割合が50％を下回っている点は特徴的であると言えます。

## 第７章のまとめ

●島嶼地域に居住する人々は幸福であると回答する割合が高い傾向が示された。東京都の八丈島町（79％）や長崎県の平戸市（90％）、鹿児島県の西之表市（77％）では、他自治体に比べて幸福であると回答する比率が大幅に高い傾向にある。

●仙台市は幸福であると回答する割合の平均値が他政令指定都市に比べて相対的に低く、各区と平均値との差は小さい傾向にある。一方で、札幌市やさいたま市、川崎市などは平均値と最大値の差が約8ポイントとなっており、政令指定都市内において区別に大きな差が生じている。

●千代田区では女性よりも男性の方が幸福であると回答する比率が高い結果が得られた。これは都道府県や政令指定都市を対象とした調査結果では確認できなかった点であり、千代田区の特徴を反映した結果である。一方で、新宿区や中野区では女性が男性に比べて、幸福であると回答する割合が約13ポイント高い結果となった。

# 第8章
# 国内47都道府県における人々の選好の比較

## 調査内容及び質問項目の説明

本章では国内30万人アンケートを用い、47都道府県における特性の比較結果を紹介します。比較対象項目としては家族、健康、食事、スキルアップ、買い物、倹約、服装、旅行、流行、ブランドに関する認知度合いになります。以上の質問項目に関して、「1．そう思わない」、「2．あまりそう思わない」、「3．どちらでもない」、「4．ややそう思う」、「5．そう思う」の選択肢で回答した値の平均値で地域別のランキングを行い、地域間の特性と違いについて明らかにしていきます。

第1章から第6章の中で人々が認知する幸福度の違いをお金や人間関係、健康状態や働き方の側面から説明を行ってきました。第8章から第10章では、第6章までの内容を踏まえた形で、地域別における幸福度と地域特性の違いについて、大規模アンケート調査結果を用いた形で紹介を行います。お金に関しては、買い物や倹約度合い、ブランド品の価値など、より人々の価値観に近いアンケート調査を実施し、その回答結果を紹介します。人間関係では家族との時間に関する質問回答を、健康状態については健康維持に関する質問項目を、働き方についてはスキルアップに関する質問回答を紹介します。

第3章で説明を行いましたが、物質的な願望は際限なく高まり続け（「順応仮説」）、また物質的には億万長者など「上には上がいる」ため、他者と比較をすることで幸福度が下がることを指摘しました（「相対所得仮説」と呼ばれます）。「物質的なものではなく非物質的なものに対して時間を投資すべき」というカーネマンの指摘、物質主義的な人は非物質的なものを軽視し、人とのつながりから得られる幸福度が低いなどの指摘があることもここで思い出していただきたいです。また、ブランド品などの贅沢品を所有することが、純粋に質の高いものを愛着を持って長く活用していく、という考えによるのであれば、すでに指摘したようにモノから幸福を得ることができると言えます。しかし、それが優越感のため見栄のためのいわゆる「見せびらかし消費」となっているのであれば、際限のない欲望がそこには待っていることになります。服装に関しても華美なものを重視している場合、その根底にある考え方がどこにあるのか、考える必要があると言えます。安いものを買う場合にも1つのものを長く大切に活用するようなライフスタイルになっていない場合は、消費から幸福が得にくい状態と言えるかもしれません（それが大量消費大量廃棄にもつながります）。自分の好みをしっかりと考え、じっくりと検討して本当に自分にとって必要なものなのかを見極めてから購入することの重要性も指摘しました。流行に影響されて、結局自分の好みは何なのか、自分でも分からない人も多いのではないでしょうか。他人からの評価を気にしてばかりいないか、自分がその商品に本当の意味で愛着を持っているのか、何のためにその商品を所有しているのか再検討する時期にあるのかもしれません。

また、非物質的なものとして本書では第3章に加えて第4章、第5章、第6章で人とのつながりや余暇時間・レジャーの重要性（自然との触れ合い含む）について述べてきました。自宅内外で仕事以外の時間を何に充てているのかが重要となります。家族と自宅で過ごすこと、家族との食事を大切にすること、外出や旅行をすること、スポーツ・運動をすること、自然と触れ合うこと、自由な時間を何に充てているのかです。これらは健康にもつながる要素であり、健康は主観的幸福度の主たる決定要因であることも強調しました。

加えて、仕事のやりがいが幸福には重要な要素となることについても第5章で触れました。スキルアップへの時間の投資は仕事の「やりがい」を高めるものと言えるはずです。「〝仕事〟に情熱を持って取り組んでいるかどうか」が幸福度を決める最も大切な要因であるという報告もあります（トム・ラス、ジム・ハーター（2011）『幸福の習慣』ディスカヴァー・トゥエンティワン）。ここでの〝仕事〟はお金を稼ぐものに限定されず、学生、主婦・主夫、ボランティアなど自分が「1日で最も時間を使っていること」であることに注意が必要です。この〝仕事〟を情熱を持ってやりがいを持って行っているかどうかが重要になるということになります。

自分の考えを持って（自分の好みを理解して）モノを消費し、仕事を情熱ややりがいを持ってこなし、（余暇時間が十分に確保できることが前提となりますが）余暇時間の中身を充実させることができるか、ということになると思います。第８章から第10章ではこれらに関係する要素について、地域性の紹介をしていきます。あなたのお住まいの地域の人々は平均的にどのような生活を送っているのでしょうか。当然ながら平均的な傾向ですので個々人のばらつきはあります。しかし、周囲の人々の考え方（の傾向）が少しでも分かれば、自分の生活を顧みる１つのきっかけにすることができるのではないでしょうか。本書で述べてきたことを思い出しながら、以下の各項目について考えていただければと思います。

**■家族**

- 家族と一緒に外食に出かけることがある
- 家族と一緒にレジャーやショッピングによく出かける
- 家族と一緒にいる時間を多く取りたいと思う

**■健康**

- 規則正しい生活を心がけている
- 定期的に運動している

●サプリメントや健康食品を利用している
●からだに気をつかった食事を心がけている

## 食事

●高いお金を払ってでもおいしいものを食べたい
●好きなものを食べるためなら、手間をかけてもよい
●食材にはお金をかけている

## スキルアップ

●仕事に関連した勉強をプライベートな時間にしている
●たくさんの資格や技術を身につけたい
●スクールに行って新しいことを学習することに興味がある

## 買い物

●いくつかの店を見比べて買い物したい
●買い物では事前に雑誌やインターネットで口コミや評価を調べる

- 商品を選ぶときは特に機能性にこだわる

## 倹約

- ディスカウントストアや１００円ショップをよく利用する
- 必要なものだけにお金をかけたい
- 買い物は一番価格の安いところを探す

## 服装

- 出かけるときの服装には気をつかっている
- 身に着けるものにはこだわりがある
- 自分らしい格好・自分に似合う格好というものを理解している

## 旅行

- 旅の計画を立てるのが好き
- いろいろなところを旅して新しい経験をしたい
- 行ったことのない土地に行くとわくわくする

■流行

●流行するものはいち早く持ちたい
●1つのものを5年、10年使うよりどんどん新しいものに変えていきたい
●新しいことが流行すると、自分もそれを取り入れたくなる

■ブランド

●高級ブランドには価格以上の価値がある
●ちょっと背伸びすれば手に入るなら高級ブランド品を持ちたい
●高級ブランド品は社会的地位やステータスを表すと思う

以下、次頁より国内47都道府県のランキングを紹介します。

上位10位以内の項目については白抜き文字とし、上位1位から5位の項目は背景が黒、上位6位から10位の項目は背景をグレーに塗りつぶしています。

また、下位10位の項目については、文字は黒色のまま背景の色を塗りつぶしており、下位1位から5位はグレー、下位6位から10位は薄いグレーで塗りつぶしています。

# 北海道　主観的幸福度　23位

| 家族 | |
|---|---|
| 家族で外食 | 26位 |
| レジャー・買い物 | 21位 |
| 一緒の時間を確保 | 35位 |

| 健康 | |
|---|---|
| 規則正しい生活 | 29位 |
| 定期的な運動 | 27位 |
| 健康食品・サプリ | 15位 |
| 健康的な食事 | 28位 |

| 食事 | |
|---|---|
| 高額でもおいしいもの | 30位 |
| 手間をかける | 12位 |
| 食材にお金を使う | 15位 |

| スキルアップ | |
|---|---|
| 余暇時間に勉強 | 33位 |
| 資格・技術の習得 | 38位 |
| スクールでの学習 | 28位 |

| 買い物 | |
|---|---|
| 複数店舗で比較 | 19位 |
| 口コミ・評判調査 | 30位 |
| 機能性重視 | 31位 |

| 倹約 | |
|---|---|
| 低価格店舗の利用 | 29位 |
| 必要なものだけに支出 | 11位 |
| 低価格志向 | 28位 |

| 服装 | |
|---|---|
| 外出着に気をつかう | 5位 |
| 服装にこだわる | 11位 |
| 似合う服装を理解 | 12位 |

| 旅行 | |
|---|---|
| 計画立てが楽しい | 9位 |
| 旅行で新たな経験 | 15位 |
| 未訪問地に行きたい | 10位 |

| 流行 | |
|---|---|
| 流行品を持ちたい | 33位 |
| 新しいものが好き | 43位 |
| 流行を取り入れたい | 33位 |

| ブランド | |
|---|---|
| 価格以上の価値 | 21位 |
| 所持願望 | 33位 |
| ステータスを表す | 41位 |

## 青森県　主観的幸福度　40位

| 家族 | |
|---|---|
| 家族で外食 | 32位 |
| レジャー・買い物 | 13位 |
| 一緒の時間を確保 | 31位 |

| 健康 | |
|---|---|
| 規則正しい生活 | 46位 |
| 定期的な運動 | 47位 |
| 健康食品・サプリ | 2位 |
| 健康的な食事 | 47位 |

| 食事 | |
|---|---|
| 高額でもおいしいもの | 39位 |
| 手間をかける | 21位 |
| 食材にお金を使う | 39位 |

| スキルアップ | |
|---|---|
| 余暇時間に勉強 | 43位 |
| 資格・技術の習得 | 5位 |
| スクールでの学習 | 25位 |

| 買い物 | |
|---|---|
| 複数店舗で比較 | 2位 |
| 口コミ・評判調査 | 8位 |
| 機能性重視 | 26位 |

| 倹約 | |
|---|---|
| 低価格店舗の利用 | 7位 |
| 必要なものだけに支出 | 8位 |
| 低価格志向 | 3位 |

| 服装 | |
|---|---|
| 外出着に気をつかう | 35位 |
| 服装にこだわる | 33位 |
| 似合う服装を理解 | 30位 |

| 旅行 | |
|---|---|
| 計画立てが楽しい | 37位 |
| 旅行で新たな経験 | 37位 |
| 未訪問地に行きたい | 37位 |

| 流行 | |
|---|---|
| 流行品を持ちたい | 7位 |
| 新しいものが好き | 28位 |
| 流行を取り入れたい | 6位 |

| ブランド | |
|---|---|
| 価格以上の価値 | 42位 |
| 所持願望 | 29位 |
| ステータスを表す | 34位 |

# 岩手県　主観的幸福度　47位

| 家族 | |
|---|---|
| 家族で外食 | 44位 |
| レジャー・買い物 | 35位 |
| 一緒の時間を確保 | 43位 |

| 健康 | |
|---|---|
| 規則正しい生活 | 45位 |
| 定期的な運動 | 44位 |
| 健康食品・サプリ | 22位 |
| 健康的な食事 | 44位 |

| 食事 | |
|---|---|
| 高額でもおいしいもの | 45位 |
| 手間をかける | 45位 |
| 食材にお金を使う | 46位 |

| スキルアップ | |
|---|---|
| 余暇時間に勉強 | 10位 |
| 資格・技術の習得 | 7位 |
| スクールでの学習 | 38位 |

| 買い物 | |
|---|---|
| 複数店舗で比較 | 40位 |
| 口コミ・評判調査 | 40位 |
| 機能性重視 | 43位 |

| 倹約 | |
|---|---|
| 低価格店舗の利用 | 27位 |
| 必要なものだけに支出 | 19位 |
| 低価格志向 | 36位 |

| 服装 | |
|---|---|
| 外出着に気をつかう | 42位 |
| 服装にこだわる | 44位 |
| 似合う服装を理解 | 45位 |

| 旅行 | |
|---|---|
| 計画立てが楽しい | 28位 |
| 旅行で新たな経験 | 25位 |
| 未訪問地に行きたい | 32位 |

| 流行 | |
|---|---|
| 流行品を持ちたい | 46位 |
| 新しいものが好き | 47位 |
| 流行を取り入れたい | 46位 |

| ブランド | |
|---|---|
| 価格以上の価値 | 40位 |
| 所持願望 | 12位 |
| ステータスを表す | 35位 |

## 宮城県　主観的幸福度　46位

| 家族 | |
|---|---|
| 家族で外食 | 7位 |
| レジャー・買い物 | 5位 |
| 一緒の時間を確保 | 9位 |

| 健康 | |
|---|---|
| 規則正しい生活 | 16位 |
| 定期的な運動 | 39位 |
| 健康食品・サプリ | 8位 |
| 健康的な食事 | 12位 |

| 食事 | |
|---|---|
| 高額でもおいしいもの | 9位 |
| 手間をかける | 7位 |
| 食材にお金を使う | 26位 |

| スキルアップ | |
|---|---|
| 余暇時間に勉強 | 9位 |
| 資格・技術の習得 | 6位 |
| スクールでの学習 | 8位 |

| 買い物 | |
|---|---|
| 複数店舗で比較 | 11位 |
| 口コミ・評判調査 | 17位 |
| 機能性重視 | 22位 |

| 倹約 | |
|---|---|
| 低価格店舗の利用 | 18位 |
| 必要なものだけに支出 | 15位 |
| 低価格志向 | 34位 |

| 服装 | |
|---|---|
| 外出着に気をつかう | 20位 |
| 服装にこだわる | 13位 |
| 似合う服装を理解 | 18位 |

| 旅行 | |
|---|---|
| 計画立てが楽しい | 5位 |
| 旅行で新たな経験 | 11位 |
| 未訪問地に行きたい | 4位 |

| 流行 | |
|---|---|
| 流行品を持ちたい | 19位 |
| 新しいものが好き | 27位 |
| 流行を取り入れたい | 17位 |

| ブランド | |
|---|---|
| 価格以上の価値 | 28位 |
| 所持願望 | 17位 |
| ステータスを表す | 31位 |

# 秋田県　主観的幸福度　45位

| 家族 | |
|---|---|
| 家族で外食 | 42位 |
| レジャー・買い物 | 7位 |
| 一緒の時間を確保 | 28位 |

| 健康 | |
|---|---|
| 規則正しい生活 | 42位 |
| 定期的な運動 | 45位 |
| 健康食品・サプリ | 27位 |
| 健康的な食事 | 43位 |

| 食事 | |
|---|---|
| 高額でもおいしいもの | 33位 |
| 手間をかける | 23位 |
| 食材にお金を使う | 34位 |

| スキルアップ | |
|---|---|
| 余暇時間に勉強 | 47位 |
| 資格・技術の習得 | 11位 |
| スクールでの学習 | 35位 |

| 買い物 | |
|---|---|
| 複数店舗で比較 | 26位 |
| 口コミ・評判調査 | 21位 |
| 機能性重視 | 46位 |

| 倹約 | |
|---|---|
| 低価格店舗の利用 | 19位 |
| 必要なものだけに支出 | 33位 |
| 低価格志向 | 26位 |

| 服装 | |
|---|---|
| 外出着に気をつかう | 1位 |
| 服装にこだわる | 10位 |
| 似合う服装を理解 | 29位 |

| 旅行 | |
|---|---|
| 計画立てが楽しい | 3位 |
| 旅行で新たな経験 | 6位 |
| 未訪問地に行きたい | 9位 |

| 流行 | |
|---|---|
| 流行品を持ちたい | 2位 |
| 新しいものが好き | 29位 |
| 流行を取り入れたい | 3位 |

| ブランド | |
|---|---|
| 価格以上の価値 | 25位 |
| 所持願望 | 6位 |
| ステータスを表す | 29位 |

# 山形県

## 主観的幸福度　44位

| 家族 | |
|---|---|
| 家族で外食 | 45位 |
| レジャー・買い物 | 39位 |
| 一緒の時間を確保 | 22位 |

| 健康 | |
|---|---|
| 規則正しい生活 | 41位 |
| 定期的な運動 | 46位 |
| 健康食品・サプリ | 41位 |
| 健康的な食事 | 41位 |

| 食事 | |
|---|---|
| 高額でもおいしいもの | 42位 |
| 手間をかける | 38位 |
| 食材にお金を使う | 44位 |

| スキルアップ | |
|---|---|
| 余暇時間に勉強 | 36位 |
| 資格・技術の習得 | 16位 |
| スクールでの学習 | 45位 |

| 買い物 | |
|---|---|
| 複数店舗で比較 | 42位 |
| 口コミ・評判調査 | 36位 |
| 機能性重視 | 38位 |

| 倹約 | |
|---|---|
| 低価格店舗の利用 | 35位 |
| 必要なものだけに支出 | 39位 |
| 低価格志向 | 17位 |

| 服装 | |
|---|---|
| 外出着に気をつかう | 39位 |
| 服装にこだわる | 17位 |
| 似合う服装を理解 | 41位 |

| 旅行 | |
|---|---|
| 計画立てが楽しい | 11位 |
| 旅行で新たな経験 | 28位 |
| 未訪問地に行きたい | 45位 |

| 流行 | |
|---|---|
| 流行品を持ちたい | 11位 |
| 新しいものが好き | 45位 |
| 流行を取り入れたい | 14位 |

| ブランド | |
|---|---|
| 価格以上の価値 | 24位 |
| 所持願望 | 34位 |
| ステータスを表す | 27位 |

# 福島県　主観的幸福度　43位

### 家族

| | |
|---|---|
| 家族で外食 | 31位 |
| レジャー・買い物 | 12位 |
| 一緒の時間を確保 | 10位 |

### 健康

| | |
|---|---|
| 規則正しい生活 | 32位 |
| 定期的な運動 | 36位 |
| 健康食品・サプリ | 5位 |
| 健康的な食事 | 37位 |

### 食事

| | |
|---|---|
| 高額でもおいしいもの | 28位 |
| 手間をかける | 27位 |
| 食材にお金を使う | 42位 |

### スキルアップ

| | |
|---|---|
| 余暇時間に勉強 | 16位 |
| 資格・技術の習得 | 15位 |
| スクールでの学習 | 17位 |

### 買い物

| | |
|---|---|
| 複数店舗で比較 | 46位 |
| 口コミ・評判調査 | 32位 |
| 機能性重視 | 42位 |

### 倹約

| | |
|---|---|
| 低価格店舗の利用 | 40位 |
| 必要なものだけに支出 | 40位 |
| 低価格志向 | 27位 |

### 服装

| | |
|---|---|
| 外出着に気をつかう | 14位 |
| 服装にこだわる | 40位 |
| 似合う服装を理解 | 26位 |

### 旅行

| | |
|---|---|
| 計画立てが楽しい | 22位 |
| 旅行で新たな経験 | 16位 |
| 未訪問地に行きたい | 22位 |

### 流行

| | |
|---|---|
| 流行品を持ちたい | 28位 |
| 新しいものが好き | 41位 |
| 流行を取り入れたい | 31位 |

### ブランド

| | |
|---|---|
| 価格以上の価値 | 17位 |
| 所持願望 | 22位 |
| ステータスを表す | 33位 |

# 茨城県　主観的幸福度　39位

| 家族 | |
|---|---|
| 家族で外食 | 18位 |
| レジャー・買い物 | 16位 |
| 一緒の時間を確保 | 25位 |

| 健康 | |
|---|---|
| 規則正しい生活 | 10位 |
| 定期的な運動 | 5位 |
| 健康食品・サプリ | 30位 |
| 健康的な食事 | 10位 |

| 食事 | |
|---|---|
| 高額でもおいしいもの | 29位 |
| 手間をかける | 35位 |
| 食材にお金を使う | 29位 |

| スキルアップ | |
|---|---|
| 余暇時間に勉強 | 34位 |
| 資格・技術の習得 | 26位 |
| スクールでの学習 | 34位 |

| 買い物 | |
|---|---|
| 複数店舗で比較 | 9位 |
| 口コミ・評判調査 | 6位 |
| 機能性重視 | 8位 |

| 倹約 | |
|---|---|
| 低価格店舗の利用 | 24位 |
| 必要なものだけに支出 | 23位 |
| 低価格志向 | 16位 |

| 服装 | |
|---|---|
| 外出着に気をつかう | 30位 |
| 服装にこだわる | 34位 |
| 似合う服装を理解 | 38位 |

| 旅行 | |
|---|---|
| 計画立てが楽しい | 31位 |
| 旅行で新たな経験 | 30位 |
| 未訪問地に行きたい | 30位 |

| 流行 | |
|---|---|
| 流行品を持ちたい | 44位 |
| 新しいものが好き | 30位 |
| 流行を取り入れたい | 45位 |

| ブランド | |
|---|---|
| 価格以上の価値 | 29位 |
| 所持願望 | 16位 |
| ステータスを表す | 26位 |

# 栃木県　主観的幸福度　30位

| 家族 | |
|---|---|
| 家族で外食 | 3位 |
| レジャー・買い物 | 1位 |
| 一緒の時間を確保 | 26位 |

| 健康 | |
|---|---|
| 規則正しい生活 | 14位 |
| 定期的な運動 | 19位 |
| 健康食品・サプリ | 28位 |
| 健康的な食事 | 31位 |

| 食事 | |
|---|---|
| 高額でもおいしいもの | 15位 |
| 手間をかける | 20位 |
| 食材にお金を使う | 21位 |

| スキルアップ | |
|---|---|
| 余暇時間に勉強 | 45位 |
| 資格・技術の習得 | 39位 |
| スクールでの学習 | 37位 |

| 買い物 | |
|---|---|
| 複数店舗で比較 | 12位 |
| 口コミ・評判調査 | 4位 |
| 機能性重視 | 10位 |

| 倹約 | |
|---|---|
| 低価格店舗の利用 | 38位 |
| 必要なものだけに支出 | 26位 |
| 低価格志向 | 9位 |

| 服装 | |
|---|---|
| 外出着に気をつかう | 13位 |
| 服装にこだわる | 14位 |
| 似合う服装を理解 | 27位 |

| 旅行 | |
|---|---|
| 計画立てが楽しい | 42位 |
| 旅行で新たな経験 | 20位 |
| 未訪問地に行きたい | 14位 |

| 流行 | |
|---|---|
| 流行品を持ちたい | 21位 |
| 新しいものが好き | 35位 |
| 流行を取り入れたい | 38位 |

| ブランド | |
|---|---|
| 価格以上の価値 | 33位 |
| 所持願望 | 26位 |
| ステータスを表す | 24位 |

## 群馬県

**主観的幸福度　34位**

| 家族 | |
|---|---|
| 家族で外食 | 21位 |
| レジャー・買い物 | 18位 |
| 一緒の時間を確保 | 27位 |

| 健康 | |
|---|---|
| 規則正しい生活 | 15位 |
| 定期的な運動 | 11位 |
| 健康食品・サプリ | 14位 |
| 健康的な食事 | 22位 |

| 食事 | |
|---|---|
| 高額でもおいしいもの | 27位 |
| 手間をかける | 31位 |
| 食材にお金を使う | 23位 |

| スキルアップ | |
|---|---|
| 余暇時間に勉強 | 17位 |
| 資格・技術の習得 | 23位 |
| スクールでの学習 | 29位 |

| 買い物 | |
|---|---|
| 複数店舗で比較 | 30位 |
| 口コミ・評判調査 | 26位 |
| 機能性重視 | 27位 |

| 倹約 | |
|---|---|
| 低価格店舗の利用 | 34位 |
| 必要なものだけに支出 | 37位 |
| 低価格志向 | 14位 |

| 服装 | |
|---|---|
| 外出着に気をつかう | 27位 |
| 服装にこだわる | 22位 |
| 似合う服装を理解 | 31位 |

| 旅行 | |
|---|---|
| 計画立てが楽しい | 44位 |
| 旅行で新たな経験 | 35位 |
| 未訪問地に行きたい | 38位 |

| 流行 | |
|---|---|
| 流行品を持ちたい | 30位 |
| 新しいものが好き | 18位 |
| 流行を取り入れたい | 35位 |

| ブランド | |
|---|---|
| 価格以上の価値 | 41位 |
| 所持願望 | 27位 |
| ステータスを表す | 32位 |

## 埼玉県　主観的幸福度　36位

| 家族 | |
|---|---|
| 家族で外食 | 24位 |
| レジャー・買い物 | 29位 |
| 一緒の時間を確保 | 29位 |

| 健康 | |
|---|---|
| 規則正しい生活 | 23位 |
| 定期的な運動 | 14位 |
| 健康食品・サプリ | 23位 |
| 健康的な食事 | 18位 |

| 食事 | |
|---|---|
| 高額でもおいしいもの | 23位 |
| 手間をかける | 22位 |
| 食材にお金を使う | 19位 |

| スキルアップ | |
|---|---|
| 余暇時間に勉強 | 40位 |
| 資格・技術の習得 | 44位 |
| スクールでの学習 | 26位 |

| 買い物 | |
|---|---|
| 複数店舗で比較 | 25位 |
| 口コミ・評判調査 | 28位 |
| 機能性重視 | 28位 |

| 倹約 | |
|---|---|
| 低価格店舗の利用 | 33位 |
| 必要なものだけに支出 | 41位 |
| 低価格志向 | 25位 |

| 服装 | |
|---|---|
| 外出着に気をつかう | 16位 |
| 服装にこだわる | 15位 |
| 似合う服装を理解 | 14位 |

| 旅行 | |
|---|---|
| 計画立てが楽しい | 13位 |
| 旅行で新たな経験 | 33位 |
| 未訪問地に行きたい | 33位 |

| 流行 | |
|---|---|
| 流行品を持ちたい | 38位 |
| 新しいものが好き | 20位 |
| 流行を取り入れたい | 39位 |

| ブランド | |
|---|---|
| 価格以上の価値 | 12位 |
| 所持願望 | 28位 |
| ステータスを表す | 28位 |

# 千葉県

主観的幸福度　28位

| 家族 | |
|---|---|
| 家族で外食 | 9 位 |
| レジャー・買い物 | 17位 |
| 一緒の時間を確保 | 15位 |

| 健康 | |
|---|---|
| 規則正しい生活 | 13位 |
| 定期的な運動 | 8 位 |
| 健康食品・サプリ | 12位 |
| 健康的な食事 | 15位 |

| 食事 | |
|---|---|
| 高額でもおいしいもの | 16位 |
| 手間をかける | 19位 |
| 食材にお金を使う | 12位 |

| スキルアップ | |
|---|---|
| 余暇時間に勉強 | 39位 |
| 資格・技術の習得 | 47位 |
| スクールでの学習 | 20位 |

| 買い物 | |
|---|---|
| 複数店舗で比較 | 17位 |
| 口コミ・評判調査 | 19位 |
| 機能性重視 | 23位 |

| 倹約 | |
|---|---|
| 低価格店舗の利用 | 32位 |
| 必要なものだけに支出 | 32位 |
| 低価格志向 | 33位 |

| 服装 | |
|---|---|
| 外出着に気をつかう | 34位 |
| 服装にこだわる | 16位 |
| 似合う服装を理解 | 16位 |

| 旅行 | |
|---|---|
| 計画立てが楽しい | 14位 |
| 旅行で新たな経験 | 22位 |
| 未訪問地に行きたい | 26位 |

| 流行 | |
|---|---|
| 流行品を持ちたい | 35位 |
| 新しいものが好き | 21位 |
| 流行を取り入れたい | 40位 |

| ブランド | |
|---|---|
| 価格以上の価値 | 20位 |
| 所持願望 | 23位 |
| ステータスを表す | 21位 |

# 東京都　主観的幸福度　26位

## 家族

| | |
|---|---|
| 家族で外食 | 34位 |
| レジャー・買い物 | 45位 |
| 一緒の時間を確保 | 40位 |

## 健康

| | |
|---|---|
| 規則正しい生活 | 20位 |
| 定期的な運動 | 3位 |
| 健康食品・サプリ | 4位 |
| 健康的な食事 | 1位 |

## 食事

| | |
|---|---|
| 高額でもおいしいもの | 1位 |
| 手間をかける | 1位 |
| 食材にお金を使う | 1位 |

## スキルアップ

| | |
|---|---|
| 余暇時間に勉強 | 3位 |
| 資格・技術の習得 | 45位 |
| スクールでの学習 | 2位 |

## 買い物

| | |
|---|---|
| 複数店舗で比較 | 8位 |
| 口コミ・評判調査 | 12位 |
| 機能性重視 | 13位 |

## 倹約

| | |
|---|---|
| 低価格店舗の利用 | 42位 |
| 必要なものだけに支出 | 6位 |
| 低価格志向 | 47位 |

## 服装

| | |
|---|---|
| 外出着に気をつかう | 6位 |
| 服装にこだわる | 1位 |
| 似合う服装を理解 | 1位 |

## 旅行

| | |
|---|---|
| 計画立てが楽しい | 1位 |
| 旅行で新たな経験 | 4位 |
| 未訪問地に行きたい | 3位 |

## 流行

| | |
|---|---|
| 流行品を持ちたい | 15位 |
| 新しいものが好き | 15位 |
| 流行を取り入れたい | 21位 |

## ブランド

| | |
|---|---|
| 価格以上の価値 | 1位 |
| 所持願望 | 3位 |
| ステータスを表す | 5位 |

# 神奈川県　主観的幸福度　13位

## 家族

| | |
|---|---|
| 家族で外食 | 20位 |
| レジャー・買い物 | 22位 |
| 一緒の時間を確保 | 14位 |

## 健康

| | |
|---|---|
| 規則正しい生活 | 11位 |
| 定期的な運動 | 7位 |
| 健康食品・サプリ | 16位 |
| 健康的な食事 | 3位 |

## 食事

| | |
|---|---|
| 高額でもおいしいもの | 5位 |
| 手間をかける | 6位 |
| 食材にお金を使う | 3位 |

## スキルアップ

| | |
|---|---|
| 余暇時間に勉強 | 23位 |
| 資格・技術の習得 | 46位 |
| スクールでの学習 | 7位 |

## 買い物

| | |
|---|---|
| 複数店舗で比較 | 15位 |
| 口コミ・評判調査 | 24位 |
| 機能性重視 | 9位 |

## 倹約

| | |
|---|---|
| 低価格店舗の利用 | 28位 |
| 必要なものだけに支出 | 18位 |
| 低価格志向 | 45位 |

## 服装

| | |
|---|---|
| 外出着に気をつかう | 21位 |
| 服装にこだわる | 8位 |
| 似合う服装を理解 | 5位 |

## 旅行

| | |
|---|---|
| 計画立てが楽しい | 6位 |
| 旅行で新たな経験 | 10位 |
| 未訪問地に行きたい | 7位 |

## 流行

| | |
|---|---|
| 流行品を持ちたい | 34位 |
| 新しいものが好き | 25位 |
| 流行を取り入れたい | 36位 |

## ブランド

| | |
|---|---|
| 価格以上の価値 | 10位 |
| 所持願望 | 20位 |
| ステータスを表す | 19位 |

# 新潟県

## 主観的幸福度　42位

### 家族

| | |
|---|---|
| 家族で外食 | 37位 |
| レジャー・買い物 | 27位 |
| 一緒の時間を確保 | 44位 |

### 健康

| | |
|---|---|
| 規則正しい生活 | 39位 |
| 定期的な運動 | 38位 |
| 健康食品・サプリ | 25位 |
| 健康的な食事 | 45位 |

### 食事

| | |
|---|---|
| 高額でもおいしいもの | 38位 |
| 手間をかける | 28位 |
| 食材にお金を使う | 45位 |

### スキルアップ

| | |
|---|---|
| 余暇時間に勉強 | 41位 |
| 資格・技術の習得 | 17位 |
| スクールでの学習 | 39位 |

### 買い物

| | |
|---|---|
| 複数店舗で比較 | 33位 |
| 口コミ・評判調査 | 23位 |
| 機能性重視 | 24位 |

### 倹約

| | |
|---|---|
| 低価格店舗の利用 | 37位 |
| 必要なものだけに支出 | 44位 |
| 低価格志向 | 10位 |

### 服装

| | |
|---|---|
| 外出着に気をつかう | 41位 |
| 服装にこだわる | 46位 |
| 似合う服装を理解 | 39位 |

### 旅行

| | |
|---|---|
| 計画立てが楽しい | 21位 |
| 旅行で新たな経験 | 24位 |
| 未訪問地に行きたい | 19位 |

### 流行

| | |
|---|---|
| 流行品を持ちたい | 31位 |
| 新しいものが好き | 33位 |
| 流行を取り入れたい | 43位 |

### ブランド

| | |
|---|---|
| 価格以上の価値 | 32位 |
| 所持願望 | 44位 |
| ステータスを表す | 36位 |

# 富山県

主観的幸福度　33位

| 家族 | |
|---|---|
| 家族で外食 | 41位 |
| レジャー・買い物 | 46位 |
| 一緒の時間を確保 | 33位 |

| 健康 | |
|---|---|
| 規則正しい生活 | 35位 |
| 定期的な運動 | 35位 |
| 健康食品・サプリ | 6位 |
| 健康的な食事 | 40位 |

| 食事 | |
|---|---|
| 高額でもおいしいもの | 10位 |
| 手間をかける | 36位 |
| 食材にお金を使う | 25位 |

| スキルアップ | |
|---|---|
| 余暇時間に勉強 | 21位 |
| 資格・技術の習得 | 21位 |
| スクールでの学習 | 18位 |

| 買い物 | |
|---|---|
| 複数店舗で比較 | 39位 |
| 口コミ・評判調査 | 29位 |
| 機能性重視 | 29位 |

| 倹約 | |
|---|---|
| 低価格店舗の利用 | 45位 |
| 必要なものだけに支出 | 25位 |
| 低価格志向 | 44位 |

| 服装 | |
|---|---|
| 外出着に気をつかう | 44位 |
| 服装にこだわる | 36位 |
| 似合う服装を理解 | 33位 |

| 旅行 | |
|---|---|
| 計画立てが楽しい | 27位 |
| 旅行で新たな経験 | 18位 |
| 未訪問地に行きたい | 23位 |

| 流行 | |
|---|---|
| 流行品を持ちたい | 14位 |
| 新しいものが好き | 12位 |
| 流行を取り入れたい | 11位 |

| ブランド | |
|---|---|
| 価格以上の価値 | 6位 |
| 所持願望 | 5位 |
| ステータスを表す | 8位 |

# 石川県　主観的幸福度　11位

| 家族 | |
|---|---|
| 家族で外食 | 23位 |
| レジャー・買い物 | 38位 |
| 一緒の時間を確保 | 24位 |

| 健康 | |
|---|---|
| 規則正しい生活 | 27位 |
| 定期的な運動 | 29位 |
| 健康食品・サプリ | 17位 |
| 健康的な食事 | 39位 |

| 食事 | |
|---|---|
| 高額でもおいしいもの | 22位 |
| 手間をかける | 25位 |
| 食材にお金を使う | 14位 |

| スキルアップ | |
|---|---|
| 余暇時間に勉強 | 26位 |
| 資格・技術の習得 | 32位 |
| スクールでの学習 | 32位 |

| 買い物 | |
|---|---|
| 複数店舗で比較 | 32位 |
| 口コミ・評判調査 | 38位 |
| 機能性重視 | 34位 |

| 倹約 | |
|---|---|
| 低価格店舗の利用 | 46位 |
| 必要なものだけに支出 | 42位 |
| 低価格志向 | 30位 |

| 服装 | |
|---|---|
| 外出着に気をつかう | 26位 |
| 服装にこだわる | 27位 |
| 似合う服装を理解 | 36位 |

| 旅行 | |
|---|---|
| 計画立てが楽しい | 4位 |
| 旅行で新たな経験 | 26位 |
| 未訪問地に行きたい | 18位 |

| 流行 | |
|---|---|
| 流行品を持ちたい | 3位 |
| 新しいものが好き | 38位 |
| 流行を取り入れたい | 1位 |

| ブランド | |
|---|---|
| 価格以上の価値 | 8位 |
| 所持願望 | 10位 |
| ステータスを表す | 9位 |

# 福井県　主観的幸福度　4位

| 家族 | |
|---|---|
| 家族で外食 | 30位 |
| レジャー・買い物 | 37位 |
| 一緒の時間を確保 | 19位 |

| 健康 | |
|---|---|
| 規則正しい生活 | 30位 |
| 定期的な運動 | 33位 |
| 健康食品・サプリ | 26位 |
| 健康的な食事 | 11位 |

| 食事 | |
|---|---|
| 高額でもおいしいもの | 37位 |
| 手間をかける | 43位 |
| 食材にお金を使う | 33位 |

| スキルアップ | |
|---|---|
| 余暇時間に勉強 | 7位 |
| 資格・技術の習得 | 8位 |
| スクールでの学習 | 13位 |

| 買い物 | |
|---|---|
| 複数店舗で比較 | 13位 |
| 口コミ・評判調査 | 5位 |
| 機能性重視 | 44位 |

| 倹約 | |
|---|---|
| 低価格店舗の利用 | 26位 |
| 必要なものだけに支出 | 20位 |
| 低価格志向 | 20位 |

| 服装 | |
|---|---|
| 外出着に気をつかう | 12位 |
| 服装にこだわる | 42位 |
| 似合う服装を理解 | 21位 |

| 旅行 | |
|---|---|
| 計画立てが楽しい | 25位 |
| 旅行で新たな経験 | 17位 |
| 未訪問地に行きたい | 20位 |

| 流行 | |
|---|---|
| 流行品を持ちたい | 32位 |
| 新しいものが好き | 13位 |
| 流行を取り入れたい | 9位 |

| ブランド | |
|---|---|
| 価格以上の価値 | 19位 |
| 所持願望 | 2位 |
| ステータスを表す | 17位 |

# 山梨県

## 主観的幸福度　7位

### 家族

| | |
|---|---|
| 家族で外食 | 6位 |
| レジャー・買い物 | 4位 |
| 一緒の時間を確保 | 2位 |

### 健康

| | |
|---|---|
| 規則正しい生活 | 3位 |
| 定期的な運動 | 18位 |
| 健康食品・サプリ | 38位 |
| 健康的な食事 | 20位 |

### 食事

| | |
|---|---|
| 高額でもおいしいもの | 25位 |
| 手間をかける | 4位 |
| 食材にお金を使う | 13位 |

### スキルアップ

| | |
|---|---|
| 余暇時間に勉強 | 2位 |
| 資格・技術の習得 | 10位 |
| スクールでの学習 | 19位 |

### 買い物

| | |
|---|---|
| 複数店舗で比較 | 27位 |
| 口コミ・評判調査 | 3位 |
| 機能性重視 | 2位 |

### 倹約

| | |
|---|---|
| 低価格店舗の利用 | 25位 |
| 必要なものだけに支出 | 4位 |
| 低価格志向 | 6位 |

### 服装

| | |
|---|---|
| 外出着に気をつかう | 17位 |
| 服装にこだわる | 21位 |
| 似合う服装を理解 | 19位 |

### 旅行

| | |
|---|---|
| 計画立てが楽しい | 29位 |
| 旅行で新たな経験 | 9位 |
| 未訪問地に行きたい | 8位 |

### 流行

| | |
|---|---|
| 流行品を持ちたい | 10位 |
| 新しいものが好き | 37位 |
| 流行を取り入れたい | 37位 |

### ブランド

| | |
|---|---|
| 価格以上の価値 | 23位 |
| 所持願望 | 32位 |
| ステータスを表す | 20位 |

# 長野県

**主観的幸福度　29位**

| 家族 | |
|---|---|
| 家族で外食 | 12位 |
| レジャー・買い物 | 8位 |
| 一緒の時間を確保 | 3位 |

| 健康 | |
|---|---|
| 規則正しい生活 | 9位 |
| 定期的な運動 | 23位 |
| 健康食品・サプリ | 46位 |
| 健康的な食事 | 6位 |

| 食事 | |
|---|---|
| 高額でもおいしいもの | 11位 |
| 手間をかける | 9位 |
| 食材にお金を使う | 28位 |

| スキルアップ | |
|---|---|
| 余暇時間に勉強 | 11位 |
| 資格・技術の習得 | 14位 |
| スクールでの学習 | 33位 |

| 買い物 | |
|---|---|
| 複数店舗で比較 | 37位 |
| 口コミ・評判調査 | 33位 |
| 機能性重視 | 4位 |

| 倹約 | |
|---|---|
| 低価格店舗の利用 | 43位 |
| 必要なものだけに支出 | 14位 |
| 低価格志向 | 7位 |

| 服装 | |
|---|---|
| 外出着に気をつかう | 29位 |
| 服装にこだわる | 32位 |
| 似合う服装を理解 | 42位 |

| 旅行 | |
|---|---|
| 計画立てが楽しい | 2位 |
| 旅行で新たな経験 | 2位 |
| 未訪問地に行きたい | 2位 |

| 流行 | |
|---|---|
| 流行品を持ちたい | 47位 |
| 新しいものが好き | 46位 |
| 流行を取り入れたい | 47位 |

| ブランド | |
|---|---|
| 価格以上の価値 | 34位 |
| 所持願望 | 38位 |
| ステータスを表す | 40位 |

# 岐阜県

**主観的幸福度　35位**

| 家族 | |
|---|---|
| 家族で外食 | 15位 |
| レジャー・買い物 | 9位 |
| 一緒の時間を確保 | 45位 |

| 健康 | |
|---|---|
| 規則正しい生活 | 24位 |
| 定期的な運動 | 31位 |
| 健康食品・サプリ | 40位 |
| 健康的な食事 | 36位 |

| 食事 | |
|---|---|
| 高額でもおいしいもの | 26位 |
| 手間をかける | 40位 |
| 食材にお金を使う | 41位 |

| スキルアップ | |
|---|---|
| 余暇時間に勉強 | 37位 |
| 資格・技術の習得 | 24位 |
| スクールでの学習 | 44位 |

| 買い物 | |
|---|---|
| 複数店舗で比較 | 47位 |
| 口コミ・評判調査 | 35位 |
| 機能性重視 | 40位 |

| 倹約 | |
|---|---|
| 低価格店舗の利用 | 41位 |
| 必要なものだけに支出 | 35位 |
| 低価格志向 | 21位 |

| 服装 | |
|---|---|
| 外出着に気をつかう | 33位 |
| 服装にこだわる | 41位 |
| 似合う服装を理解 | 43位 |

| 旅行 | |
|---|---|
| 計画立てが楽しい | 30位 |
| 旅行で新たな経験 | 34位 |
| 未訪問地に行きたい | 39位 |

| 流行 | |
|---|---|
| 流行品を持ちたい | 27位 |
| 新しいものが好き | 17位 |
| 流行を取り入れたい | 19位 |

| ブランド | |
|---|---|
| 価格以上の価値 | 37位 |
| 所持願望 | 43位 |
| ステータスを表す | 42位 |

## 静岡県

**主観的幸福度　32位**

### 家族

| | |
|---|---|
| 家族で外食 | 19位 |
| レジャー・買い物 | 28位 |
| 一緒の時間を確保 | 23位 |

### 健康

| | |
|---|---|
| 規則正しい生活 | 12位 |
| 定期的な運動 | 6位 |
| 健康食品・サプリ | 18位 |
| 健康的な食事 | 25位 |

### 食事

| | |
|---|---|
| 高額でもおいしいもの | 14位 |
| 手間をかける | 26位 |
| 食材にお金を使う | 24位 |

### スキルアップ

| | |
|---|---|
| 余暇時間に勉強 | 38位 |
| 資格・技術の習得 | 22位 |
| スクールでの学習 | 24位 |

### 買い物

| | |
|---|---|
| 複数店舗で比較 | 35位 |
| 口コミ・評判調査 | 25位 |
| 機能性重視 | 17位 |

### 倹約

| | |
|---|---|
| 低価格店舗の利用 | 31位 |
| 必要なものだけに支出 | 30位 |
| 低価格志向 | 24位 |

### 服装

| | |
|---|---|
| 外出着に気をつかう | 22位 |
| 服装にこだわる | 26位 |
| 似合う服装を理解 | 24位 |

### 旅行

| | |
|---|---|
| 計画立てが楽しい | 32位 |
| 旅行で新たな経験 | 8位 |
| 未訪問地に行きたい | 25位 |

### 流行

| | |
|---|---|
| 流行品を持ちたい | 45位 |
| 新しいものが好き | 36位 |
| 流行を取り入れたい | 41位 |

### ブランド

| | |
|---|---|
| 価格以上の価値 | 38位 |
| 所持願望 | 35位 |
| ステータスを表す | 30位 |

# 愛知県

主観的幸福度　20位

| 家族 | |
|---|---|
| 家族で外食 | 1位 |
| レジャー・買い物 | 11位 |
| 一緒の時間を確保 | 37位 |

| 健康 | |
|---|---|
| 規則正しい生活 | 28位 |
| 定期的な運動 | 28位 |
| 健康食品・サプリ | 36位 |
| 健康的な食事 | 34位 |

| 食事 | |
|---|---|
| 高額でもおいしいもの | 6位 |
| 手間をかける | 16位 |
| 食材にお金を使う | 20位 |

| スキルアップ | |
|---|---|
| 余暇時間に勉強 | 44位 |
| 資格・技術の習得 | 41位 |
| スクールでの学習 | 27位 |

| 買い物 | |
|---|---|
| 複数店舗で比較 | 38位 |
| 口コミ・評判調査 | 42位 |
| 機能性重視 | 30位 |

| 倹約 | |
|---|---|
| 低価格店舗の利用 | 30位 |
| 必要なものだけに支出 | 31位 |
| 低価格志向 | 29位 |

| 服装 | |
|---|---|
| 外出着に気をつかう | 23位 |
| 服装にこだわる | 23位 |
| 似合う服装を理解 | 34位 |

| 旅行 | |
|---|---|
| 計画立てが楽しい | 18位 |
| 旅行で新たな経験 | 12位 |
| 未訪問地に行きたい | 17位 |

| 流行 | |
|---|---|
| 流行品を持ちたい | 13位 |
| 新しいものが好き | 19位 |
| 流行を取り入れたい | 18位 |

| ブランド | |
|---|---|
| 価格以上の価値 | 22位 |
| 所持願望 | 18位 |
| ステータスを表す | 11位 |

## 三重県　主観的幸福度　15位

| 家族 | |
|---|---|
| 家族で外食 | 5位 |
| レジャー・買い物 | 10位 |
| 一緒の時間を確保 | 11位 |

| 健康 | |
|---|---|
| 規則正しい生活 | 6位 |
| 定期的な運動 | 25位 |
| 健康食品・サプリ | 20位 |
| 健康的な食事 | 19位 |

| 食事 | |
|---|---|
| 高額でもおいしいもの | 19位 |
| 手間をかける | 18位 |
| 食材にお金を使う | 17位 |

| スキルアップ | |
|---|---|
| 余暇時間に勉強 | 28位 |
| 資格・技術の習得 | 28位 |
| スクールでの学習 | 46位 |

| 買い物 | |
|---|---|
| 複数店舗で比較 | 45位 |
| ロコミ・評判調査 | 44位 |
| 機能性重視 | 21位 |

| 倹約 | |
|---|---|
| 低価格店舗の利用 | 36位 |
| 必要なものだけに支出 | 36位 |
| 低価格志向 | 23位 |

| 服装 | |
|---|---|
| 外出着に気をつかう | 40位 |
| 服装にこだわる | 37位 |
| 似合う服装を理解 | 23位 |

| 旅行 | |
|---|---|
| 計画立てが楽しい | 26位 |
| 旅行で新たな経験 | 29位 |
| 未訪問地に行きたい | 29位 |

| 流行 | |
|---|---|
| 流行品を持ちたい | 20位 |
| 新しいものが好き | 16位 |
| 流行を取り入れたい | 28位 |

| ブランド | |
|---|---|
| 価格以上の価値 | 45位 |
| 所持願望 | 41位 |
| ステータスを表す | 39位 |

# 滋賀県　主観的幸福度　２位

## 家族
| | |
|---|---|
| 家族で外食 | 2位 |
| レジャー・買い物 | 3位 |
| 一緒の時間を確保 | 8位 |

## 健康
| | |
|---|---|
| 規則正しい生活 | 2位 |
| 定期的な運動 | 4位 |
| 健康食品・サプリ | 37位 |
| 健康的な食事 | 8位 |

## 食事
| | |
|---|---|
| 高額でもおいしいもの | 7位 |
| 手間をかける | 13位 |
| 食材にお金を使う | 7位 |

## スキルアップ
| | |
|---|---|
| 余暇時間に勉強 | 8位 |
| 資格・技術の習得 | 13位 |
| スクールでの学習 | 9位 |

## 買い物
| | |
|---|---|
| 複数店舗で比較 | 16位 |
| 口コミ・評判調査 | 15位 |
| 機能性重視 | 7位 |

## 倹約
| | |
|---|---|
| 低価格店舗の利用 | 17位 |
| 必要なものだけに支出 | 27位 |
| 低価格志向 | 12位 |

## 服装
| | |
|---|---|
| 外出着に気をつかう | 25位 |
| 服装にこだわる | 20位 |
| 似合う服装を理解 | 22位 |

## 旅行
| | |
|---|---|
| 計画立てが楽しい | 17位 |
| 旅行で新たな経験 | 3位 |
| 未訪問地に行きたい | 16位 |

## 流行
| | |
|---|---|
| 流行品を持ちたい | 23位 |
| 新しいものが好き | 8位 |
| 流行を取り入れたい | 5位 |

## ブランド
| | |
|---|---|
| 価格以上の価値 | 16位 |
| 所持願望 | 19位 |
| ステータスを表す | 12位 |

# 京都府

## 主観的幸福度　22位

| 家族 | |
|---|---|
| 家族で外食 | 33位 |
| レジャー・買い物 | 44位 |
| 一緒の時間を確保 | 39位 |

| 健康 | |
|---|---|
| 規則正しい生活 | 26位 |
| 定期的な運動 | 22位 |
| 健康食品・サプリ | 35位 |
| 健康的な食事 | 4位 |

| 食事 | |
|---|---|
| 高額でもおいしいもの | 3位 |
| 手間をかける | 3位 |
| 食材にお金を使う | 4位 |

| スキルアップ | |
|---|---|
| 余暇時間に勉強 | 6位 |
| 資格・技術の習得 | 35位 |
| スクールでの学習 | 12位 |

| 買い物 | |
|---|---|
| 複数店舗で比較 | 14位 |
| 口コミ・評判調査 | 14位 |
| 機能性重視 | 14位 |

| 倹約 | |
|---|---|
| 低価格店舗の利用 | 15位 |
| 必要なものだけに支出 | 7位 |
| 低価格志向 | 18位 |

| 服装 | |
|---|---|
| 外出着に気をつかう | 10位 |
| 服装にこだわる | 5位 |
| 似合う服装を理解 | 8位 |

| 旅行 | |
|---|---|
| 計画立てが楽しい | 19位 |
| 旅行で新たな経験 | 27位 |
| 未訪問地に行きたい | 13位 |

| 流行 | |
|---|---|
| 流行品を持ちたい | 36位 |
| 新しいものが好き | 34位 |
| 流行を取り入れたい | 32位 |

| ブランド | |
|---|---|
| 価格以上の価値 | 7位 |
| 所持願望 | 13位 |
| ステータスを表す | 10位 |

# 大阪府　主観的幸福度　24位

| 家族 | |
|---|---|
| 家族で外食 | 16位 |
| レジャー・買い物 | 24位 |
| 一緒の時間を確保 | 38位 |

| 健康 | |
|---|---|
| 規則正しい生活 | 34位 |
| 定期的な運動 | 16位 |
| 健康食品・サプリ | 7位 |
| 健康的な食事 | 17位 |

| 食事 | |
|---|---|
| 高額でもおいしいもの | 2位 |
| 手間をかける | 5位 |
| 食材にお金を使う | 6位 |

| スキルアップ | |
|---|---|
| 余暇時間に勉強 | 20位 |
| 資格・技術の習得 | 36位 |
| スクールでの学習 | 5位 |

| 買い物 | |
|---|---|
| 複数店舗で比較 | 4位 |
| 口コミ・評判調査 | 18位 |
| 機能性重視 | 18位 |

| 倹約 | |
|---|---|
| 低価格店舗の利用 | 9位 |
| 必要なものだけに支出 | 17位 |
| 低価格志向 | 8位 |

| 服装 | |
|---|---|
| 外出着に気をつかう | 8位 |
| 服装にこだわる | 6位 |
| 似合う服装を理解 | 4位 |

| 旅行 | |
|---|---|
| 計画立てが楽しい | 24位 |
| 旅行で新たな経験 | 14位 |
| 未訪問地に行きたい | 11位 |

| 流行 | |
|---|---|
| 流行品を持ちたい | 8位 |
| 新しいものが好き | 3位 |
| 流行を取り入れたい | 8位 |

| ブランド | |
|---|---|
| 価格以上の価値 | 2位 |
| 所持願望 | 7位 |
| ステータスを表す | 4位 |

## 兵庫県　主観的幸福度　5位

| 家族 | |
|---|---|
| 家族で外食 | 10位 |
| レジャー・買い物 | 14位 |
| 一緒の時間を確保 | 16位 |

| 健康 | |
|---|---|
| 規則正しい生活 | 7位 |
| 定期的な運動 | 15位 |
| 健康食品・サプリ | 33位 |
| 健康的な食事 | 7位 |

| 食事 | |
|---|---|
| 高額でもおいしいもの | 8位 |
| 手間をかける | 10位 |
| 食材にお金を使う | 5位 |

| スキルアップ | |
|---|---|
| 余暇時間に勉強 | 30位 |
| 資格・技術の習得 | 42位 |
| スクールでの学習 | 11位 |

| 買い物 | |
|---|---|
| 複数店舗で比較 | 10位 |
| 口コミ・評判調査 | 22位 |
| 機能性重視 | 16位 |

| 倹約 | |
|---|---|
| 低価格店舗の利用 | 22位 |
| 必要なものだけに支出 | 16位 |
| 低価格志向 | 32位 |

| 服装 | |
|---|---|
| 外出着に気をつかう | 7位 |
| 服装にこだわる | 7位 |
| 似合う服装を理解 | 6位 |

| 旅行 | |
|---|---|
| 計画立てが楽しい | 16位 |
| 旅行で新たな経験 | 13位 |
| 未訪問地に行きたい | 12位 |

| 流行 | |
|---|---|
| 流行品を持ちたい | 24位 |
| 新しいものが好き | 10位 |
| 流行を取り入れたい | 15位 |

| ブランド | |
|---|---|
| 価格以上の価値 | 5位 |
| 所持願望 | 9位 |
| ステータスを表す | 7位 |

# 奈良県　主観的幸福度　14位

| 家族 | |
|---|---|
| 家族で外食 | 14位 |
| レジャー・買い物 | 19位 |
| 一緒の時間を確保 | 17位 |

| 健康 | |
|---|---|
| 規則正しい生活 | 8位 |
| 定期的な運動 | 9位 |
| 健康食品・サプリ | 42位 |
| 健康的な食事 | 9位 |

| 食事 | |
|---|---|
| 高額でもおいしいもの | 24位 |
| 手間をかける | 17位 |
| 食材にお金を使う | 9位 |

| スキルアップ | |
|---|---|
| 余暇時間に勉強 | 18位 |
| 資格・技術の習得 | 40位 |
| スクールでの学習 | 14位 |

| 買い物 | |
|---|---|
| 複数店舗で比較 | 29位 |
| 口コミ・評判調査 | 37位 |
| 機能性重視 | 3位 |

| 倹約 | |
|---|---|
| 低価格店舗の利用 | 23位 |
| 必要なものだけに支出 | 5位 |
| 低価格志向 | 43位 |

| 服装 | |
|---|---|
| 外出着に気をつかう | 24位 |
| 服装にこだわる | 12位 |
| 似合う服装を理解 | 13位 |

| 旅行 | |
|---|---|
| 計画立てが楽しい | 7位 |
| 旅行で新たな経験 | 7位 |
| 未訪問地に行きたい | 15位 |

| 流行 | |
|---|---|
| 流行品を持ちたい | 22位 |
| 新しいものが好き | 39位 |
| 流行を取り入れたい | 16位 |

| ブランド | |
|---|---|
| 価格以上の価値 | 9位 |
| 所持願望 | 31位 |
| ステータスを表す | 16位 |

# 和歌山県

**主観的幸福度　6位**

| 家族 | |
|---|---|
| 家族で外食 | 39位 |
| レジャー・買い物 | 32位 |
| 一緒の時間を確保 | 46位 |

| 健康 | |
|---|---|
| 規則正しい生活 | 31位 |
| 定期的な運動 | 37位 |
| 健康食品・サプリ | 24位 |
| 健康的な食事 | 27位 |

| 食事 | |
|---|---|
| 高額でもおいしいもの | 32位 |
| 手間をかける | 41位 |
| 食材にお金を使う | 40位 |

| スキルアップ | |
|---|---|
| 余暇時間に勉強 | 46位 |
| 資格・技術の習得 | 43位 |
| スクールでの学習 | 43位 |

| 買い物 | |
|---|---|
| 複数店舗で比較 | 24位 |
| 口コミ・評判調査 | 27位 |
| 機能性重視 | 36位 |

| 倹約 | |
|---|---|
| 低価格店舗の利用 | 12位 |
| 必要なものだけに支出 | 34位 |
| 低価格志向 | 2位 |

| 服装 | |
|---|---|
| 外出着に気をつかう | 31位 |
| 服装にこだわる | 28位 |
| 似合う服装を理解 | 28位 |

| 旅行 | |
|---|---|
| 計画立てが楽しい | 45位 |
| 旅行で新たな経験 | 46位 |
| 未訪問地に行きたい | 42位 |

| 流行 | |
|---|---|
| 流行品を持ちたい | 37位 |
| 新しいものが好き | 5位 |
| 流行を取り入れたい | 26位 |

| ブランド | |
|---|---|
| 価格以上の価値 | 30位 |
| 所持願望 | 42位 |
| ステータスを表す | 23位 |

# 鳥取県

**主観的幸福度　38位**

## 家族

| | |
|---|---|
| 家族で外食 | 47位 |
| レジャー・買い物 | 47位 |
| 一緒の時間を確保 | 47位 |

## 健康

| | |
|---|---|
| 規則正しい生活 | 37位 |
| 定期的な運動 | 42位 |
| 健康食品・サプリ | 47位 |
| 健康的な食事 | 46位 |

## 食事

| | |
|---|---|
| 高額でもおいしいもの | 47位 |
| 手間をかける | 47位 |
| 食材にお金を使う | 43位 |

## スキルアップ

| | |
|---|---|
| 余暇時間に勉強 | 14位 |
| 資格・技術の習得 | 31位 |
| スクールでの学習 | 47位 |

## 買い物

| | |
|---|---|
| 複数店舗で比較 | 41位 |
| ロコミ・評判調査 | 39位 |
| 機能性重視 | 47位 |

## 倹約

| | |
|---|---|
| 低価格店舗の利用 | 39位 |
| 必要なものだけに支出 | 47位 |
| 低価格志向 | 42位 |

## 服装

| | |
|---|---|
| 外出着に気をつかう | 47位 |
| 服装にこだわる | 47位 |
| 似合う服装を理解 | 47位 |

## 旅行

| | |
|---|---|
| 計画立てが楽しい | 40位 |
| 旅行で新たな経験 | 47位 |
| 未訪問地に行きたい | 47位 |

## 流行

| | |
|---|---|
| 流行品を持ちたい | 43位 |
| 新しいものが好き | 42位 |
| 流行を取り入れたい | 44位 |

## ブランド

| | |
|---|---|
| 価格以上の価値 | 47位 |
| 所持願望 | 45位 |
| ステータスを表す | 45位 |

# 島根県

**主観的幸福度　41位**

| 家族 | |
|---|---|
| 家族で外食 | 46位 |
| レジャー・買い物 | 43位 |
| 一緒の時間を確保 | 41位 |

| 健康 | |
|---|---|
| 規則正しい生活 | 38位 |
| 定期的な運動 | 32位 |
| 健康食品・サプリ | 43位 |
| 健康的な食事 | 21位 |

| 食事 | |
|---|---|
| 高額でもおいしいもの | 43位 |
| 手間をかける | 37位 |
| 食材にお金を使う | 47位 |

| スキルアップ | |
|---|---|
| 余暇時間に勉強 | 13位 |
| 資格・技術の習得 | 2位 |
| スクールでの学習 | 22位 |

| 買い物 | |
|---|---|
| 複数店舗で比較 | 43位 |
| 口コミ・評判調査 | 47位 |
| 機能性重視 | 35位 |

| 倹約 | |
|---|---|
| 低価格店舗の利用 | 47位 |
| 必要なものだけに支出 | 43位 |
| 低価格志向 | 41位 |

| 服装 | |
|---|---|
| 外出着に気をつかう | 45位 |
| 服装にこだわる | 39位 |
| 似合う服装を理解 | 46位 |

| 旅行 | |
|---|---|
| 計画立てが楽しい | 47位 |
| 旅行で新たな経験 | 41位 |
| 未訪問地に行きたい | 43位 |

| 流行 | |
|---|---|
| 流行品を持ちたい | 41位 |
| 新しいものが好き | 40位 |
| 流行を取り入れたい | 25位 |

| ブランド | |
|---|---|
| 価格以上の価値 | 44位 |
| 所持願望 | 47位 |
| ステータスを表す | 22位 |

# 岡山県

主観的幸福度　19位

### 家族

| | |
|---|---|
| 家族で外食 | 35位 |
| レジャー・買い物 | 41位 |
| 一緒の時間を確保 | 34位 |

### 健康

| | |
|---|---|
| 規則正しい生活 | 22位 |
| 定期的な運動 | 26位 |
| 健康食品・サプリ | 44位 |
| 健康的な食事 | 33位 |

### 食事

| | |
|---|---|
| 高額でもおいしいもの | 33位 |
| 手間をかける | 39位 |
| 食材にお金を使う | 31位 |

### スキルアップ

| | |
|---|---|
| 余暇時間に勉強 | 24位 |
| 資格・技術の習得 | 33位 |
| スクールでの学習 | 30位 |

### 買い物

| | |
|---|---|
| 複数店舗で比較 | 28位 |
| 口コミ・評判調査 | 34位 |
| 機能性重視 | 19位 |

### 倹約

| | |
|---|---|
| 低価格店舗の利用 | 20位 |
| 必要なものだけに支出 | 12位 |
| 低価格志向 | 22位 |

### 服装

| | |
|---|---|
| 外出着に気をつかう | 38位 |
| 服装にこだわる | 25位 |
| 似合う服装を理解 | 35位 |

### 旅行

| | |
|---|---|
| 計画立てが楽しい | 46位 |
| 旅行で新たな経験 | 44位 |
| 未訪問地に行きたい | 36位 |

### 流行

| | |
|---|---|
| 流行品を持ちたい | 40位 |
| 新しいものが好き | 31位 |
| 流行を取り入れたい | 10位 |

### ブランド

| | |
|---|---|
| 価格以上の価値 | 36位 |
| 所持願望 | 39位 |
| ステータスを表す | 38位 |

# 広島県

**主観的幸福度　27位**

| 家族 | |
|---|---|
| 家族で外食 | 36位 |
| レジャー・買い物 | 31位 |
| 一緒の時間を確保 | 21位 |

| 健康 | |
|---|---|
| 規則正しい生活 | 19位 |
| 定期的な運動 | 34位 |
| 健康食品・サプリ | 32位 |
| 健康的な食事 | 29位 |

| 食事 | |
|---|---|
| 高額でもおいしいもの | 17位 |
| 手間をかける | 29位 |
| 食材にお金を使う | 22位 |

| スキルアップ | |
|---|---|
| 余暇時間に勉強 | 25位 |
| 資格・技術の習得 | 29位 |
| スクールでの学習 | 31位 |

| 買い物 | |
|---|---|
| 複数店舗で比較 | 31位 |
| 口コミ・評判調査 | 45位 |
| 機能性重視 | 11位 |

| 倹約 | |
|---|---|
| 低価格店舗の利用 | 13位 |
| 必要なものだけに支出 | 3位 |
| 低価格志向 | 38位 |

| 服装 | |
|---|---|
| 外出着に気をつかう | 37位 |
| 服装にこだわる | 24位 |
| 似合う服装を理解 | 25位 |

| 旅行 | |
|---|---|
| 計画立てが楽しい | 35位 |
| 旅行で新たな経験 | 23位 |
| 未訪問地に行きたい | 27位 |

| 流行 | |
|---|---|
| 流行品を持ちたい | 17位 |
| 新しいものが好き | 22位 |
| 流行を取り入れたい | 22位 |

| ブランド | |
|---|---|
| 価格以上の価値 | 15位 |
| 所持願望 | 15位 |
| ステータスを表す | 14位 |

# 山口県

## 主観的幸福度　21位

### 家族

| | |
|---|---|
| 家族で外食 | 40位 |
| レジャー・買い物 | 34位 |
| 一緒の時間を確保 | 18位 |

### 健康

| | |
|---|---|
| 規則正しい生活 | 4位 |
| 定期的な運動 | 41位 |
| 健康食品・サプリ | 31位 |
| 健康的な食事 | 16位 |

### 食事

| | |
|---|---|
| 高額でもおいしいもの | 40位 |
| 手間をかける | 46位 |
| 食材にお金を使う | 30位 |

### スキルアップ

| | |
|---|---|
| 余暇時間に勉強 | 27位 |
| 資格・技術の習得 | 30位 |
| スクールでの学習 | 41位 |

### 買い物

| | |
|---|---|
| 複数店舗で比較 | 36位 |
| 口コミ・評判調査 | 46位 |
| 機能性重視 | 45位 |

### 倹約

| | |
|---|---|
| 低価格店舗の利用 | 11位 |
| 必要なものだけに支出 | 21位 |
| 低価格志向 | 35位 |

### 服装

| | |
|---|---|
| 外出着に気をつかう | 28位 |
| 服装にこだわる | 38位 |
| 似合う服装を理解 | 32位 |

### 旅行

| | |
|---|---|
| 計画立てが楽しい | 41位 |
| 旅行で新たな経験 | 43位 |
| 未訪問地に行きたい | 46位 |

### 流行

| | |
|---|---|
| 流行品を持ちたい | 12位 |
| 新しいものが好き | 26位 |
| 流行を取り入れたい | 27位 |

### ブランド

| | |
|---|---|
| 価格以上の価値 | 18位 |
| 所持願望 | 14位 |
| ステータスを表す | 18位 |

# 徳島県

**主観的幸福度　10位**

## 家族

| | |
|---|---|
| 家族で外食 | 11位 |
| レジャー・買い物 | 15位 |
| 一緒の時間を確保 | 20位 |

## 健康

| | |
|---|---|
| 規則正しい生活 | 1位 |
| 定期的な運動 | 2位 |
| 健康食品・サプリ | 11位 |
| 健康的な食事 | 2位 |

## 食事

| | |
|---|---|
| 高額でもおいしいもの | 21位 |
| 手間をかける | 8位 |
| 食材にお金を使う | 18位 |

## スキルアップ

| | |
|---|---|
| 余暇時間に勉強 | 31位 |
| 資格・技術の習得 | 27位 |
| スクールでの学習 | 16位 |

## 買い物

| | |
|---|---|
| 複数店舗で比較 | 18位 |
| 口コミ・評判調査 | 16位 |
| 機能性重視 | 1位 |

## 倹約

| | |
|---|---|
| 低価格店舗の利用 | 2位 |
| 必要なものだけに支出 | 2位 |
| 低価格志向 | 5位 |

## 服装

| | |
|---|---|
| 外出着に気をつかう | 9位 |
| 服装にこだわる | 18位 |
| 似合う服装を理解 | 10位 |

## 旅行

| | |
|---|---|
| 計画立てが楽しい | 38位 |
| 旅行で新たな経験 | 38位 |
| 未訪問地に行きたい | 28位 |

## 流行

| | |
|---|---|
| 流行品を持ちたい | 1位 |
| 新しいものが好き | 4位 |
| 流行を取り入れたい | 2位 |

## ブランド

| | |
|---|---|
| 価格以上の価値 | 35位 |
| 所持願望 | 25位 |
| ステータスを表す | 3位 |

# 香川県

## 主観的幸福度　12位

### 家族

| | |
|---|---|
| 家族で外食 | 38位 |
| レジャー・買い物 | 36位 |
| 一緒の時間を確保 | 42位 |

### 健康

| | |
|---|---|
| 規則正しい生活 | 25位 |
| 定期的な運動 | 12位 |
| 健康食品・サプリ | 13位 |
| 健康的な食事 | 35位 |

### 食事

| | |
|---|---|
| 高額でもおいしいもの | 20位 |
| 手間をかける | 24位 |
| 食材にお金を使う | 16位 |

### スキルアップ

| | |
|---|---|
| 余暇時間に勉強 | 19位 |
| 資格・技術の習得 | 34位 |
| スクールでの学習 | 36位 |

### 買い物

| | |
|---|---|
| 複数店舗で比較 | 34位 |
| 口コミ・評判調査 | 9位 |
| 機能性重視 | 15位 |

### 倹約

| | |
|---|---|
| 低価格店舗の利用 | 44位 |
| 必要なものだけに支出 | 22位 |
| 低価格志向 | 19位 |

### 服装

| | |
|---|---|
| 外出着に気をつかう | 46位 |
| 服装にこだわる | 35位 |
| 似合う服装を理解 | 40位 |

### 旅行

| | |
|---|---|
| 計画立てが楽しい | 39位 |
| 旅行で新たな経験 | 39位 |
| 未訪問地に行きたい | 34位 |

### 流行

| | |
|---|---|
| 流行品を持ちたい | 6位 |
| 新しいものが好き | 6位 |
| 流行を取り入れたい | 23位 |

### ブランド

| | |
|---|---|
| 価格以上の価値 | 13位 |
| 所持願望 | 8位 |
| ステータスを表す | 6位 |

# 愛媛県

**主観的幸福度　25位**

| 家族 | |
|---|---|
| 家族で外食 | 28位 |
| レジャー・買い物 | 30位 |
| 一緒の時間を確保 | 36位 |

| 健康 | |
|---|---|
| 規則正しい生活 | 40位 |
| 定期的な運動 | 30位 |
| 健康食品・サプリ | 21位 |
| 健康的な食事 | 42位 |

| 食事 | |
|---|---|
| 高額でもおいしいもの | 34位 |
| 手間をかける | 32位 |
| 食材にお金を使う | 32位 |

| スキルアップ | |
|---|---|
| 余暇時間に勉強 | 42位 |
| 資格・技術の習得 | 37位 |
| スクールでの学習 | 40位 |

| 買い物 | |
|---|---|
| 複数店舗で比較 | 44位 |
| 口コミ・評判調査 | 41位 |
| 機能性重視 | 37位 |

| 倹約 | |
|---|---|
| 低価格店舗の利用 | 21位 |
| 必要なものだけに支出 | 45位 |
| 低価格志向 | 46位 |

| 服装 | |
|---|---|
| 外出着に気をつかう | 43位 |
| 服装にこだわる | 45位 |
| 似合う服装を理解 | 37位 |

| 旅行 | |
|---|---|
| 計画立てが楽しい | 33位 |
| 旅行で新たな経験 | 45位 |
| 未訪問地に行きたい | 41位 |

| 流行 | |
|---|---|
| 流行品を持ちたい | 26位 |
| 新しいものが好き | 23位 |
| 流行を取り入れたい | 30位 |

| ブランド | |
|---|---|
| 価格以上の価値 | 11位 |
| 所持願望 | 21位 |
| ステータスを表す | 15位 |

# 高知県　主観的幸福度　18位

| 家族 | |
|---|---|
| 家族で外食 | 25位 |
| レジャー・買い物 | 26位 |
| 一緒の時間を確保 | 5位 |

| 健康 | |
|---|---|
| 規則正しい生活 | 17位 |
| 定期的な運動 | 20位 |
| 健康食品・サプリ | 3位 |
| 健康的な食事 | 14位 |

| 食事 | |
|---|---|
| 高額でもおいしいもの | 12位 |
| 手間をかける | 33位 |
| 食材にお金を使う | 36位 |

| スキルアップ | |
|---|---|
| 余暇時間に勉強 | 12位 |
| 資格・技術の習得 | 18位 |
| スクールでの学習 | 21位 |

| 買い物 | |
|---|---|
| 複数店舗で比較 | 23位 |
| 口コミ・評判調査 | 31位 |
| 機能性重視 | 5位 |

| 倹約 | |
|---|---|
| 低価格店舗の利用 | 14位 |
| 必要なものだけに支出 | 46位 |
| 低価格志向 | 39位 |

| 服装 | |
|---|---|
| 外出着に気をつかう | 15位 |
| 服装にこだわる | 29位 |
| 似合う服装を理解 | 20位 |

| 旅行 | |
|---|---|
| 計画立てが楽しい | 43位 |
| 旅行で新たな経験 | 42位 |
| 未訪問地に行きたい | 21位 |

| 流行 | |
|---|---|
| 流行品を持ちたい | 18位 |
| 新しいものが好き | 24位 |
| 流行を取り入れたい | 29位 |

| ブランド | |
|---|---|
| 価格以上の価値 | 43位 |
| 所持願望 | 37位 |
| ステータスを表す | 43位 |

## 福岡県　主観的幸福度　9位

### 家族

| | |
|---|---|
| 家族で外食 | 4位 |
| レジャー・買い物 | 2位 |
| 一緒の時間を確保 | 7位 |

### 健康

| | |
|---|---|
| 規則正しい生活 | 18位 |
| 定期的な運動 | 13位 |
| 健康食品・サプリ | 10位 |
| 健康的な食事 | 5位 |

### 食事

| | |
|---|---|
| 高額でもおいしいもの | 4位 |
| 手間をかける | 2位 |
| 食材にお金を使う | 2位 |

### スキルアップ

| | |
|---|---|
| 余暇時間に勉強 | 29位 |
| 資格・技術の習得 | 20位 |
| スクールでの学習 | 4位 |

### 買い物

| | |
|---|---|
| 複数店舗で比較 | 3位 |
| 口コミ・評判調査 | 7位 |
| 機能性重視 | 20位 |

### 倹約

| | |
|---|---|
| 低価格店舗の利用 | 10位 |
| 必要なものだけに支出 | 10位 |
| 低価格志向 | 37位 |

### 服装

| | |
|---|---|
| 外出着に気をつかう | 2位 |
| 服装にこだわる | 2位 |
| 似合う服装を理解 | 2位 |

### 旅行

| | |
|---|---|
| 計画立てが楽しい | 8位 |
| 旅行で新たな経験 | 5位 |
| 未訪問地に行きたい | 5位 |

### 流行

| | |
|---|---|
| 流行品を持ちたい | 9位 |
| 新しいものが好き | 7位 |
| 流行を取り入れたい | 12位 |

### ブランド

| | |
|---|---|
| 価格以上の価値 | 3位 |
| 所持願望 | 4位 |
| ステータスを表す | 2位 |

# 佐賀県

主観的幸福度　37位

| 家族 | |
|---|---|
| 家族で外食 | 43位 |
| レジャー・買い物 | 40位 |
| 一緒の時間を確保 | 30位 |

| 健康 | |
|---|---|
| 規則正しい生活 | 5位 |
| 定期的な運動 | 40位 |
| 健康食品・サプリ | 9位 |
| 健康的な食事 | 13位 |

| 食事 | |
|---|---|
| 高額でもおいしいもの | 41位 |
| 手間をかける | 42位 |
| 食材にお金を使う | 35位 |

| スキルアップ | |
|---|---|
| 余暇時間に勉強 | 22位 |
| 資格・技術の習得 | 3位 |
| スクールでの学習 | 3位 |

| 買い物 | |
|---|---|
| 複数店舗で比較 | 21位 |
| 口コミ・評判調査 | 43位 |
| 機能性重視 | 33位 |

| 倹約 | |
|---|---|
| 低価格店舗の利用 | 8位 |
| 必要なものだけに支出 | 24位 |
| 低価格志向 | 11位 |

| 服装 | |
|---|---|
| 外出着に気をつかう | 32位 |
| 服装にこだわる | 43位 |
| 似合う服装を理解 | 44位 |

| 旅行 | |
|---|---|
| 計画立てが楽しい | 36位 |
| 旅行で新たな経験 | 32位 |
| 未訪問地に行きたい | 40位 |

| 流行 | |
|---|---|
| 流行品を持ちたい | 25位 |
| 新しいものが好き | 2位 |
| 流行を取り入れたい | 20位 |

| ブランド | |
|---|---|
| 価格以上の価値 | 46位 |
| 所持願望 | 30位 |
| ステータスを表す | 44位 |

## 長崎県　主観的幸福度　8位

| 家族 | |
|---|---|
| 家族で外食 | 27位 |
| レジャー・買い物 | 42位 |
| 一緒の時間を確保 | 12位 |

| 健康 | |
|---|---|
| 規則正しい生活 | 33位 |
| 定期的な運動 | 43位 |
| 健康食品・サプリ | 29位 |
| 健康的な食事 | 32位 |

| 食事 | |
|---|---|
| 高額でもおいしいもの | 31位 |
| 手間をかける | 34位 |
| 食材にお金を使う | 10位 |

| スキルアップ | |
|---|---|
| 余暇時間に勉強 | 32位 |
| 資格・技術の習得 | 25位 |
| スクールでの学習 | 42位 |

| 買い物 | |
|---|---|
| 複数店舗で比較 | 22位 |
| 口コミ・評判調査 | 13位 |
| 機能性重視 | 39位 |

| 倹約 | |
|---|---|
| 低価格店舗の利用 | 3位 |
| 必要なものだけに支出 | 28位 |
| 低価格志向 | 15位 |

| 服装 | |
|---|---|
| 外出着に気をつかう | 36位 |
| 服装にこだわる | 19位 |
| 似合う服装を理解 | 9位 |

| 旅行 | |
|---|---|
| 計画立てが楽しい | 23位 |
| 旅行で新たな経験 | 40位 |
| 未訪問地に行きたい | 44位 |

| 流行 | |
|---|---|
| 流行品を持ちたい | 29位 |
| 新しいものが好き | 14位 |
| 流行を取り入れたい | 24位 |

| ブランド | |
|---|---|
| 価格以上の価値 | 26位 |
| 所持願望 | 36位 |
| ステータスを表す | 37位 |

# 熊本県　主観的幸福度　31位

| 家族 | |
|---|---|
| 家族で外食 | 13位 |
| レジャー・買い物 | 20位 |
| 一緒の時間を確保 | 13位 |

| 健康 | |
|---|---|
| 規則正しい生活 | 36位 |
| 定期的な運動 | 17位 |
| 健康食品・サプリ | 34位 |
| 健康的な食事 | 30位 |

| 食事 | |
|---|---|
| 高額でもおいしいもの | 18位 |
| 手間をかける | 15位 |
| 食材にお金を使う | 8位 |

| スキルアップ | |
|---|---|
| 余暇時間に勉強 | 5位 |
| 資格・技術の習得 | 9位 |
| スクールでの学習 | 6位 |

| 買い物 | |
|---|---|
| 複数店舗で比較 | 20位 |
| 口コミ・評判調査 | 11位 |
| 機能性重視 | 12位 |

| 倹約 | |
|---|---|
| 低価格店舗の利用 | 16位 |
| 必要なものだけに支出 | 9位 |
| 低価格志向 | 40位 |

| 服装 | |
|---|---|
| 外出着に気をつかう | 3位 |
| 服装にこだわる | 4位 |
| 似合う服装を理解 | 7位 |

| 旅行 | |
|---|---|
| 計画立てが楽しい | 12位 |
| 旅行で新たな経験 | 21位 |
| 未訪問地に行きたい | 31位 |

| 流行 | |
|---|---|
| 流行品を持ちたい | 5位 |
| 新しいものが好き | 9位 |
| 流行を取り入れたい | 13位 |

| ブランド | |
|---|---|
| 価格以上の価値 | 4位 |
| 所持願望 | 1位 |
| ステータスを表す | 1位 |

# 大分県

## 主観的幸福度　16位

### 家族

| | |
|---|---|
| 家族で外食 | 8位 |
| レジャー・買い物 | 6位 |
| 一緒の時間を確保 | 4位 |

### 健康

| | |
|---|---|
| 規則正しい生活 | 21位 |
| 定期的な運動 | 21位 |
| 健康食品・サプリ | 45位 |
| 健康的な食事 | 38位 |

### 食事

| | |
|---|---|
| 高額でもおいしいもの | 36位 |
| 手間をかける | 30位 |
| 食材にお金を使う | 27位 |

### スキルアップ

| | |
|---|---|
| 余暇時間に勉強 | 35位 |
| 資格・技術の習得 | 19位 |
| スクールでの学習 | 15位 |

### 買い物

| | |
|---|---|
| 複数店舗で比較 | 5位 |
| 口コミ・評判調査 | 10位 |
| 機能性重視 | 32位 |

### 倹約

| | |
|---|---|
| 低価格店舗の利用 | 4位 |
| 必要なものだけに支出 | 13位 |
| 低価格志向 | 4位 |

### 服装

| | |
|---|---|
| 外出着に気をつかう | 18位 |
| 服装にこだわる | 30位 |
| 似合う服装を理解 | 17位 |

### 旅行

| | |
|---|---|
| 計画立てが楽しい | 20位 |
| 旅行で新たな経験 | 19位 |
| 未訪問地に行きたい | 24位 |

### 流行

| | |
|---|---|
| 流行品を持ちたい | 16位 |
| 新しいものが好き | 11位 |
| 流行を取り入れたい | 7位 |

### ブランド

| | |
|---|---|
| 価格以上の価値 | 14位 |
| 所持願望 | 11位 |
| ステータスを表す | 25位 |

# 宮崎県　主観的幸福度　3位

| 家族 | |
|---|---|
| 家族で外食 | 29位 |
| レジャー・買い物 | 25位 |
| 一緒の時間を確保 | 32位 |

| 健康 | |
|---|---|
| 規則正しい生活 | 43位 |
| 定期的な運動 | 1位 |
| 健康食品・サプリ | 19位 |
| 健康的な食事 | 23位 |

| 食事 | |
|---|---|
| 高額でもおいしいもの | 44位 |
| 手間をかける | 11位 |
| 食材にお金を使う | 11位 |

| スキルアップ | |
|---|---|
| 余暇時間に勉強 | 15位 |
| 資格・技術の習得 | 4位 |
| スクールでの学習 | 10位 |

| 買い物 | |
|---|---|
| 複数店舗で比較 | 6位 |
| 口コミ・評判調査 | 20位 |
| 機能性重視 | 25位 |

| 倹約 | |
|---|---|
| 低価格店舗の利用 | 6位 |
| 必要なものだけに支出 | 29位 |
| 低価格志向 | 31位 |

| 服装 | |
|---|---|
| 外出着に気をつかう | 4位 |
| 服装にこだわる | 9位 |
| 似合う服装を理解 | 11位 |

| 旅行 | |
|---|---|
| 計画立てが楽しい | 15位 |
| 旅行で新たな経験 | 31位 |
| 未訪問地に行きたい | 6位 |

| 流行 | |
|---|---|
| 流行品を持ちたい | 4位 |
| 新しいものが好き | 32位 |
| 流行を取り入れたい | 4位 |

| ブランド | |
|---|---|
| 価格以上の価値 | 27位 |
| 所持願望 | 46位 |
| ステータスを表す | 47位 |

# 鹿児島県

主観的幸福度　17位

| 家族 | |
|---|---|
| 家族で外食 | 17位 |
| レジャー・買い物 | 23位 |
| 一緒の時間を確保 | 1位 |

| 健康 | |
|---|---|
| 規則正しい生活 | 44位 |
| 定期的な運動 | 24位 |
| 健康食品・サプリ | 39位 |
| 健康的な食事 | 26位 |

| 食事 | |
|---|---|
| 高額でもおいしいもの | 46位 |
| 手間をかける | 44位 |
| 食材にお金を使う | 37位 |

| スキルアップ | |
|---|---|
| 余暇時間に勉強 | 4位 |
| 資格・技術の習得 | 12位 |
| スクールでの学習 | 23位 |

| 買い物 | |
|---|---|
| 複数店舗で比較 | 7位 |
| 口コミ・評判調査 | 1位 |
| 機能性重視 | 41位 |

| 倹約 | |
|---|---|
| 低価格店舗の利用 | 5位 |
| 必要なものだけに支出 | 38位 |
| 低価格志向 | 13位 |

| 服装 | |
|---|---|
| 外出着に気をつかう | 19位 |
| 服装にこだわる | 31位 |
| 似合う服装を理解 | 15位 |

| 旅行 | |
|---|---|
| 計画立てが楽しい | 34位 |
| 旅行で新たな経験 | 36位 |
| 未訪問地に行きたい | 35位 |

| 流行 | |
|---|---|
| 流行品を持ちたい | 42位 |
| 新しいものが好き | 44位 |
| 流行を取り入れたい | 42位 |

| ブランド | |
|---|---|
| 価格以上の価値 | 39位 |
| 所持願望 | 40位 |
| ステータスを表す | 46位 |

# 沖縄県　主観的幸福度　1位

| 家族 | |
|---|---|
| 家族で外食 | 22位 |
| レジャー・買い物 | 33位 |
| 一緒の時間を確保 | 6位 |

| 健康 | |
|---|---|
| 規則正しい生活 | 47位 |
| 定期的な運動 | 10位 |
| 健康食品・サプリ | 1位 |
| 健康的な食事 | 24位 |

| 食事 | |
|---|---|
| 高額でもおいしいもの | 13位 |
| 手間をかける | 14位 |
| 食材にお金を使う | 38位 |

| スキルアップ | |
|---|---|
| 余暇時間に勉強 | 1位 |
| 資格・技術の習得 | 1位 |
| スクールでの学習 | 1位 |

| 買い物 | |
|---|---|
| 複数店舗で比較 | 1位 |
| 口コミ・評判調査 | 2位 |
| 機能性重視 | 6位 |

| 倹約 | |
|---|---|
| 低価格店舗の利用 | 1位 |
| 必要なものだけに支出 | 1位 |
| 低価格志向 | 1位 |

| 服装 | |
|---|---|
| 外出着に気をつかう | 11位 |
| 服装にこだわる | 3位 |
| 似合う服装を理解 | 3位 |

| 旅行 | |
|---|---|
| 計画立てが楽しい | 10位 |
| 旅行で新たな経験 | 1位 |
| 未訪問地に行きたい | 1位 |

| 流行 | |
|---|---|
| 流行品を持ちたい | 39位 |
| 新しいものが好き | 1位 |
| 流行を取り入れたい | 34位 |

| ブランド | |
|---|---|
| 価格以上の価値 | 31位 |
| 所持願望 | 24位 |
| ステータスを表す | 13位 |

第9章

# 大都市における人々の選好の比較

## 調査内容及び質問項目の説明

本章では国内30万人アンケートを用い、東京都と国内20政令指定都市の計21都市における特性の比較結果を紹介します。

比較対象項目としては家族、健康、食事、スキルアップ、買い物、倹約、服装、旅行、流行、ブランドに関する認知度合いになります。各々の質問項目に関して、「1．そう思わない」、「2．あまりそう思わない」、「3．どちらでもない」、「4．ややそう思う」、「5．そう思う」の選択肢で回答した値の平均値で地域別のランキングを行い、地域間の特性と違いについて明らかにしていきます。

上位5位以内の項目については白抜き文字で背景が黒、下位1位から5位の項目については黒い文字のママ背景をグレーで塗りつぶしています。

とり上げた項目は第8章と同じです（173頁～176頁）。

次頁以下に東京都と国内20政令指定都市のランキングを示します。

# 札幌市

**主観的幸福度　14位**

## 家族

| | |
|---|---|
| 家族で外食 | 10位 |
| レジャー・買い物 | 15位 |
| 一緒の時間を確保 | 16位 |

## 健康

| | |
|---|---|
| 規則正しい生活 | 17位 |
| 定期的な運動 | 15位 |
| 健康食品・サプリ | 10位 |
| 健康的な食事 | 14位 |

## 食事

| | |
|---|---|
| 高額でもおいしいもの | 20位 |
| 手間をかける | 13位 |
| 食材にお金を使う | 14位 |

## スキルアップ

| | |
|---|---|
| 余暇時間に勉強 | 9位 |
| 資格・技術の習得 | 20位 |
| スクールでの学習 | 18位 |

## 買い物

| | |
|---|---|
| 複数店舗で比較 | 11位 |
| 口コミ・評判調査 | 12位 |
| 機能性重視 | 17位 |

## 倹約

| | |
|---|---|
| 低価格店舗の利用 | 17位 |
| 必要なものだけに支出 | 4位 |
| 低価格志向 | 16位 |

## 服装

| | |
|---|---|
| 外出着に気をつかう | 6位 |
| 服装にこだわる | 12位 |
| 似合う服装を理解 | 8位 |

## 旅行

| | |
|---|---|
| 計画立てが楽しい | 8位 |
| 旅行で新たな経験 | 13位 |
| 未訪問地に行きたい | 7位 |

## 流行

| | |
|---|---|
| 流行品を持ちたい | 13位 |
| 新しいものが好き | 20位 |
| 流行を取り入れたい | 15位 |

## ブランド

| | |
|---|---|
| 価格以上の価値 | 12位 |
| 所持願望 | 16位 |
| ステータスを表す | 20位 |

## 仙台市　主観的幸福度　20位

| 家族 | |
|---|---|
| 家族で外食 | 2位 |
| レジャー・買い物 | 3位 |
| 一緒の時間を確保 | 5位 |

| 健康 | |
|---|---|
| 規則正しい生活 | 4位 |
| 定期的な運動 | 21位 |
| 健康食品・サプリ | 4位 |
| 健康的な食事 | 5位 |

| 食事 | |
|---|---|
| 高額でもおいしいもの | 12位 |
| 手間をかける | 8位 |
| 食材にお金を使う | 16位 |

| スキルアップ | |
|---|---|
| 余暇時間に勉強 | 3位 |
| 資格・技術の習得 | 1位 |
| スクールでの学習 | 10位 |

| 買い物 | |
|---|---|
| 複数店舗で比較 | 3位 |
| 口コミ・評判調査 | 5位 |
| 機能性重視 | 8位 |

| 倹約 | |
|---|---|
| 低価格店舗の利用 | 8位 |
| 必要なものだけに支出 | 2位 |
| 低価格志向 | 11位 |

| 服装 | |
|---|---|
| 外出着に気をつかう | 11位 |
| 服装にこだわる | 11位 |
| 似合う服装を理解 | 14位 |

| 旅行 | |
|---|---|
| 計画立てが楽しい | 6位 |
| 旅行で新たな経験 | 7位 |
| 未訪問地に行きたい | 3位 |

| 流行 | |
|---|---|
| 流行品を持ちたい | 12位 |
| 新しいものが好き | 18位 |
| 流行を取り入れたい | 10位 |

| ブランド | |
|---|---|
| 価格以上の価値 | 13位 |
| 所持願望 | 11位 |
| ステータスを表す | 16位 |

# さいたま市　主観的幸福度　16位

| 家族 | |
|---|---|
| 家族で外食 | 11位 |
| レジャー・買い物 | 10位 |
| 一緒の時間を確保 | 9位 |

| 健康 | |
|---|---|
| 規則正しい生活 | 5位 |
| 定期的な運動 | 6位 |
| 健康食品・サプリ | 7位 |
| 健康的な食事 | 6位 |

| 食事 | |
|---|---|
| 高額でもおいしいもの | 9位 |
| 手間をかける | 12位 |
| 食材にお金を使う | 10位 |

| スキルアップ | |
|---|---|
| 余暇時間に勉強 | 7位 |
| 資格・技術の習得 | 9位 |
| スクールでの学習 | 14位 |

| 買い物 | |
|---|---|
| 複数店舗で比較 | 15位 |
| 口コミ・評判調査 | 11位 |
| 機能性重視 | 16位 |

| 倹約 | |
|---|---|
| 低価格店舗の利用 | 19位 |
| 必要なものだけに支出 | 21位 |
| 低価格志向 | 3位 |

| 服装 | |
|---|---|
| 外出着に気をつかう | 12位 |
| 服装にこだわる | 10位 |
| 似合う服装を理解 | 9位 |

| 旅行 | |
|---|---|
| 計画立てが楽しい | 7位 |
| 旅行で新たな経験 | 17位 |
| 未訪問地に行きたい | 16位 |

| 流行 | |
|---|---|
| 流行品を持ちたい | 11位 |
| 新しいものが好き | 14位 |
| 流行を取り入れたい | 14位 |

| ブランド | |
|---|---|
| 価格以上の価値 | 3位 |
| 所持願望 | 7位 |
| ステータスを表す | 12位 |

# 千葉市　主観的幸福度　7位

### 家族

| | |
|---|---|
| 家族で外食 | 1位 |
| レジャー・買い物 | 2位 |
| 一緒の時間を確保 | 1位 |

### 健康

| | |
|---|---|
| 規則正しい生活 | 6位 |
| 定期的な運動 | 5位 |
| 健康食品・サプリ | 13位 |
| 健康的な食事 | 11位 |

### 食事

| | |
|---|---|
| 高額でもおいしいもの | 10位 |
| 手間をかける | 9位 |
| 食材にお金を使う | 9位 |

### スキルアップ

| | |
|---|---|
| 余暇時間に勉強 | 13位 |
| 資格・技術の習得 | 17位 |
| スクールでの学習 | 11位 |

### 買い物

| | |
|---|---|
| 複数店舗で比較 | 16位 |
| 口コミ・評判調査 | 3位 |
| 機能性重視 | 2位 |

### 倹約

| | |
|---|---|
| 低価格店舗の利用 | 18位 |
| 必要なものだけに支出 | 12位 |
| 低価格志向 | 12位 |

### 服装

| | |
|---|---|
| 外出着に気をつかう | 20位 |
| 服装にこだわる | 14位 |
| 似合う服装を理解 | 15位 |

### 旅行

| | |
|---|---|
| 計画立てが楽しい | 9位 |
| 旅行で新たな経験 | 10位 |
| 未訪問地に行きたい | 9位 |

### 流行

| | |
|---|---|
| 流行品を持ちたい | 18位 |
| 新しいものが好き | 16位 |
| 流行を取り入れたい | 18位 |

### ブランド

| | |
|---|---|
| 価格以上の価値 | 14位 |
| 所持願望 | 15位 |
| ステータスを表す | 13位 |

## 東京都　主観的幸福度　8位

### 家族
| | |
|---|---|
| 家族で外食 | 19位 |
| レジャー・買い物 | 20位 |
| 一緒の時間を確保 | 17位 |

### 健康
| | |
|---|---|
| 規則正しい生活 | 12位 |
| 定期的な運動 | 2位 |
| 健康食品・サプリ | 1位 |
| 健康的な食事 | 3位 |

### 食事
| | |
|---|---|
| 高額でもおいしいもの | 1位 |
| 手間をかける | 1位 |
| 食材にお金を使う | 1位 |

### スキルアップ
| | |
|---|---|
| 余暇時間に勉強 | 1位 |
| 資格・技術の習得 | 18位 |
| スクールでの学習 | 2位 |

### 買い物
| | |
|---|---|
| 複数店舗で比較 | 6位 |
| 口コミ・評判調査 | 8位 |
| 機能性重視 | 9位 |

### 倹約
| | |
|---|---|
| 低価格店舗の利用 | 20位 |
| 必要なものだけに支出 | 5位 |
| 低価格志向 | 21位 |

### 服装
| | |
|---|---|
| 外出着に気をつかう | 4位 |
| 服装にこだわる | 1位 |
| 似合う服装を理解 | 1位 |

### 旅行
| | |
|---|---|
| 計画立てが楽しい | 4位 |
| 旅行で新たな経験 | 4位 |
| 未訪問地に行きたい | 4位 |

### 流行
| | |
|---|---|
| 流行品を持ちたい | 4位 |
| 新しいものが好き | 8位 |
| 流行を取り入れたい | 8位 |

### ブランド
| | |
|---|---|
| 価格以上の価値 | 1位 |
| 所持願望 | 2位 |
| ステータスを表す | 4位 |

## 横浜市　主観的幸福度　3位

| 家族 | |
|---|---|
| 家族で外食 | 7位 |
| レジャー・買い物 | 9位 |
| 一緒の時間を確保 | 6位 |

| 健康 | |
|---|---|
| 規則正しい生活 | 2位 |
| 定期的な運動 | 4位 |
| 健康食品・サプリ | 11位 |
| 健康的な食事 | 2位 |

| 食事 | |
|---|---|
| 高額でもおいしいもの | 7位 |
| 手間をかける | 10位 |
| 食材にお金を使う | 3位 |

| スキルアップ | |
|---|---|
| 余暇時間に勉強 | 8位 |
| 資格・技術の習得 | 21位 |
| スクールでの学習 | 9位 |

| 買い物 | |
|---|---|
| 複数店舗で比較 | 14位 |
| 口コミ・評判調査 | 15位 |
| 機能性重視 | 6位 |

| 倹約 | |
|---|---|
| 低価格店舗の利用 | 16位 |
| 必要なものだけに支出 | 13位 |
| 低価格志向 | 20位 |

| 服装 | |
|---|---|
| 外出着に気をつかう | 14位 |
| 服装にこだわる | 9位 |
| 似合う服装を理解 | 10位 |

| 旅行 | |
|---|---|
| 計画立てが楽しい | 5位 |
| 旅行で新たな経験 | 8位 |
| 未訪問地に行きたい | 5位 |

| 流行 | |
|---|---|
| 流行品を持ちたい | 10位 |
| 新しいものが好き | 15位 |
| 流行を取り入れたい | 13位 |

| ブランド | |
|---|---|
| 価格以上の価値 | 11位 |
| 所持願望 | 12位 |
| ステータスを表す | 11位 |

# 川崎市

**主観的幸福度　6位**

| 家族 | |
|---|---|
| 家族で外食 | 13位 |
| レジャー・買い物 | 11位 |
| 一緒の時間を確保 | 4位 |

| 健康 | |
|---|---|
| 規則正しい生活 | 14位 |
| 定期的な運動 | 10位 |
| 健康食品・サプリ | 18位 |
| 健康的な食事 | 8位 |

| 食事 | |
|---|---|
| 高額でもおいしいもの | 5位 |
| 手間をかける | 3位 |
| 食材にお金を使う | 7位 |

| スキルアップ | |
|---|---|
| 余暇時間に勉強 | 6位 |
| 資格・技術の習得 | 16位 |
| スクールでの学習 | 6位 |

| 買い物 | |
|---|---|
| 複数店舗で比較 | 4位 |
| 口コミ・評判調査 | 4位 |
| 機能性重視 | 5位 |

| 倹約 | |
|---|---|
| 低価格店舗の利用 | 10位 |
| 必要なものだけに支出 | 7位 |
| 低価格志向 | 10位 |

| 服装 | |
|---|---|
| 外出着に気をつかう | 9位 |
| 服装にこだわる | 7位 |
| 似合う服装を理解 | 5位 |

| 旅行 | |
|---|---|
| 計画立てが楽しい | 3位 |
| 旅行で新たな経験 | 5位 |
| 未訪問地に行きたい | 1位 |

| 流行 | |
|---|---|
| 流行品を持ちたい | 15位 |
| 新しいものが好き | 11位 |
| 流行を取り入れたい | 11位 |

| ブランド | |
|---|---|
| 価格以上の価値 | 8位 |
| 所持願望 | 10位 |
| ステータスを表す | 14位 |

## 相模原市　主観的幸福度　21位

| 家族 | |
|---|---|
| 家族で外食 | 17位 |
| レジャー・買い物 | 18位 |
| 一緒の時間を確保 | 20位 |

| 健康 | |
|---|---|
| 規則正しい生活 | 20位 |
| 定期的な運動 | 13位 |
| 健康食品・サプリ | 19位 |
| 健康的な食事 | 19位 |

| 食事 | |
|---|---|
| 高額でもおいしいもの | 21位 |
| 手間をかける | 21位 |
| 食材にお金を使う | 18位 |

| スキルアップ | |
|---|---|
| 余暇時間に勉強 | 17位 |
| 資格・技術の習得 | 19位 |
| スクールでの学習 | 16位 |

| 買い物 | |
|---|---|
| 複数店舗で比較 | 21位 |
| 口コミ・評判調査 | 19位 |
| 機能性重視 | 3位 |

| 倹約 | |
|---|---|
| 低価格店舗の利用 | 15位 |
| 必要なものだけに支出 | 19位 |
| 低価格志向 | 17位 |

| 服装 | |
|---|---|
| 外出着に気をつかう | 21位 |
| 服装にこだわる | 20位 |
| 似合う服装を理解 | 18位 |

| 旅行 | |
|---|---|
| 計画立てが楽しい | 20位 |
| 旅行で新たな経験 | 21位 |
| 未訪問地に行きたい | 21位 |

| 流行 | |
|---|---|
| 流行品を持ちたい | 16位 |
| 新しいものが好き | 2位 |
| 流行を取り入れたい | 19位 |

| ブランド | |
|---|---|
| 価格以上の価値 | 19位 |
| 所持願望 | 20位 |
| ステータスを表す | 19位 |

# 新潟市　主観的幸福度　18位

## 家族

| | |
|---|---|
| 家族で外食 | 18位 |
| レジャー・買い物 | 5位 |
| 一緒の時間を確保 | 12位 |

## 健康

| | |
|---|---|
| 規則正しい生活 | 13位 |
| 定期的な運動 | 14位 |
| 健康食品・サプリ | 8位 |
| 健康的な食事 | 21位 |

## 食事

| | |
|---|---|
| 高額でもおいしいもの | 17位 |
| 手間をかける | 11位 |
| 食材にお金を使う | 21位 |

## スキルアップ

| | |
|---|---|
| 余暇時間に勉強 | 21位 |
| 資格・技術の習得 | 6位 |
| スクールでの学習 | 20位 |

## 買い物

| | |
|---|---|
| 複数店舗で比較 | 8位 |
| 口コミ・評判調査 | 2位 |
| 機能性重視 | 15位 |

## 倹約

| | |
|---|---|
| 低価格店舗の利用 | 12位 |
| 必要なものだけに支出 | 11位 |
| 低価格志向 | 2位 |

## 服装

| | |
|---|---|
| 外出着に気をつかう | 19位 |
| 服装にこだわる | 21位 |
| 似合う服装を理解 | 20位 |

## 旅行

| | |
|---|---|
| 計画立てが楽しい | 1位 |
| 旅行で新たな経験 | 6位 |
| 未訪問地に行きたい | 11位 |

## 流行

| | |
|---|---|
| 流行品を持ちたい | 19位 |
| 新しいものが好き | 12位 |
| 流行を取り入れたい | 21位 |

## ブランド

| | |
|---|---|
| 価格以上の価値 | 18位 |
| 所持願望 | 19位 |
| ステータスを表す | 17位 |

# 静岡市

**主観的幸福度　12位**

| 家族 | |
|---|---|
| 家族で外食 | 9位 |
| レジャー・買い物 | 8位 |
| 一緒の時間を確保 | 11位 |

| 健康 | |
|---|---|
| 規則正しい生活 | 15位 |
| 定期的な運動 | 8位 |
| 健康食品・サプリ | 16位 |
| 健康的な食事 | 20位 |

| 食事 | |
|---|---|
| 高額でもおいしいもの | 14位 |
| 手間をかける | 19位 |
| 食材にお金を使う | 19位 |

| スキルアップ | |
|---|---|
| 余暇時間に勉強 | 14位 |
| 資格・技術の習得 | 3位 |
| スクールでの学習 | 15位 |

| 買い物 | |
|---|---|
| 複数店舗で比較 | 20位 |
| 口コミ・評判調査 | 21位 |
| 機能性重視 | 10位 |

| 倹約 | |
|---|---|
| 低価格店舗の利用 | 7位 |
| 必要なものだけに支出 | 15位 |
| 低価格志向 | 8位 |

| 服装 | |
|---|---|
| 外出着に気をつかう | 13位 |
| 服装にこだわる | 18位 |
| 似合う服装を理解 | 13位 |

| 旅行 | |
|---|---|
| 計画立てが楽しい | 12位 |
| 旅行で新たな経験 | 2位 |
| 未訪問地に行きたい | 20位 |

| 流行 | |
|---|---|
| 流行品を持ちたい | 20位 |
| 新しいものが好き | 17位 |
| 流行を取り入れたい | 17位 |

| ブランド | |
|---|---|
| 価格以上の価値 | 20位 |
| 所持願望 | 21位 |
| ステータスを表す | 15位 |

# 浜松市

**主観的幸福度　11位**

| 家族 | |
|---|---|
| 家族で外食 | 4位 |
| レジャー・買い物 | 12位 |
| 一緒の時間を確保 | 2位 |

| 健康 | |
|---|---|
| 規則正しい生活 | 1位 |
| 定期的な運動 | 1位 |
| 健康食品・サプリ | 15位 |
| 健康的な食事 | 15位 |

| 食事 | |
|---|---|
| 高額でもおいしいもの | 15位 |
| 手間をかける | 18位 |
| 食材にお金を使う | 20位 |

| スキルアップ | |
|---|---|
| 余暇時間に勉強 | 20位 |
| 資格・技術の習得 | 13位 |
| スクールでの学習 | 21位 |

| 買い物 | |
|---|---|
| 複数店舗で比較 | 17位 |
| 口コミ・評判調査 | 18位 |
| 機能性重視 | 19位 |

| 倹約 | |
|---|---|
| 低価格店舗の利用 | 21位 |
| 必要なものだけに支出 | 20位 |
| 低価格志向 | 15位 |

| 服装 | |
|---|---|
| 外出着に気をつかう | 17位 |
| 服装にこだわる | 17位 |
| 似合う服装を理解 | 21位 |

| 旅行 | |
|---|---|
| 計画立てが楽しい | 19位 |
| 旅行で新たな経験 | 16位 |
| 未訪問地に行きたい | 20位 |

| 流行 | |
|---|---|
| 流行品を持ちたい | 21位 |
| 新しいものが好き | 21位 |
| 流行を取り入れたい | 16位 |

| ブランド | |
|---|---|
| 価格以上の価値 | 21位 |
| 所持願望 | 17位 |
| ステータスを表す | 21位 |

# 名古屋市　主観的幸福度　4位

| 家族 | |
|---|---|
| 家族で外食 | 6位 |
| レジャー・買い物 | 6位 |
| 一緒の時間を確保 | 13位 |

| 健康 | |
|---|---|
| 規則正しい生活 | 10位 |
| 定期的な運動 | 18位 |
| 健康食品・サプリ | 17位 |
| 健康的な食事 | 13位 |

| 食事 | |
|---|---|
| 高額でもおいしいもの | 6位 |
| 手間をかける | 7位 |
| 食材にお金を使う | 11位 |

| スキルアップ | |
|---|---|
| 余暇時間に勉強 | 12位 |
| 資格・技術の習得 | 14位 |
| スクールでの学習 | 13位 |

| 買い物 | |
|---|---|
| 複数店舗で比較 | 19位 |
| 口コミ・評判調査 | 20位 |
| 機能性重視 | 14位 |

| 倹約 | |
|---|---|
| 低価格店舗の利用 | 14位 |
| 必要なものだけに支出 | 14位 |
| 低価格志向 | 13位 |

| 服装 | |
|---|---|
| 外出着に気をつかう | 8位 |
| 服装にこだわる | 13位 |
| 似合う服装を理解 | 12位 |

| 旅行 | |
|---|---|
| 計画立てが楽しい | 10位 |
| 旅行で新たな経験 | 3位 |
| 未訪問地に行きたい | 6位 |

| 流行 | |
|---|---|
| 流行品を持ちたい | 2位 |
| 新しいものが好き | 7位 |
| 流行を取り入れたい | 4位 |

| ブランド | |
|---|---|
| 価格以上の価値 | 7位 |
| 所持願望 | 4位 |
| ステータスを表す | 2位 |

# 京都市　主観的幸福度　9位

## 家族

| | |
|---|---|
| 家族で外食 | 16位 |
| レジャー・買い物 | 19位 |
| 一緒の時間を確保 | 19位 |

## 健康

| | |
|---|---|
| 規則正しい生活 | 18位 |
| 定期的な運動 | 17位 |
| 健康食品・サプリ | 9位 |
| 健康的な食事 | 7位 |

## 食事

| | |
|---|---|
| 高額でもおいしいもの | 2位 |
| 手間をかける | 4位 |
| 食材にお金を使う | 5位 |

## スキルアップ

| | |
|---|---|
| 余暇時間に勉強 | 2位 |
| 資格・技術の習得 | 12位 |
| スクールでの学習 | 5位 |

## 買い物

| | |
|---|---|
| 複数店舗で比較 | 7位 |
| 口コミ・評判調査 | 6位 |
| 機能性重視 | 4位 |

## 倹約

| | |
|---|---|
| 低価格店舗の利用 | 5位 |
| 必要なものだけに支出 | 3位 |
| 低価格志向 | 5位 |

## 服装

| | |
|---|---|
| 外出着に気をつかう | 5位 |
| 服装にこだわる | 6位 |
| 似合う服装を理解 | 7位 |

## 旅行

| | |
|---|---|
| 計画立てが楽しい | 13位 |
| 旅行で新たな経験 | 14位 |
| 未訪問地に行きたい | 8位 |

## 流行

| | |
|---|---|
| 流行品を持ちたい | 17位 |
| 新しいものが好き | 19位 |
| 流行を取り入れたい | 12位 |

## ブランド

| | |
|---|---|
| 価格以上の価値 | 5位 |
| 所持願望 | 9位 |
| ステータスを表す | 7位 |

## 大阪市　主観的幸福度　19位

| 家族 | |
|---|---|
| 家族で外食 | 20位 |
| レジャー・買い物 | 21位 |
| 一緒の時間を確保 | 21位 |

| 健康 | |
|---|---|
| 規則正しい生活 | 21位 |
| 定期的な運動 | 19位 |
| 健康食品・サプリ | 2位 |
| 健康的な食事 | 18位 |

| 食事 | |
|---|---|
| 高額でもおいしいもの | 4位 |
| 手間をかける | 5位 |
| 食材にお金を使う | 8位 |

| スキルアップ | |
|---|---|
| 余暇時間に勉強 | 5位 |
| 資格・技術の習得 | 8位 |
| スクールでの学習 | 3位 |

| 買い物 | |
|---|---|
| 複数店舗で比較 | 2位 |
| 口コミ・評判調査 | 10位 |
| 機能性重視 | 13位 |

| 倹約 | |
|---|---|
| 低価格店舗の利用 | 2位 |
| 必要なものだけに支出 | 16位 |
| 低価格志向 | 1位 |

| 服装 | |
|---|---|
| 外出着に気をつかう | 2位 |
| 服装にこだわる | 4位 |
| 似合う服装を理解 | 3位 |

| 旅行 | |
|---|---|
| 計画立てが楽しい | 16位 |
| 旅行で新たな経験 | 12位 |
| 未訪問地に行きたい | 12位 |

| 流行 | |
|---|---|
| 流行品を持ちたい | 3位 |
| 新しいものが好き | 1位 |
| 流行を取り入れたい | 3位 |

| ブランド | |
|---|---|
| 価格以上の価値 | 4位 |
| 所持願望 | 5位 |
| ステータスを表す | 5位 |

# 堺市　主観的幸福度　10位

| 家族 | |
|---|---|
| 家族で外食 | 5位 |
| レジャー・買い物 | 7位 |
| 一緒の時間を確保 | 15位 |

| 健康 | |
|---|---|
| 規則正しい生活 | 19位 |
| 定期的な運動 | 16位 |
| 健康食品・サプリ | 6位 |
| 健康的な食事 | 17位 |

| 食事 | |
|---|---|
| 高額でもおいしいもの | 11位 |
| 手間をかける | 14位 |
| 食材にお金を使う | 13位 |

| スキルアップ | |
|---|---|
| 余暇時間に勉強 | 19位 |
| 資格・技術の習得 | 11位 |
| スクールでの学習 | 8位 |

| 買い物 | |
|---|---|
| 複数店舗で比較 | 9位 |
| 口コミ・評判調査 | 14位 |
| 機能性重視 | 21位 |

| 倹約 | |
|---|---|
| 低価格店舗の利用 | 4位 |
| 必要なものだけに支出 | 10位 |
| 低価格志向 | 9位 |

| 服装 | |
|---|---|
| 外出着に気をつかう | 15位 |
| 服装にこだわる | 19位 |
| 似合う服装を理解 | 16位 |

| 旅行 | |
|---|---|
| 計画立てが楽しい | 18位 |
| 旅行で新たな経験 | 15位 |
| 未訪問地に行きたい | 15位 |

| 流行 | |
|---|---|
| 流行品を持ちたい | 7位 |
| 新しいものが好き | 6位 |
| 流行を取り入れたい | 1位 |

| ブランド | |
|---|---|
| 価格以上の価値 | 9位 |
| 所持願望 | 6位 |
| ステータスを表す | 3位 |

## 神戸市　主観的幸福度　2位

| 家族 | |
|---|---|
| 家族で外食 | 8位 |
| レジャー・買い物 | 14位 |
| 一緒の時間を確保 | 14位 |

| 健康 | |
|---|---|
| 規則正しい生活 | 3位 |
| 定期的な運動 | 7位 |
| 健康食品・サプリ | 20位 |
| 健康的な食事 | 4位 |

| 食事 | |
|---|---|
| 高額でもおいしいもの | 8位 |
| 手間をかける | 6位 |
| 食材にお金を使う | 4位 |

| スキルアップ | |
|---|---|
| 余暇時間に勉強 | 18位 |
| 資格・技術の習得 | 15位 |
| スクールでの学習 | 4位 |

| 買い物 | |
|---|---|
| 複数店舗で比較 | 5位 |
| 口コミ・評判調査 | 17位 |
| 機能性重視 | 7位 |

| 倹約 | |
|---|---|
| 低価格店舗の利用 | 9位 |
| 必要なものだけに支出 | 8位 |
| 低価格志向 | 6位 |

| 服装 | |
|---|---|
| 外出着に気をつかう | 7位 |
| 服装にこだわる | 3位 |
| 似合う服装を理解 | 6位 |

| 旅行 | |
|---|---|
| 計画立てが楽しい | 14位 |
| 旅行で新たな経験 | 9位 |
| 未訪問地に行きたい | 13位 |

| 流行 | |
|---|---|
| 流行品を持ちたい | 9位 |
| 新しいものが好き | 4位 |
| 流行を取り入れたい | 7位 |

| ブランド | |
|---|---|
| 価格以上の価値 | 6位 |
| 所持願望 | 13位 |
| ステータスを表す | 8位 |

## 岡山市　主観的幸福度　15位

| 家族 | |
|---|---|
| 家族で外食 | 14位 |
| レジャー・買い物 | 16位 |
| 一緒の時間を確保 | 18位 |

| 健康 | |
|---|---|
| 規則正しい生活 | 9位 |
| 定期的な運動 | 12位 |
| 健康食品・サプリ | 21位 |
| 健康的な食事 | 16位 |

| 食事 | |
|---|---|
| 高額でもおいしいもの | 19位 |
| 手間をかける | 20位 |
| 食材にお金を使う | 17位 |

| スキルアップ | |
|---|---|
| 余暇時間に勉強 | 15位 |
| 資格・技術の習得 | 7位 |
| スクールでの学習 | 17位 |

| 買い物 | |
|---|---|
| 複数店舗で比較 | 13位 |
| 口コミ・評判調査 | 13位 |
| 機能性重視 | 11位 |

| 倹約 | |
|---|---|
| 低価格店舗の利用 | 13位 |
| 必要なものだけに支出 | 18位 |
| 低価格志向 | 4位 |

| 服装 | |
|---|---|
| 外出着に気をつかう | 18位 |
| 服装にこだわる | 16位 |
| 似合う服装を理解 | 19位 |

| 旅行 | |
|---|---|
| 計画立てが楽しい | 21位 |
| 旅行で新たな経験 | 20位 |
| 未訪問地に行きたい | 19位 |

| 流行 | |
|---|---|
| 流行品を持ちたい | 14位 |
| 新しいものが好き | 13位 |
| 流行を取り入れたい | 6位 |

| ブランド | |
|---|---|
| 価格以上の価値 | 15位 |
| 所持願望 | 18位 |
| ステータスを表す | 18位 |

# 広島市　主観的幸福度　13位

| 家族 | |
|---|---|
| 家族で外食 | 21位 |
| レジャー・買い物 | 13位 |
| 一緒の時間を確保 | 7位 |

| 健康 | |
|---|---|
| 規則正しい生活 | 11位 |
| 定期的な運動 | 20位 |
| 健康食品・サプリ | 12位 |
| 健康的な食事 | 12位 |

| 食事 | |
|---|---|
| 高額でもおいしいもの | 13位 |
| 手間をかける | 17位 |
| 食材にお金を使う | 15位 |

| スキルアップ | |
|---|---|
| 余暇時間に勉強 | 11位 |
| 資格・技術の習得 | 5位 |
| スクールでの学習 | 19位 |

| 買い物 | |
|---|---|
| 複数店舗で比較 | 10位 |
| 口コミ・評判調査 | 16位 |
| 機能性重視 | 1位 |

| 倹約 | |
|---|---|
| 低価格店舗の利用 | 6位 |
| 必要なものだけに支出 | 1位 |
| 低価格志向 | 7位 |

| 服装 | |
|---|---|
| 外出着に気をつかう | 16位 |
| 服装にこだわる | 15位 |
| 似合う服装を理解 | 17位 |

| 旅行 | |
|---|---|
| 計画立てが楽しい | 17位 |
| 旅行で新たな経験 | 11位 |
| 未訪問地に行きたい | 14位 |

| 流行 | |
|---|---|
| 流行品を持ちたい | 6位 |
| 新しいものが好き | 9位 |
| 流行を取り入れたい | 8位 |

| ブランド | |
|---|---|
| 価格以上の価値 | 17位 |
| 所持願望 | 8位 |
| ステータスを表す | 9位 |

## 北九州市　主観的幸福度　１位

### 家族

| | |
|---|---|
| 家族で外食 | 15位 |
| レジャー・買い物 | 4 位 |
| 一緒の時間を確保 | 8 位 |

### 健康

| | |
|---|---|
| 規則正しい生活 | 7 位 |
| 定期的な運動 | 11位 |
| 健康食品・サプリ | 3 位 |
| 健康的な食事 | 10位 |

### 食事

| | |
|---|---|
| 高額でもおいしいもの | 18位 |
| 手間をかける | 15位 |
| 食材にお金を使う | 6 位 |

### スキルアップ

| | |
|---|---|
| 余暇時間に勉強 | 16位 |
| 資格・技術の習得 | 10位 |
| スクールでの学習 | 7 位 |

### 買い物

| | |
|---|---|
| 複数店舗で比較 | 12位 |
| 口コミ・評判調査 | 9 位 |
| 機能性重視 | 20位 |

### 倹約

| | |
|---|---|
| 低価格店舗の利用 | 3 位 |
| 必要なものだけに支出 | 17位 |
| 低価格志向 | 19位 |

### 服装

| | |
|---|---|
| 外出着に気をつかう | 10位 |
| 服装にこだわる | 8 位 |
| 似合う服装を理解 | 4 位 |

### 旅行

| | |
|---|---|
| 計画立てが楽しい | 15位 |
| 旅行で新たな経験 | 18位 |
| 未訪問地に行きたい | 18位 |

### 流行

| | |
|---|---|
| 流行品を持ちたい | 8 位 |
| 新しいものが好き | 3 位 |
| 流行を取り入れたい | 20位 |

### ブランド

| | |
|---|---|
| 価格以上の価値 | 16位 |
| 所持願望 | 14位 |
| ステータスを表す | 10位 |

# 福岡市　主観的幸福度　5位

| 家族 | |
|---|---|
| 家族で外食 | 3位 |
| レジャー・買い物 | 1位 |
| 一緒の時間を確保 | 3位 |

| 健康 | |
|---|---|
| 規則正しい生活 | 8位 |
| 定期的な運動 | 3位 |
| 健康食品・サプリ | 5位 |
| 健康的な食事 | 1位 |

| 食事 | |
|---|---|
| 高額でもおいしいもの | 3位 |
| 手間をかける | 2位 |
| 食材にお金を使う | 2位 |

| スキルアップ | |
|---|---|
| 余暇時間に勉強 | 10位 |
| 資格・技術の習得 | 2位 |
| スクールでの学習 | 1位 |

| 買い物 | |
|---|---|
| 複数店舗で比較 | 1位 |
| 口コミ・評判調査 | 1位 |
| 機能性重視 | 12位 |

| 倹約 | |
|---|---|
| 低価格店舗の利用 | 1位 |
| 必要なものだけに支出 | 6位 |
| 低価格志向 | 14位 |

| 服装 | |
|---|---|
| 外出着に気をつかう | 1位 |
| 服装にこだわる | 2位 |
| 似合う服装を理解 | 2位 |

| 旅行 | |
|---|---|
| 計画立てが楽しい | 2位 |
| 旅行で新たな経験 | 1位 |
| 未訪問地に行きたい | 2位 |

| 流行 | |
|---|---|
| 流行品を持ちたい | 5位 |
| 新しいものが好き | 5位 |
| 流行を取り入れたい | 2位 |

| ブランド | |
|---|---|
| 価格以上の価値 | 2位 |
| 所持願望 | 1位 |
| ステータスを表す | 1位 |

# 熊本市　主観的幸福度　17位

| 家族 | |
|---|---|
| 家族で外食 | 12位 |
| レジャー・買い物 | 17位 |
| 一緒の時間を確保 | 10位 |

| 健康 | |
|---|---|
| 規則正しい生活 | 16位 |
| 定期的な運動 | 9位 |
| 健康食品・サプリ | 14位 |
| 健康的な食事 | 9位 |

| 食事 | |
|---|---|
| 高額でもおいしいもの | 16位 |
| 手間をかける | 16位 |
| 食材にお金を使う | 12位 |

| スキルアップ | |
|---|---|
| 余暇時間に勉強 | 4位 |
| 資格・技術の習得 | 4位 |
| スクールでの学習 | 12位 |

| 買い物 | |
|---|---|
| 複数店舗で比較 | 18位 |
| 口コミ・評判調査 | 7位 |
| 機能性重視 | 18位 |

| 倹約 | |
|---|---|
| 低価格店舗の利用 | 11位 |
| 必要なものだけに支出 | 9位 |
| 低価格志向 | 18位 |

| 服装 | |
|---|---|
| 外出着に気をつかう | 3位 |
| 服装にこだわる | 5位 |
| 似合う服装を理解 | 11位 |

| 旅行 | |
|---|---|
| 計画立てが楽しい | 11位 |
| 旅行で新たな経験 | 19位 |
| 未訪問地に行きたい | 17位 |

| 流行 | |
|---|---|
| 流行品を持ちたい | 1位 |
| 新しいものが好き | 10位 |
| 流行を取り入れたい | 5位 |

| ブランド | |
|---|---|
| 価格以上の価値 | 10位 |
| 所持願望 | 3位 |
| ステータスを表す | 6位 |

# 第10章 東京23区における人々の選好の比較

## 調査内容及び質問項目の説明

本章では国内30万人アンケートを用い、東京23区における特性の比較結果を紹介します。比較対象項目としては家族、健康、食事、スキルアップ、買い物、倹約、服装、旅行、流行、ブランドに関する認知度合いになります。各々の質問項目に関して、「1．そう思わない」、「2．あまりそう思わない」、「3．どちらでもない」、「4．ややそう思う」、「5．そう思う」の選択肢で回答した値の平均値で地域別のランキングを行い、地域間の特性と違いについて明らかにしていきます。

上位5位以内の項目については白抜き文字で背景が黒、下位1位から5位の項目については黒い文字のママ背景をグレーで塗りつぶしています。

とり上げた項目は第8章と同じです（173頁～176頁）。

次頁以下に東京23区のランキングを示します。

# 千代田区　主観的幸福度　1位

| 家族 | |
|---|---|
| 家族で外食 | 1位 |
| レジャー・買い物 | 1位 |
| 一緒の時間を確保 | 1位 |

| 健康 | |
|---|---|
| 規則正しい生活 | 19位 |
| 定期的な運動 | 4位 |
| 健康食品・サプリ | 3位 |
| 健康的な食事 | 2位 |

| 食事 | |
|---|---|
| 高額でもおいしいもの | 1位 |
| 手間をかける | 2位 |
| 食材にお金を使う | 1位 |

| スキルアップ | |
|---|---|
| 余暇時間に勉強 | 1位 |
| 資格・技術の習得 | 5位 |
| スクールでの学習 | 4位 |

| 買い物 | |
|---|---|
| 複数店舗で比較 | 4位 |
| 口コミ・評判調査 | 21位 |
| 機能性重視 | 3位 |

| 倹約 | |
|---|---|
| 低価格店舗の利用 | 20位 |
| 必要なものだけに支出 | 20位 |
| 低価格志向 | 21位 |

| 服装 | |
|---|---|
| 外出着に気をつかう | 2位 |
| 服装にこだわる | 3位 |
| 似合う服装を理解 | 4位 |

| 旅行 | |
|---|---|
| 計画立てが楽しい | 2位 |
| 旅行で新たな経験 | 2位 |
| 未訪問地に行きたい | 2位 |

| 流行 | |
|---|---|
| 流行品を持ちたい | 5位 |
| 新しいものが好き | 23位 |
| 流行を取り入れたい | 5位 |

| ブランド | |
|---|---|
| 価格以上の価値 | 2位 |
| 所持願望 | 3位 |
| ステータスを表す | 5位 |

# 中央区　主観的幸福度　12位

| 家族 | |
|---|---|
| 家族で外食 | 5位 |
| レジャー・買い物 | 7位 |
| 一緒の時間を確保 | 19位 |

| 健康 | |
|---|---|
| 規則正しい生活 | 16位 |
| 定期的な運動 | 2位 |
| 健康食品・サプリ | 4位 |
| 健康的な食事 | 5位 |

| 食事 | |
|---|---|
| 高額でもおいしいもの | 3位 |
| 手間をかける | 7位 |
| 食材にお金を使う | 4位 |

| スキルアップ | |
|---|---|
| 余暇時間に勉強 | 5位 |
| 資格・技術の習得 | 9位 |
| スクールでの学習 | 8位 |

| 買い物 | |
|---|---|
| 複数店舗で比較 | 22位 |
| 口コミ・評判調査 | 23位 |
| 機能性重視 | 13位 |

| 倹約 | |
|---|---|
| 低価格店舗の利用 | 23位 |
| 必要なものだけに支出 | 15位 |
| 低価格志向 | 23位 |

| 服装 | |
|---|---|
| 外出着に気をつかう | 4位 |
| 服装にこだわる | 4位 |
| 似合う服装を理解 | 7位 |

| 旅行 | |
|---|---|
| 計画立てが楽しい | 11位 |
| 旅行で新たな経験 | 8位 |
| 未訪問地に行きたい | 19位 |

| 流行 | |
|---|---|
| 流行品を持ちたい | 3位 |
| 新しいものが好き | 1位 |
| 流行を取り入れたい | 2位 |

| ブランド | |
|---|---|
| 価格以上の価値 | 3位 |
| 所持願望 | 1位 |
| ステータスを表す | 2位 |

# 港区　主観的幸福度　5位

### 家族

| | |
|---|---|
| 家族で外食 | 2位 |
| レジャー・買い物 | 2位 |
| 一緒の時間を確保 | 3位 |

### 健康

| | |
|---|---|
| 規則正しい生活 | 15位 |
| 定期的な運動 | 1位 |
| 健康食品・サプリ | 1位 |
| 健康的な食事 | 1位 |

### 食事

| | |
|---|---|
| 高額でもおいしいもの | 2位 |
| 手間をかける | 1位 |
| 食材にお金を使う | 2位 |

### スキルアップ

| | |
|---|---|
| 余暇時間に勉強 | 3位 |
| 資格・技術の習得 | 3位 |
| スクールでの学習 | 2位 |

### 買い物

| | |
|---|---|
| 複数店舗で比較 | 13位 |
| 口コミ・評判調査 | 1位 |
| 機能性重視 | 6位 |

### 倹約

| | |
|---|---|
| 低価格店舗の利用 | 22位 |
| 必要なものだけに支出 | 12位 |
| 低価格志向 | 22位 |

### 服装

| | |
|---|---|
| 外出着に気をつかう | 1位 |
| 服装にこだわる | 2位 |
| 似合う服装を理解 | 1位 |

### 旅行

| | |
|---|---|
| 計画立てが楽しい | 1位 |
| 旅行で新たな経験 | 1位 |
| 未訪問地に行きたい | 1位 |

### 流行

| | |
|---|---|
| 流行品を持ちたい | 1位 |
| 新しいものが好き | 2位 |
| 流行を取り入れたい | 1位 |

### ブランド

| | |
|---|---|
| 価格以上の価値 | 1位 |
| 所持願望 | 2位 |
| ステータスを表す | 1位 |

## 新宿区　主観的幸福度　9位

| 家族 | |
|---|---|
| 家族で外食 | 21位 |
| レジャー・買い物 | 20位 |
| 一緒の時間を確保 | 23位 |

| 健康 | |
|---|---|
| 規則正しい生活 | 23位 |
| 定期的な運動 | 14位 |
| 健康食品・サプリ | 7位 |
| 健康的な食事 | 8位 |

| 食事 | |
|---|---|
| 高額でもおいしいもの | 5位 |
| 手間をかける | 3位 |
| 食材にお金を使う | 7位 |

| スキルアップ | |
|---|---|
| 余暇時間に勉強 | 6位 |
| 資格・技術の習得 | 10位 |
| スクールでの学習 | 6位 |

| 買い物 | |
|---|---|
| 複数店舗で比較 | 17位 |
| 口コミ・評判調査 | 2位 |
| 機能性重視 | 14位 |

| 倹約 | |
|---|---|
| 低価格店舗の利用 | 15位 |
| 必要なものだけに支出 | 11位 |
| 低価格志向 | 18位 |

| 服装 | |
|---|---|
| 外出着に気をつかう | 8位 |
| 服装にこだわる | 8位 |
| 似合う服装を理解 | 5位 |

| 旅行 | |
|---|---|
| 計画立てが楽しい | 9位 |
| 旅行で新たな経験 | 6位 |
| 未訪問地に行きたい | 4位 |

| 流行 | |
|---|---|
| 流行品を持ちたい | 6位 |
| 新しいものが好き | 10位 |
| 流行を取り入れたい | 7位 |

| ブランド | |
|---|---|
| 価格以上の価値 | 5位 |
| 所持願望 | 6位 |
| ステータスを表す | 6位 |

# 文京区　主観的幸福度　7位

| 家族 | |
|---|---|
| 家族で外食 | 9位 |
| レジャー・買い物 | 15位 |
| 一緒の時間を確保 | 9位 |

| 健康 | |
|---|---|
| 規則正しい生活 | 17位 |
| 定期的な運動 | 11位 |
| 健康食品・サプリ | 5位 |
| 健康的な食事 | 12位 |

| 食事 | |
|---|---|
| 高額でもおいしいもの | 7位 |
| 手間をかける | 5位 |
| 食材にお金を使う | 6位 |

| スキルアップ | |
|---|---|
| 余暇時間に勉強 | 4位 |
| 資格・技術の習得 | 4位 |
| スクールでの学習 | 5位 |

| 買い物 | |
|---|---|
| 複数店舗で比較 | 7位 |
| 口コミ・評判調査 | 4位 |
| 機能性重視 | 4位 |

| 倹約 | |
|---|---|
| 低価格店舗の利用 | 21位 |
| 必要なものだけに支出 | 5位 |
| 低価格志向 | 20位 |

| 服装 | |
|---|---|
| 外出着に気をつかう | 10位 |
| 服装にこだわる | 6位 |
| 似合う服装を理解 | 8位 |

| 旅行 | |
|---|---|
| 計画立てが楽しい | 3位 |
| 旅行で新たな経験 | 4位 |
| 未訪問地に行きたい | 5位 |

| 流行 | |
|---|---|
| 流行品を持ちたい | 10位 |
| 新しいものが好き | 5位 |
| 流行を取り入れたい | 8位 |

| ブランド | |
|---|---|
| 価格以上の価値 | 7位 |
| 所持願望 | 12位 |
| ステータスを表す | 10位 |

# 台東区

**主観的幸福度　15位**

| 家族 | |
|---|---|
| 家族で外食 | 22位 |
| レジャー・買い物 | 22位 |
| 一緒の時間を確保 | 21位 |

| 健康 | |
|---|---|
| 規則正しい生活 | 21位 |
| 定期的な運動 | 5位 |
| 健康食品・サプリ | 11位 |
| 健康的な食事 | 16位 |

| 食事 | |
|---|---|
| 高額でもおいしいもの | 6位 |
| 手間をかける | 9位 |
| 食材にお金を使う | 9位 |

| スキルアップ | |
|---|---|
| 余暇時間に勉強 | 10位 |
| 資格・技術の習得 | 7位 |
| スクールでの学習 | 15位 |

| 買い物 | |
|---|---|
| 複数店舗で比較 | 6位 |
| 口コミ・評判調査 | 13位 |
| 機能性重視 | 1位 |

| 倹約 | |
|---|---|
| 低価格店舗の利用 | 5位 |
| 必要なものだけに支出 | 2位 |
| 低価格志向 | 14位 |

| 服装 | |
|---|---|
| 外出着に気をつかう | 16位 |
| 服装にこだわる | 16位 |
| 似合う服装を理解 | 14位 |

| 旅行 | |
|---|---|
| 計画立てが楽しい | 14位 |
| 旅行で新たな経験 | 9位 |
| 未訪問地に行きたい | 7位 |

| 流行 | |
|---|---|
| 流行品を持ちたい | 8位 |
| 新しいものが好き | 8位 |
| 流行を取り入れたい | 15位 |

| ブランド | |
|---|---|
| 価格以上の価値 | 11位 |
| 所持願望 | 7位 |
| ステータスを表す | 9位 |

## 墨田区　主観的幸福度　19位

**家族**

| | |
|---|---|
| 家族で外食 | 6位 |
| レジャー・買い物 | 10位 |
| 一緒の時間を確保 | 12位 |

**健康**

| | |
|---|---|
| 規則正しい生活 | 10位 |
| 定期的な運動 | 22位 |
| 健康食品・サプリ | 21位 |
| 健康的な食事 | 20位 |

**食事**

| | |
|---|---|
| 高額でもおいしいもの | 8位 |
| 手間をかける | 15位 |
| 食材にお金を使う | 17位 |

**スキルアップ**

| | |
|---|---|
| 余暇時間に勉強 | 18位 |
| 資格・技術の習得 | 13位 |
| スクールでの学習 | 13位 |

**買い物**

| | |
|---|---|
| 複数店舗で比較 | 23位 |
| 口コミ・評判調査 | 22位 |
| 機能性重視 | 9位 |

**倹約**

| | |
|---|---|
| 低価格店舗の利用 | 14位 |
| 必要なものだけに支出 | 9位 |
| 低価格志向 | 9位 |

**服装**

| | |
|---|---|
| 外出着に気をつかう | 23位 |
| 服装にこだわる | 21位 |
| 似合う服装を理解 | 19位 |

**旅行**

| | |
|---|---|
| 計画立てが楽しい | 5位 |
| 旅行で新たな経験 | 12位 |
| 未訪問地に行きたい | 8位 |

**流行**

| | |
|---|---|
| 流行品を持ちたい | 18位 |
| 新しいものが好き | 16位 |
| 流行を取り入れたい | 18位 |

**ブランド**

| | |
|---|---|
| 価格以上の価値 | 17位 |
| 所持願望 | 19位 |
| ステータスを表す | 20位 |

# 江東区

**主観的幸福度　11位**

| 家族 | |
|---|---|
| 家族で外食 | 8位 |
| レジャー・買い物 | 8位 |
| 一緒の時間を確保 | 11位 |

| 健康 | |
|---|---|
| 規則正しい生活 | 5位 |
| 定期的な運動 | 17位 |
| 健康食品・サプリ | 10位 |
| 健康的な食事 | 13位 |

| 食事 | |
|---|---|
| 高額でもおいしいもの | 13位 |
| 手間をかける | 18位 |
| 食材にお金を使う | 14位 |

| スキルアップ | |
|---|---|
| 余暇時間に勉強 | 20位 |
| 資格・技術の習得 | 23位 |
| スクールでの学習 | 20位 |

| 買い物 | |
|---|---|
| 複数店舗で比較 | 14位 |
| 口コミ・評判調査 | 12位 |
| 機能性重視 | 12位 |

| 倹約 | |
|---|---|
| 低価格店舗の利用 | 16位 |
| 必要なものだけに支出 | 18位 |
| 低価格志向 | 10位 |

| 服装 | |
|---|---|
| 外出着に気をつかう | 12位 |
| 服装にこだわる | 13位 |
| 似合う服装を理解 | 12位 |

| 旅行 | |
|---|---|
| 計画立てが楽しい | 18位 |
| 旅行で新たな経験 | 17位 |
| 未訪問地に行きたい | 18位 |

| 流行 | |
|---|---|
| 流行品を持ちたい | 13位 |
| 新しいものが好き | 18位 |
| 流行を取り入れたい | 12位 |

| ブランド | |
|---|---|
| 価格以上の価値 | 13位 |
| 所持願望 | 10位 |
| ステータスを表す | 11位 |

# 品川区　主観的幸福度　8位

| 家族 | |
|---|---|
| 家族で外食 | 11位 |
| レジャー・買い物 | 5位 |
| 一緒の時間を確保 | 10位 |

| 健康 | |
|---|---|
| 規則正しい生活 | 9位 |
| 定期的な運動 | 8位 |
| 健康食品・サプリ | 8位 |
| 健康的な食事 | 14位 |

| 食事 | |
|---|---|
| 高額でもおいしいもの | 12位 |
| 手間をかける | 12位 |
| 食材にお金を使う | 15位 |

| スキルアップ | |
|---|---|
| 余暇時間に勉強 | 8位 |
| 資格・技術の習得 | 21位 |
| スクールでの学習 | 10位 |

| 買い物 | |
|---|---|
| 複数店舗で比較 | 3位 |
| 口コミ・評判調査 | 18位 |
| 機能性重視 | 16位 |

| 倹約 | |
|---|---|
| 低価格店舗の利用 | 11位 |
| 必要なものだけに支出 | 7位 |
| 低価格志向 | 12位 |

| 服装 | |
|---|---|
| 外出着に気をつかう | 13位 |
| 服装にこだわる | 11位 |
| 似合う服装を理解 | 11位 |

| 旅行 | |
|---|---|
| 計画立てが楽しい | 6位 |
| 旅行で新たな経験 | 11位 |
| 未訪問地に行きたい | 16位 |

| 流行 | |
|---|---|
| 流行品を持ちたい | 14位 |
| 新しいものが好き | 17位 |
| 流行を取り入れたい | 6位 |

| ブランド | |
|---|---|
| 価格以上の価値 | 10位 |
| 所持願望 | 9位 |
| ステータスを表す | 8位 |

## 目黒区　主観的幸福度　17位

| 家族 | |
|---|---|
| 家族で外食 | 13位 |
| レジャー・買い物 | 13位 |
| 一緒の時間を確保 | 5位 |

| 健康 | |
|---|---|
| 規則正しい生活 | 3位 |
| 定期的な運動 | 7位 |
| 健康食品・サプリ | 6位 |
| 健康的な食事 | 6位 |

| 食事 | |
|---|---|
| 高額でもおいしいもの | 9位 |
| 手間をかける | 4位 |
| 食材にお金を使う | 5位 |

| スキルアップ | |
|---|---|
| 余暇時間に勉強 | 7位 |
| 資格・技術の習得 | 8位 |
| スクールでの学習 | 3位 |

| 買い物 | |
|---|---|
| 複数店舗で比較 | 5位 |
| 口コミ・評判調査 | 5位 |
| 機能性重視 | 10位 |

| 倹約 | |
|---|---|
| 低価格店舗の利用 | 19位 |
| 必要なものだけに支出 | 6位 |
| 低価格志向 | 17位 |

| 服装 | |
|---|---|
| 外出着に気をつかう | 6位 |
| 服装にこだわる | 5位 |
| 似合う服装を理解 | 3位 |

| 旅行 | |
|---|---|
| 計画立てが楽しい | 8位 |
| 旅行で新たな経験 | 10位 |
| 未訪問地に行きたい | 15位 |

| 流行 | |
|---|---|
| 流行品を持ちたい | 2位 |
| 新しいものが好き | 9位 |
| 流行を取り入れたい | 3位 |

| ブランド | |
|---|---|
| 価格以上の価値 | 6位 |
| 所持願望 | 5位 |
| ステータスを表す | 4位 |

# 大田区　主観的幸福度　6位

| 家族 | |
|---|---|
| 家族で外食 | 10位 |
| レジャー・買い物 | 9位 |
| 一緒の時間を確保 | 7位 |

| 健康 | |
|---|---|
| 規則正しい生活 | 12位 |
| 定期的な運動 | 13位 |
| 健康食品・サプリ | 13位 |
| 健康的な食事 | 17位 |

| 食事 | |
|---|---|
| 高額でもおいしいもの | 17位 |
| 手間をかける | 14位 |
| 食材にお金を使う | 19位 |

| スキルアップ | |
|---|---|
| 余暇時間に勉強 | 14位 |
| 資格・技術の習得 | 17位 |
| スクールでの学習 | 19位 |

| 買い物 | |
|---|---|
| 複数店舗で比較 | 11位 |
| 口コミ・評判調査 | 14位 |
| 機能性重視 | 19位 |

| 倹約 | |
|---|---|
| 低価格店舗の利用 | 8位 |
| 必要なものだけに支出 | 19位 |
| 低価格志向 | 7位 |

| 服装 | |
|---|---|
| 外出着に気をつかう | 17位 |
| 服装にこだわる | 19位 |
| 似合う服装を理解 | 17位 |

| 旅行 | |
|---|---|
| 計画立てが楽しい | 12位 |
| 旅行で新たな経験 | 16位 |
| 未訪問地に行きたい | 11位 |

| 流行 | |
|---|---|
| 流行品を持ちたい | 15位 |
| 新しいものが好き | 20位 |
| 流行を取り入れたい | 19位 |

| ブランド | |
|---|---|
| 価格以上の価値 | 12位 |
| 所持願望 | 13位 |
| ステータスを表す | 16位 |

## 世田谷区　主観的幸福度　3位

| 家族 | |
|---|---|
| 家族で外食 | 4位 |
| レジャー・買い物 | 4位 |
| 一緒の時間を確保 | 4位 |

| 健康 | |
|---|---|
| 規則正しい生活 | 2位 |
| 定期的な運動 | 6位 |
| 健康食品・サプリ | 12位 |
| 健康的な食事 | 4位 |

| 食事 | |
|---|---|
| 高額でもおいしいもの | 10位 |
| 手間をかける | 8位 |
| 食材にお金を使う | 8位 |

| スキルアップ | |
|---|---|
| 余暇時間に勉強 | 11位 |
| 資格・技術の習得 | 19位 |
| スクールでの学習 | 9位 |

| 買い物 | |
|---|---|
| 複数店舗で比較 | 16位 |
| 口コミ・評判調査 | 20位 |
| 機能性重視 | 7位 |

| 倹約 | |
|---|---|
| 低価格店舗の利用 | 17位 |
| 必要なものだけに支出 | 10位 |
| 低価格志向 | 19位 |

| 服装 | |
|---|---|
| 外出着に気をつかう | 5位 |
| 服装にこだわる | 7位 |
| 似合う服装を理解 | 6位 |

| 旅行 | |
|---|---|
| 計画立てが楽しい | 13位 |
| 旅行で新たな経験 | 7位 |
| 未訪問地に行きたい | 10位 |

| 流行 | |
|---|---|
| 流行品を持ちたい | 7位 |
| 新しいものが好き | 14位 |
| 流行を取り入れたい | 10位 |

| ブランド | |
|---|---|
| 価格以上の価値 | 9位 |
| 所持願望 | 11位 |
| ステータスを表す | 7位 |

# 渋谷区　主観的幸福度　2位

### 家族

| | |
|---|---|
| 家族で外食 | 19位 |
| レジャー・買い物 | 18位 |
| 一緒の時間を確保 | 13位 |

### 健康

| | |
|---|---|
| 規則正しい生活 | 18位 |
| 定期的な運動 | 3位 |
| 健康食品・サプリ | 2位 |
| 健康的な食事 | 3位 |

### 食事

| | |
|---|---|
| 高額でもおいしいもの | 4位 |
| 手間をかける | 6位 |
| 食材にお金を使う | 3位 |

### スキルアップ

| | |
|---|---|
| 余暇時間に勉強 | 2位 |
| 資格・技術の習得 | 2位 |
| スクールでの学習 | 1位 |

### 買い物

| | |
|---|---|
| 複数店舗で比較 | 10位 |
| 口コミ・評判調査 | 15位 |
| 機能性重視 | 5位 |

### 倹約

| | |
|---|---|
| 低価格店舗の利用 | 18位 |
| 必要なものだけに支出 | 1位 |
| 低価格志向 | 16位 |

### 服装

| | |
|---|---|
| 外出着に気をつかう | 3位 |
| 服装にこだわる | 1位 |
| 似合う服装を理解 | 2位 |

### 旅行

| | |
|---|---|
| 計画立てが楽しい | 4位 |
| 旅行で新たな経験 | 3位 |
| 未訪問地に行きたい | 3位 |

### 流行

| | |
|---|---|
| 流行品を持ちたい | 4位 |
| 新しいものが好き | 11位 |
| 流行を取り入れたい | 4位 |

### ブランド

| | |
|---|---|
| 価格以上の価値 | 4位 |
| 所持願望 | 4位 |
| ステータスを表す | 3位 |

## 中野区　主観的幸福度　22位

| 家族 | |
|---|---|
| 家族で外食 | 23位 |
| レジャー・買い物 | 23位 |
| 一緒の時間を確保 | 20位 |

| 健康 | |
|---|---|
| 規則正しい生活 | 6位 |
| 定期的な運動 | 12位 |
| 健康食品・サプリ | 14位 |
| 健康的な食事 | 9位 |

| 食事 | |
|---|---|
| 高額でもおいしいもの | 16位 |
| 手間をかける | 10位 |
| 食材にお金を使う | 11位 |

| スキルアップ | |
|---|---|
| 余暇時間に勉強 | 16位 |
| 資格・技術の習得 | 18位 |
| スクールでの学習 | 18位 |

| 買い物 | |
|---|---|
| 複数店舗で比較 | 19位 |
| 口コミ・評判調査 | 10位 |
| 機能性重視 | 15位 |

| 倹約 | |
|---|---|
| 低価格店舗の利用 | 7位 |
| 必要なものだけに支出 | 17位 |
| 低価格志向 | 3位 |

| 服装 | |
|---|---|
| 外出着に気をつかう | 9位 |
| 服装にこだわる | 9位 |
| 似合う服装を理解 | 15位 |

| 旅行 | |
|---|---|
| 計画立てが楽しい | 17位 |
| 旅行で新たな経験 | 19位 |
| 未訪問地に行きたい | 12位 |

| 流行 | |
|---|---|
| 流行品を持ちたい | 9位 |
| 新しいものが好き | 6位 |
| 流行を取り入れたい | 9位 |

| ブランド | |
|---|---|
| 価格以上の価値 | 15位 |
| 所持願望 | 14位 |
| ステータスを表す | 14位 |

# 杉並区

**主観的幸福度　13位**

| 家族 | |
|---|---|
| 家族で外食 | 14位 |
| レジャー・買い物 | 21位 |
| 一緒の時間を確保 | 15位 |

| 健康 | |
|---|---|
| 規則正しい生活 | 22位 |
| 定期的な運動 | 10位 |
| 健康食品・サプリ | 22位 |
| 健康的な食事 | 15位 |

| 食事 | |
|---|---|
| 高額でもおいしいもの | 14位 |
| 手間をかける | 13位 |
| 食材にお金を使う | 10位 |

| スキルアップ | |
|---|---|
| 余暇時間に勉強 | 9位 |
| 資格・技術の習得 | 20位 |
| スクールでの学習 | 16位 |

| 買い物 | |
|---|---|
| 複数店舗で比較 | 20位 |
| 口コミ・評判調査 | 17位 |
| 機能性重視 | 18位 |

| 倹約 | |
|---|---|
| 低価格店舗の利用 | 13位 |
| 必要なものだけに支出 | 14位 |
| 低価格志向 | 15位 |

| 服装 | |
|---|---|
| 外出着に気をつかう | 15位 |
| 服装にこだわる | 12位 |
| 似合う服装を理解 | 10位 |

| 旅行 | |
|---|---|
| 計画立てが楽しい | 20位 |
| 旅行で新たな経験 | 18位 |
| 未訪問地に行きたい | 14位 |

| 流行 | |
|---|---|
| 流行品を持ちたい | 22位 |
| 新しいものが好き | 13位 |
| 流行を取り入れたい | 21位 |

| ブランド | |
|---|---|
| 価格以上の価値 | 18位 |
| 所持願望 | 23位 |
| ステータスを表す | 23位 |

## 豊島区　主観的幸福度　16位

### 家族

| | |
|---|---|
| 家族で外食 | 17位 |
| レジャー・買い物 | 19位 |
| 一緒の時間を確保 | 22位 |

### 健康

| | |
|---|---|
| 規則正しい生活 | 4位 |
| 定期的な運動 | 9位 |
| 健康食品・サプリ | 9位 |
| 健康的な食事 | 11位 |

### 食事

| | |
|---|---|
| 高額でもおいしいもの | 11位 |
| 手間をかける | 11位 |
| 食材にお金を使う | 13位 |

### スキルアップ

| | |
|---|---|
| 余暇時間に勉強 | 15位 |
| 資格・技術の習得 | 1位 |
| スクールでの学習 | 7位 |

### 買い物

| | |
|---|---|
| 複数店舗で比較 | 2位 |
| 口コミ・評判調査 | 7位 |
| 機能性重視 | 8位 |

### 倹約

| | |
|---|---|
| 低価格店舗の利用 | 10位 |
| 必要なものだけに支出 | 8位 |
| 低価格志向 | 13位 |

### 服装

| | |
|---|---|
| 外出着に気をつかう | 7位 |
| 服装にこだわる | 10位 |
| 似合う服装を理解 | 9位 |

### 旅行

| | |
|---|---|
| 計画立てが楽しい | 7位 |
| 旅行で新たな経験 | 5位 |
| 未訪問地に行きたい | 9位 |

### 流行

| | |
|---|---|
| 流行品を持ちたい | 12位 |
| 新しいものが好き | 3位 |
| 流行を取り入れたい | 16位 |

### ブランド

| | |
|---|---|
| 価格以上の価値 | 8位 |
| 所持願望 | 8位 |
| ステータスを表す | 17位 |

# 北区　主観的幸福度　14位

| 家族 | |
|---|---|
| 家族で外食 | 18位 |
| レジャー・買い物 | 17位 |
| 一緒の時間を確保 | 8位 |

| 健康 | |
|---|---|
| 規則正しい生活 | 11位 |
| 定期的な運動 | 19位 |
| 健康食品・サプリ | 20位 |
| 健康的な食事 | 18位 |

| 食事 | |
|---|---|
| 高額でもおいしいもの | 18位 |
| 手間をかける | 17位 |
| 食材にお金を使う | 16位 |

| スキルアップ | |
|---|---|
| 余暇時間に勉強 | 13位 |
| 資格・技術の習得 | 14位 |
| スクールでの学習 | 17位 |

| 買い物 | |
|---|---|
| 複数店舗で比較 | 9位 |
| 口コミ・評判調査 | 6位 |
| 機能性重視 | 17位 |

| 倹約 | |
|---|---|
| 低価格店舗の利用 | 12位 |
| 必要なものだけに支出 | 4位 |
| 低価格志向 | 5位 |

| 服装 | |
|---|---|
| 外出着に気をつかう | 19位 |
| 服装にこだわる | 17位 |
| 似合う服装を理解 | 20位 |

| 旅行 | |
|---|---|
| 計画立てが楽しい | 10位 |
| 旅行で新たな経験 | 13位 |
| 未訪問地に行きたい | 17位 |

| 流行 | |
|---|---|
| 流行品を持ちたい | 17位 |
| 新しいものが好き | 4位 |
| 流行を取り入れたい | 11位 |

| ブランド | |
|---|---|
| 価格以上の価値 | 20位 |
| 所持願望 | 18位 |
| ステータスを表す | 19位 |

# 荒川区　主観的幸福度　4位

| 家族 | |
|---|---|
| 家族で外食 | 16位 |
| レジャー・買い物 | 11位 |
| 一緒の時間を確保 | 14位 |

| 健康 | |
|---|---|
| 規則正しい生活 | 8位 |
| 定期的な運動 | 15位 |
| 健康食品・サプリ | 19位 |
| 健康的な食事 | 10位 |

| 食事 | |
|---|---|
| 高額でもおいしいもの | 15位 |
| 手間をかける | 16位 |
| 食材にお金を使う | 21位 |

| スキルアップ | |
|---|---|
| 余暇時間に勉強 | 19位 |
| 資格・技術の習得 | 11位 |
| スクールでの学習 | 12位 |

| 買い物 | |
|---|---|
| 複数店舗で比較 | 1位 |
| 口コミ・評判調査 | 19位 |
| 機能性重視 | 2位 |

| 倹約 | |
|---|---|
| 低価格店舗の利用 | 3位 |
| 必要なものだけに支出 | 3位 |
| 低価格志向 | 6位 |

| 服装 | |
|---|---|
| 外出着に気をつかう | 18位 |
| 服装にこだわる | 15位 |
| 似合う服装を理解 | 13位 |

| 旅行 | |
|---|---|
| 計画立てが楽しい | 15位 |
| 旅行で新たな経験 | 15位 |
| 未訪問地に行きたい | 6位 |

| 流行 | |
|---|---|
| 流行品を持ちたい | 20位 |
| 新しいものが好き | 21位 |
| 流行を取り入れたい | 22位 |

| ブランド | |
|---|---|
| 価格以上の価値 | 19位 |
| 所持願望 | 15位 |
| ステータスを表す | 12位 |

# 板橋区

**主観的幸福度　20位**

| 家族 | |
|---|---|
| 家族で外食 | 20位 |
| レジャー・買い物 | 14位 |
| 一緒の時間を確保 | 16位 |

| 健康 | |
|---|---|
| 規則正しい生活 | 13位 |
| 定期的な運動 | 18位 |
| 健康食品・サプリ | 17位 |
| 健康的な食事 | 19位 |

| 食事 | |
|---|---|
| 高額でもおいしいもの | 20位 |
| 手間をかける | 21位 |
| 食材にお金を使う | 20位 |

| スキルアップ | |
|---|---|
| 余暇時間に勉強 | 17位 |
| 資格・技術の習得 | 6位 |
| スクールでの学習 | 14位 |

| 買い物 | |
|---|---|
| 複数店舗で比較 | 12位 |
| 口コミ・評判調査 | 9位 |
| 機能性重視 | 22位 |

| 倹約 | |
|---|---|
| 低価格店舗の利用 | 6位 |
| 必要なものだけに支出 | 13位 |
| 低価格志向 | 8位 |

| 服装 | |
|---|---|
| 外出着に気をつかう | 14位 |
| 服装にこだわる | 18位 |
| 似合う服装を理解 | 18位 |

| 旅行 | |
|---|---|
| 計画立てが楽しい | 19位 |
| 旅行で新たな経験 | 20位 |
| 未訪問地に行きたい | 21位 |

| 流行 | |
|---|---|
| 流行品を持ちたい | 16位 |
| 新しいものが好き | 7位 |
| 流行を取り入れたい | 14位 |

| ブランド | |
|---|---|
| 価格以上の価値 | 16位 |
| 所持願望 | 17位 |
| ステータスを表す | 15位 |

## 練馬区　主観的幸福度　10位

| 家族 | |
|---|---|
| 家族で外食 | 3位 |
| レジャー・買い物 | 3位 |
| 一緒の時間を確保 | 2位 |

| 健康 | |
|---|---|
| 規則正しい生活 | 1位 |
| 定期的な運動 | 16位 |
| 健康食品・サプリ | 16位 |
| 健康的な食事 | 7位 |

| 食事 | |
|---|---|
| 高額でもおいしいもの | 19位 |
| 手間をかける | 19位 |
| 食材にお金を使う | 12位 |

| スキルアップ | |
|---|---|
| 余暇時間に勉強 | 12位 |
| 資格・技術の習得 | 15位 |
| スクールでの学習 | 11位 |

| 買い物 | |
|---|---|
| 複数店舗で比較 | 8位 |
| 口コミ・評判調査 | 3位 |
| 機能性重視 | 11位 |

| 倹約 | |
|---|---|
| 低価格店舗の利用 | 9位 |
| 必要なものだけに支出 | 21位 |
| 低価格志向 | 11位 |

| 服装 | |
|---|---|
| 外出着に気をつかう | 11位 |
| 服装にこだわる | 14位 |
| 似合う服装を理解 | 16位 |

| 旅行 | |
|---|---|
| 計画立てが楽しい | 16位 |
| 旅行で新たな経験 | 14位 |
| 未訪問地に行きたい | 13位 |

| 流行 | |
|---|---|
| 流行品を持ちたい | 11位 |
| 新しいものが好き | 19位 |
| 流行を取り入れたい | 13位 |

| ブランド | |
|---|---|
| 価格以上の価値 | 14位 |
| 所持願望 | 16位 |
| ステータスを表す | 21位 |

# 足立区　主観的幸福度　23位

| 家族 | |
|---|---|
| 家族で外食 | 12位 |
| レジャー・買い物 | 12位 |
| 一緒の時間を確保 | 17位 |

| 健康 | |
|---|---|
| 規則正しい生活 | 14位 |
| 定期的な運動 | 23位 |
| 健康食品・サプリ | 18位 |
| 健康的な食事 | 22位 |

| 食事 | |
|---|---|
| 高額でもおいしいもの | 22位 |
| 手間をかける | 22位 |
| 食材にお金を使う | 22位 |

| スキルアップ | |
|---|---|
| 余暇時間に勉強 | 21位 |
| 資格・技術の習得 | 16位 |
| スクールでの学習 | 22位 |

| 買い物 | |
|---|---|
| 複数店舗で比較 | 21位 |
| 口コミ・評判調査 | 16位 |
| 機能性重視 | 20位 |

| 倹約 | |
|---|---|
| 低価格店舗の利用 | 1位 |
| 必要なものだけに支出 | 23位 |
| 低価格志向 | 1位 |

| 服装 | |
|---|---|
| 外出着に気をつかう | 20位 |
| 服装にこだわる | 22位 |
| 似合う服装を理解 | 23位 |

| 旅行 | |
|---|---|
| 計画立てが楽しい | 21位 |
| 旅行で新たな経験 | 21位 |
| 未訪問地に行きたい | 22位 |

| 流行 | |
|---|---|
| 流行品を持ちたい | 19位 |
| 新しいものが好き | 15位 |
| 流行を取り入れたい | 17位 |

| ブランド | |
|---|---|
| 価格以上の価値 | 21位 |
| 所持願望 | 20位 |
| ステータスを表す | 13位 |

# 葛飾区　主観的幸福度　21位

| 家族 | |
|---|---|
| 家族で外食 | 15位 |
| レジャー・買い物 | 16位 |
| 一緒の時間を確保 | 18位 |

| 健康 | |
|---|---|
| 規則正しい生活 | 20位 |
| 定期的な運動 | 21位 |
| 健康食品・サプリ | 23位 |
| 健康的な食事 | 23位 |

| 食事 | |
|---|---|
| 高額でもおいしいもの | 21位 |
| 手間をかける | 20位 |
| 食材にお金を使う | 18位 |

| スキルアップ | |
|---|---|
| 余暇時間に勉強 | 23位 |
| 資格・技術の習得 | 22位 |
| スクールでの学習 | 23位 |

| 買い物 | |
|---|---|
| 複数店舗で比較 | 15位 |
| 口コミ・評判調査 | 11位 |
| 機能性重視 | 21位 |

| 倹約 | |
|---|---|
| 低価格店舗の利用 | 2位 |
| 必要なものだけに支出 | 16位 |
| 低価格志向 | 4位 |

| 服装 | |
|---|---|
| 外出着に気をつかう | 22位 |
| 服装にこだわる | 23位 |
| 似合う服装を理解 | 22位 |

| 旅行 | |
|---|---|
| 計画立てが楽しい | 22位 |
| 旅行で新たな経験 | 23位 |
| 未訪問地に行きたい | 20位 |

| 流行 | |
|---|---|
| 流行品を持ちたい | 23位 |
| 新しいものが好き | 22位 |
| 流行を取り入れたい | 23位 |

| ブランド | |
|---|---|
| 価格以上の価値 | 22位 |
| 所持願望 | 21位 |
| ステータスを表す | 18位 |

# 江戸川区　主観的幸福度　18位

| 家族 | |
|---|---|
| 家族で外食 | 7位 |
| レジャー・買い物 | 6位 |
| 一緒の時間を確保 | 6位 |

| 健康 | |
|---|---|
| 規則正しい生活 | 7位 |
| 定期的な運動 | 20位 |
| 健康食品・サプリ | 15位 |
| 健康的な食事 | 21位 |

| 食事 | |
|---|---|
| 高額でもおいしいもの | 23位 |
| 手間をかける | 23位 |
| 食材にお金を使う | 23位 |

| スキルアップ | |
|---|---|
| 余暇時間に勉強 | 22位 |
| 資格・技術の習得 | 12位 |
| スクールでの学習 | 21位 |

| 買い物 | |
|---|---|
| 複数店舗で比較 | 18位 |
| 口コミ・評判調査 | 8位 |
| 機能性重視 | 23位 |

| 倹約 | |
|---|---|
| 低価格店舗の利用 | 4位 |
| 必要なものだけに支出 | 22位 |
| 低価格志向 | 2位 |

| 服装 | |
|---|---|
| 外出着に気をつかう | 21位 |
| 服装にこだわる | 20位 |
| 似合う服装を理解 | 21位 |

| 旅行 | |
|---|---|
| 計画立てが楽しい | 23位 |
| 旅行で新たな経験 | 22位 |
| 未訪問地に行きたい | 23位 |

| 流行 | |
|---|---|
| 流行品を持ちたい | 21位 |
| 新しいものが好き | 12位 |
| 流行を取り入れたい | 20位 |

| ブランド | |
|---|---|
| 価格以上の価値 | 23位 |
| 所持願望 | 22位 |
| ステータスを表す | 22位 |

# あとがき

本書では「ウェルビーイング（幸福）指標」を拠り所に、「幸せの形」を紹介してきました。

第1章では、ＯＥＣＤレポートやノーベル経済学賞受賞者の論文を引用しながら、幸福度指標についての説明と幸福度と経済発展の関係性について紹介しました。第1章の内容から、人々の幸福度の違いを説明する上で、人とのつながり、働き方、自然とのつながりが重要な要素であることが分かりました。この結果を踏まえ、第3章から第6章で、各要素について詳述してきました。

第2章では、著者らが日本で行った30万人規模のアンケート調査結果を用いて、日本の幸福度を詳細に分析しました。第2章の調査結果より、幸福度は年齢よりもライフステージの変化に大きく影響を受けている点や、年収が一定水準に達すると年収増が幸福度を上昇させる効果は限定的である点などを示しました。加えて、専業主婦・主夫の幸福度が他職業に比べて突出して高い点もアンケート調査結果から示しました。

第3章ではお金と幸福度の関係性について紹介しました。消費スタイルの違いに焦点を当てた形で説明を行い、多消費型のライフスタイルで行うモノ消費は、幸福度の上昇が限定的である一方で、モノを大事に扱うライフスタイルでのモノ消費や、人間関係に関係性の深い消費（コト消費）では幸福度の上昇に貢献しやすい点を紹介しました。

第4章では、第3章で重要性が指摘された人間関係に着目し、人とのつながりと幸福度の関係性について説明を行いました。人々の幸福度に影響を与える要素として健康や環境、ワークライフバランスや経済的要因に加えて、人とのつながりを表す社会関係資本の重要性を紹介しています。第4章の後半では、国内アンケート調査結果を活用することで都道府県別の人とのつながりに関する満足度の比較を行い、東日本では家族との関係に対する満足度が相対的に低く、九州地方では相対的に高い傾向があることが示され、国内において地域間で大きな差が生じていることが明らかとなっています。

第5章では、働き方と幸福度の関係性について紹介しました。特に働き方が幸福度に及ぼすプラスの効果として「働きがい」を、マイナスの効果を与える要素として「健康問題」や「家庭問題」があることを説明しています。

第6章では、住みよさが人々の幸福度とどのように関係しているかについて紹介しました。その中で居住者の地域への愛着や自然とのつながりが、幸福度と深いかかわりを持っていることを紹介しています。第6章の後半では、国内アンケート調査結果から、世帯収入別・年代別に、地域の住みよさや人間関係、そして自然環境の満足度がどのように異なっているかを説明しています。第7、8、9、10章では、国内アンケート調査結果を詳細に集計した結果について図表を示しながら説明を行っています。

本書を通じて、アンケート調査データに基づいた形で、日本の幸福度の計測結果を読者の皆さんに紹介してきました。幸福度を測ることは、人々が幸福であると認知しているか、もしくは不幸であると認知しているかを「見える化」することに他なりません。不幸であると認知している人々は、何らかの社会課題に直面していることが予想され、そうした社会課題に対して、各地域の特徴をしっかりと考慮した形で、適切な政策提言につなげる際に、本書の内容や調査枠組みが活用され、個々人において「より良い生活」が実現されることを期待します。

これまでに著者らはウェルビーイング（幸福度）に関する数多くの研究成果を学術論文で発表してきました。これらの研究成果を踏まえ、2017年の自民党・新経済指標検討プロジェクトチームや2019年の自民党・日本well-being計画推進プロジェクトチームにて、GDPでは測ることができない持続可能性を評価するための指標「新国富指標（Inclusive Wealth Index）」、およびウェルビーイング（幸福度）指標について、政策での活用を提案しました。以降、現在では、一般財団法人雲孫財団（代表理事：諸藤周平氏）や公益財団法人Well-being for Planet Earth（代表理事：石川善樹氏）によるウェルビーイング推進など多様な取り組みが進んでいます。

そして、経済財政諮問会議2021年「骨太の方針」や科学技術・イノベーション基本計画においてもウェルビーイングは取り上げられています。こうしたウェルビーイングの社会的な関心の高まりや利活用に向けたニーズに応えるべく、この度、著者らは九州大学都市研究センターにウェルビーイング研究部門を立ち上げました。今後、概念のみでなく、活用可能かつ包括的に理解できるウェルビーイング指標の構築にむけて、貢献を継続していきたいと思います。

本書は学術的に有名な研究成果の紹介に加えて、これまでの著者らの研究成果を紹介する形で記述を行っています。これまで幸福度に関する共同研究を行ってきた、Andrew Chapman氏、篭橋一輝氏、山口臨太郎氏、溝渕英之氏、そして（指導学生として共同研究に尽力をした）今氏篤志氏に感謝の意をこの場を借りてお伝えします。本書ではこれらの方々との共同研究の一部を紹介しています。加えて、雲孫財団の諸藤周平氏やWell-being for Planet Earthの石川善樹氏とのウェルビーイングに関する議論は、本書を執筆する上で大変参考になりました。

また、フィンランドの研究において現地調査に同行くださり、折に触れて現地の生の情報を教えてくださっている森下圭子氏にも感謝の意を伝えさせてください。本書におけるフィンランドの情報の多くは森下氏のおかげで得ることができたものです。またフィンランド調査の場で、深い洞察力でフィンランドと日本の違いについて教えてくださった南山大学社会倫理研究所の奥田太郎所長、ウィニバルドスS．メレ氏、森山花鈴氏、そしてヘルシンキ大学の岩竹美加子氏にも、この場をお借りして感謝申し上げます。本書のフィンランドに関する内容の多くはその議論の中で分かったことです。

また、企画段階から本書の意義を評価してくださった中央経済社ホールディングス代表取締役会長の山本継氏のご支援、そして編集部酒井隆氏より多大なサポートをいただきました。両氏に対して、ここに深く感謝の意を申し上げます。

最後に、幸福度やワークライフバランスの研究をしておきながら、子育てと研究の両立で日々悩み、苦労を掛けてしまっている家族にも謝意を伝えさせてください。本書で得られている知見は自分自身を省みる拠り所でもあります。

今後の社会が豊かで笑顔にあふれ、幸せなものになることを祈り、本書の結びといたします。

２０２１年９月

著者一同

# 注

## 第1章　ウェルビーイング（幸福）とは

1　http://www.oecdbetterlifeindex.org/

2　Kahneman, D. 2009. The most important living psychologist?　*The psychologist*, 22, 36-37.

3　Steffen et al. 2015. Planetary boundaries : Guiding human development on a changing planet. *Science*, 347(6223), 1259855.

4　たとえば，アメリカ（Diener, E., Sandvik, E., Seidlitz, L., & Diener, M. 1993. The relationship between income and subjective well-being : Relative or absolute?　*Social Indicators Research*, 28(3), 195-223.），スイス（Frey, B.S., Stutzer, A. 2000. Happiness, Economy and Institutions. *The Economic Journal*, 110(446), 918-938.）など。

5　Easterlin, R.A. 1974. Does Economic Growth Improve the Human Lot?　Some Empirical Evidence. *Nations and Households in Economic Growth*, 89-125. ; Easterlin, R.A. 1995. Will raising the incomes of all increase the happiness of all? *Journal of Economic Behavior & Organization*, 27(1), 35-47. ; Easterlin, R.A. 2001. Income and Happiness : Towards a Unified Theory. *The Economic Journal*, 111(473), 465-484.

6　Di Tella, R. and MacCulloch, R. 2008. Gross national happiness as an answer to the Easterlin Paradox? *Journal of Development Economics*, 86(1), 22-42.

7　社会関係資本の明確な定義は Putnam, R.D. 2000. *Bowling Alone: The Collapse and Revival of American Community*. New York : Simon & Schuster に詳しい。

8　Bjørnskov, C. 2003. The Happy Few : Cross-Country Evidence on Social Capital and Life Satisfaction. *Kyklos*, 56(1), 3-16.

9　Becchetti, L., Pelloni, A., Rossetti, F. 2008. Relational Goods, Sociability, and Happiness. *Kyklos*, 61(3), 343-363. ; Bjørnskov, C. 2003. The Happy Few : Cross-Country Evidence on Social Capital and Life Satisfaction. *Kyklos*, 56(1), 3-16. ; Bruni, L., and Stanca, L. 2008. Watching alone : Relational goods, television and happiness. *Journal of Economic Behavior & Organization*, 65(3-4), 506-528. ; Di Tella, R., MacCulloch, R., and Oswald, A. 2003. The Macroeconomics of Happiness. *The Review of Economics and Statistics*, 85(4), 809-827. ; Frey, B.S., Stutzer, A. *Happiness and Economics : How the Economy and Institutions Affect*

*Human Well-Being*. Princeton University Press.

10 Putnam, R.D. 2000. *Bowling Alone : The Collapse and Revival of American Community*. New York : Simon & Schuster ; Rothstein B. 2001. The Universal Welfare State as a Social Dilemma. Rationality and Society. 2001 ; 13(2) : 213-233. ; Costa, D., Kahn, M. 2003. Understanding the American Decline in Social Capital, 1952-1998. *Kyklos* 56(1), 17-46.

11 Paxton, P. 1999. Is Social Capital Declining in the United States?　A Multiple Indicator Assessment. *American Journal of Sociology*, 105(1), 88-127 ; Costa, D., Kahn, M. 2003. Understanding the American Decline in Social Capital, 1952-1998. *Kyklos* 56(1), 17-46.

12 Rothstein B. 2001. The Universal Welfare State as a Social Dilemma. *Rationality and Society*. 2001 ; 13(2) : 213-233.

13 鶴見哲也、今氏篤志、馬奈木俊介（２０１８）「労働時間が生活満足度に及ぼす影響―人工知能の活用方策に関する検討―」『人工知能・人工生命の経済学―暮らし・働き方・社会はどう変わるのか―』第11章、ミネルヴァ書房（編：馬奈木俊介）。

14 Tsurumi, T. and Managi, S. 2017. Monetary Valuations of Life Conditions in a Consistent Framework : the Life Satisfaction Approach. *Journal of Happiness Studies*, 18(5) : 1275-1303.

15 Mayer, F.S., Frantz, C.M. 2004. The connectedness to nature scale : A measure of individuals' feeling in community with nature. *Journal of Environmental Psychology*, 24, 503-515 ; Mayer, F.S., Frantz, C.M., Bruehlman-Senecal, E., and Dolliver, K. 2009. Why is nature beneficial? : The role of connectedness to nature. *Environment and Behavior*, 41(5), 607-643.

16 https://www.mhlw.go.jp/bunya/shougaihoken/idea01/index.html（２０２０年10月15日アクセス）

17 たとえば、Mayer, F.S., Frantz, C.M. 2004. The connectedness to nature scale : A measure of individuals' feeling in community with nature. *Journal of Environmental Psychology*, 24, 503-515 ; Mayer, F.S., Frantz, C.M., Bruehlman-Senecal, E., and Dolliver, K. 2009. Why is nature beneficial? : The role of connectedness to nature. *Environment and Behavior*, 41(5), 607-643.

18 たとえば、Mayer, F.S., Frantz, C.M. 2004. The connectedness to nature scale : A measure of individuals' feeling in community with nature. *Journal of Environmental Psychology*, 24, 503-515.

19 たとえば、Welsch, H., and Kühling, J. 2010. Pro-environmental behavior and rational consumer choice : Evidence from surveys of life satisfaction. *Journal of Economic Psychology*, 31(3), 405-420.

20 ２０１４年12月から２０１７年11月にかけて幸福度に関するアンケート調査を実施しました。各地域の母集団にできるだけ近い回答者を抽出するために、各地域の人口規模、年代別の人口比率及び男女比を踏まえて回答者数を割り当てています。

1 Di Tella, R., MacCulloch, R. 2008. Gross national happiness as an answer to the Easterlin Paradox?, *Journal of Development Economics*, 86(1), 22-42.

2 たとえば，Clark, AE, Frijters, P, Shields, MA, 2008. Relative income, happiness, and utility：An explanation for the Easterlin paradox and other puzzles. *Journal of Economic Literature*, 46(1), 95-144.

3 Easterlin, R.A., 1974. *Does economic growth improve the human lot?  Some empirical evidence*. In：David, P., and Reder, M. (Eds.). *Nations and households in economic growth*. Cambridge：Academic Press, 89-125.

4 Easterlin, R.A., 2001. Income and happiness：Towards a unified theory. *The Economic Journal*, 111(473), 465-484.

5 Stevenson, B., and Wolfers, J. 2008. Economic Growth and Subjective Well-Being：Reassessing the Easterlin Paradox. *Brookings Papers on Economic Activity*, 39(1), 1-102.

6 Deaton, A. 2008. Income, Health, and Well-Being around the World：Evidence from the Gallup World Poll. *Journal of Economic Perspectives*, 22(2)：53-72.

7 Stevenson, B., and Wolfers, J. 2013. Subjective Well-Being and Income：Is There Any Evidence of Satiation?, *American Economic Review*, 103(3)：598-604.

8 Plagnol, A.C., 2011. Financial satisfaction over the life course：The influence of assets and liabilities. *Journal of Economic Psychology*, 32(1), 45-64.

9 Kahneman, D., Deaton, A. 2010. High income improves evaluation of life but not emotional well-being. *Proceedings of the National Academy of Sciences*, 107(38), 16489-16493.

10 Diener, E., Kahneman, D., Tov, W., Arora, R., 2010. *Income's association with judgements of life versus feelings*. In：Diener, E., Helliwel, J., Kahneman, D. (Eds.). *International Differences in Well-Being*. Oxford：Oxford University Press, 3-15., Tsurumi, T., Yamaguchi, R., Kagohashi, K., Managi, S. 2020. Are Cognitive, Affective, and Eudaimonic Dimensions of Subjective Well-Being Differently Related to Consumption?  Evidence from Japan. *Journal of Happiness Studies*. https://doi.org/10.1007/s10902-020-00327-4.

11 Tsurumi, T., R. Yamaguchi, K. Kagohashi, and S. Managi, 2020. Are cognitive, affective, and eudaimonic dimensions of

subjective well-being differently related to consumption?　Evidence from Japan. *Journal of Happiness Studies*, doi.org/10.1007/s10902-020-00327-4.
12　Tsurumi et al. (under review)
13　アメリカの若者中心かつ高所得者層を多く含んだアンケートデータを用いた研究では感情の幸せが所得の増大に伴って高まり続けるという結果が見出されています（Matthew A. Killingsworth. 2021. Experienced well-being rises with income, even above $75,000 per year. *Proceedings of the National Academy of Sciences*, Jan 2021, 118(4) e2016976118；DOI：10.1073/pnas.2016976118）。若手で高所得の人々はキャリアや仕事そして所得を重視し高所得から感情的にも幸福感を得る可能性があると言えます。先行研究では平均的には感情の幸せの意味では高所得で幸福になることができていないことが示されているわけですが、他方で若者など回答者を限定した場合には異なる結果が出る可能性があることに注意が必要と考えられます。
14　https://www.adultdevelopmentstudy.org/
15　Kahneman, D. 2009. The most important living psychologist?　*The Psychologist*, 22(1)：36-37.
16　Pandelaere, M. 2016. Materialism and well-being：The role of consumption. *Current Opinion in Psychology*. 10, 33-38.
17　Solberg, E.C., Diener, E., & Robinson, M. 2004. *Why are materialists less satisfied?*　In T. Kasser & A.D. Kanner (Eds.), *Psychology and consumer culture：The struggle for a good life in a materialistic world* (pp.29-48). Washington, DC：American Psychological Association.
18　Nickerson C, Schwarz N, Diener E, Kahneman D., 2003. Zeroing in on the dark side of the American Dream：a closer look at the negative consequences of the goal for financial success. *Psychol Sci*. 2003 Nov；14(6)：531-6. doi：10.1046/j.0956-7976.2003.psci_1461.x. PMID：14629682.
19　鶴見哲也、山口臨太郎、篭橋一輝、馬奈木俊介（２０２１）「コロナウイルス感染症流行下での消費と主観的福祉」環境経済・政策研究、Vol. 14(1)。
20　Tsurumi, T., Yamaguchi, R., Kagohashi, K., and Managi, S. 2021. Material and relational consumption to improve subjective well-being：Evidence from rural and urban Vietnam. *Journal of Cleaner Production*, 310, 127499.
21　Tsurumi, T., Yamaguchi, R., Kagohashi, K., Managi, S. 2020. Attachment to Material Goods and Subjective Well-Being：Evidence from Life Satisfaction in Rural Areas in Vietnam. *Sustainability*, 12(23), 9913.
22　Steffen Will et al. 2015. Planetary boundaries：Guiding human development on a changing planet. *Science*, 347(6223), 1259855.

23 具体的には気候変動、海洋酸性化、成層圏オゾンの破壊、窒素とリンの循環、グローバルな淡水利用、土地利用変化、生物多様性の損失、大気エアロゾルの負荷、化学物質による汚染の9つです。

24 たとえば、モニカ・ルーッコネン（2016）『フィンランド人が教えるほんとうのシンプル』ダイヤモンド社。

25 具体的状況は、あぶみあさき（2020）『北欧の幸せな社会の作り方』かもがわ出版に詳しい。

26 岩竹美加子（2019）『フィンランドの教育はなぜ世界一なのか』新潮新書。

27 岩竹美加子（2019）『フィンランドの教育はなぜ世界一なのか』新潮新書。

28 たとえば、Emanuel, A.S., Howell, J.L., Taber, J.M., Ferrer, R.A., Klein, W.M., and Harris, P.R. 2016. Spontaneous self-affirmation is associated with psychological well- being: evidence from a US national adult survey sample. *Journal of Health Psychology*, 23(1). pp.95-102.

29 たとえば、Biswas-Diener, R., Vittersø, J. and Diener, E., 2010. The Danish Effect: Beginning to Explain High Well-Being in Denmark, Social Indicators Research: An International and Interdisciplinary, *Journal for Quality-of-Life Measurement*, 97(2), 229-246.

## 第4章　人とのつながりと幸福度

1 https://news.harvard.edu/gazette/story/2017/04/over-nearly-80-years-harvard-study-has-been-showing-how-to-live-a-healthy-and-happy-life/

2 たとえば、Tsurumi, T. and Managi, S. 2017. Monetary Valuations of Life Conditions in a Consistent Framework: the Life Satisfaction Approach. *Journal of Happiness Studies*, 18(5): 1275-1303.

3 Putnam, R.D. 2000. *Bowling Alone: The Collapse and Revival of American Community*. New York: Simon & Schuster.

4 Paxton, P. 1999. Is Social Capital Declining in the United States?　A Multiple Indicator Assessment. *American Journal of Sociology*, 105(1), 88-127, Rothstein B. 2001. The Universal Welfare State as a Social Dilemma. *Rationality and Society*. 2001; 13(2): 213-233., Costa, D., Kahn, M. 2003. Understanding the American Decline in Social Capital, 1952-1998. *Kyklos* 56(1), 17-46.

5 Helliwell, J.F. 2003. How's life?　Combining individual and national variables to explain subjective well-being, *Economic Modelling*, 20(2), 331-360., Pugno, M. 2009. The Easterlin paradox and the decline of social capital: An integrated explanation.

*The Journal of Socio-Economics*, 38(4), 590-600.

6 Layard, R. 2011. *Happiness : lessons from a new science*. Penguin, London, UK.

7 Kahneman, D. and Krueger, A.B. 2006. Developments in the Measurement of Subjective Well-Being. *Journal of Economic Perspectives*, 20(1), 3-24.

8 たとえば，Becchetti, L., Pelloni, A., Rossetti, F. 2008. Relational Goods, Sociability, and Happiness. *Kyklos*, 61(3), 343-363. ; Bjørnskov, C. 2003. The Happy Few : Cross-Country Evidence on Social Capital and Life Satisfaction. *Kyklos*, 56(1), 3-16. ; Bruni, L., and Stanca, L. 2008. Watching alone : Relational goods, television and happiness. *Journal of Economic Behavior & Organization*, 65(3-4), 506-528. ; Di Tella, R., MacCulloch, R., and Oswald, A. 2003. The Macroeconomics of Happiness. *The Review of Economics and Statistics*, 85(4), 809-827. ; Frey, B.S., Stutzer, A. *Happiness and Economics : How the Economy and Institutions Affect Human Well-Being*. Princeton University Press.

9 Bjørnskov, C. 2003. The Happy Few : Cross-Country Evidence on Social Capital and Life Satisfaction. *Kyklos*, 56(1), 3-16.

10 Rothstein B. 2001. The Universal Welfare State as a Social Dilemma. *Rationality and Society*. 2001 ; 13(2) : 213-233.

11 Helliwell, J., and Putnam, R.D. 2004. The social context of well-being. *The Royal Society*, 359, 1435-1446.

12 Powdthavee, N. 2008. Putting a price tag on friends, relatives, and neighbours : Using surveys of life satisfaction to value social relationships. *The Journal of Socio-Economics*, 37(4), 1459-1480.

13 Tsurumi, T. and Managi, S. 2017. Monetary Valuations of Life Conditions in a Consistent Framework : the Life Satisfaction Approach. *Journal of Happiness Studies*, 18(5) : 1275-1303.

14 David G. Myers. 1999. *Close relationships and the quality of life*, In Daniel Kahneman, De Diener, and Norbert Schwarz (eds.), *Well-Being : The foundations of hedonic psychology*, pp.374-378.

15 ただし，この結果は部分的には幸せな人ほど結婚し，結婚生活が続く可能性が高いという解釈も成り立つことに注意が必要と言えます（Bok, D. 2010. *The Politics of Happiness : What Government Can Learn from the New Research on Well-Being*. Princeton University Press, Princeton.）。

16 Richard E. Lucas, Andrew E. Clark, Yannis Georgellis, and Ed Diener, Reexamining adaptation and the set model of happiness : Reactions to change in marital status. *Journal of Personality and Social Psychology*, 84, pp.527-536.

17 Powdthavee, N. 2010. *The Happiness Equation : The Surprising Economics of Our Most Valuable Asset*. Icon Books, UK.

18　たとえば、Frank, R.H. 2005. *Does Absolute Income Matter?* in L. Bruni and P.L. Porta (eds.), *Economics and Happiness : Framing the Analysis*, 65-90. Oxford University Press.

19　橘木俊詔、浦川邦夫（２００６）『日本の貧困研究』東京大学出版会。

20　Powdthavee, N. 2010. *The Happiness Equation : The Surprising Economics of Our Most Valuable Asset*. Icon Books, UK.

21　たとえば、Di Tella, R., MacCulloch, R., Oswald, A.J. 2003. The macroeconomics of happiness. *Review of Economics and Statistics*, 85(4), 809-827. や Alesina, A., Di Tella, R, MacCulloch, R. 2004. Inequality and happiness : Are Europeans and American different?　*Journal of Public Economics*, 88, 2009-2042. など。

22　Glenn, N.D., McLanahan, S. 1981. The effects of children on the psychological well-being of older adults. *Journal of Marriage and Family*, 43, 409-421.

23　白石小百合、白石賢（２０１０）「ワーク・ライフ・バランスと女性の幸福度」大竹文雄、白石小百合、筒井義郎（編）『日本の幸福度―格差・労働・家族―』日本評論社、pp.237-261。

24　上田路子、川原健太郎（２０１３）「子どもを持つ若年層を対象とした幸福度に関する研究」ESRI Discussion Paper Series, 295, 1-24。

25　福島朋子、沼山博（２０１５）「子どもの有無と主観的幸福感――中年期における規定因を中心として――」心理学研究、86(5), 474-480。

26　鶴見哲也、山口臨太郎、篭橋一輝、馬奈木俊介「コロナウイルス感染症流行下での消費と主観的福祉」環境経済・政策研究、Vol. 14(1), 2021。

## 第5章　働き方と幸福度

1　Maennig, W., Wilhelm, M. 2012. Becoming (Un) Employed and Life Satisfaction : Asymmetric Effects and Potential Omitted Variable Bias in Empirical Happiness Studies, *Applied Economics Letters*, 19, 1719-1722. ; Gerlach, K., Stephan, G. 1996. A Paper on Unhappiness and Unemployment in Germany, *Economics Letters*, 52, 325-330. ; Winkelmann, L., Winkelmann, R. 1998. Why are the Unemployed so Unhappy?　Evidence from Panel Data, *Economica*, 65, 1-15. ; Clark, A.E. 2001. What Really Matters in a Job?　Hedonic Measurement Using Quit Data, *Labour Economics*, 8, 223-242. ; Clark, A.E., Diener, E., Georgellis, Y., Lucas, R.E.

2008. Lags and Leads in Life Satisfaction : A Test of the Baseline Hypothesis, *The Economic Journal*, 118, 222–243. ; Kassenboehmer, S.C., Haisken-DeNew, P. 2009. You're Fired! The Causal Negative Effect of Entry Unemployment on Life Satisfaction, *The Economic Journal*, 119, 448–462. ; Winkelmann, R. 2009. Unemployment, Social Capital, and Subjective Well-Being, *Journal of Happiness Studies*, 10, 421–430. ; Knabe, A., Rätzel, S., Schöb, R., Weimann, J. 2010. Dissatisfied with Life but Having a Good Day : Time-Use and Well-Being of the Unemployed, *The Economic Journal*, 120, 867–889. ; Knabe, A., Rätzel, S. 2011, Income, Happiness, and the Disutility of Labour, *Economics Letters*, 107, 77–79.

2 Frey, B.S., Stutzer, A. 2000. Happiness, Economy and Institutions. *The Economic Journal*, 110, 918–938.

3 Carroll, N. 2007. Unemployment and Psychological Well-Being, *The Economic Record*, 83, 287–302.

4 Grün, C., Hauser, W., Rhein, T. 2010. Is Any Job Better than No Job? Life Satisfaction and Re-Employment. *Journal of Labor Research*, 31, 285–306. ; Coad, A., Binder, M. 2014. Causal Linkages between Work and Life Satisfaction and their Determinants in a Structural VAR Approach, *Economics Letters*, 124, 263–268. ; Cornelißen, T. 2009. The Interaction of Job Satisfaction, Job Search, and Job Changes. An Empirical Investigation with German Panel Data. *Journal of Happiness Studies*, 10, 367–384. ; Geishecker, I. 2012. Simultaneity Bias in the Analysis of Perceived Job Insecurity and Subjective Well-Being. *Economics Letters*, 116, 319–321.

5 Andersson, P. 2008. Happiness and Health : Well-Being among the Self-Employed. *The Journal of Socio-Economics*, 37, 213–236. ; Binder, M., Coad, A. 2013. Life Satisfaction and Self-Employment : A Matching Approach, *Small Business Economics*, 40, 1009–1033. ; Millán, J.M., Hessels, J., Thurik, R., Aguado, R. 2013. Determinants of Job Satisfaction : A European Comparison of Self-Employed and Paid Employees. *Small Business Economics*, 40, 651–670.

6 Artazcoz, L Cortès, I., Escribà-Agüir, V., Cascant, L., Villegas, R. 2009. Understanding the Relationship of Long Working Hours with Health Status and Health-Related Behaviours. *Journal of Epidemiology and Community Health*, 63, 521–527.

7 Park, J., Yi, Y., Kim, Y. 2010. Weekly Work Hours and Stress Complaints of Workers in Korea. *American Journal of Industrial Medicine*, 53, 1135–1141.

8 Virtanen, M., Ferrie, J.E., Singh-Manoux, A., Shipley, M.J., Vahtera, J., Marmot, M.G., Kivimäki, M. 2010. Overtime Work and Incident Coronary Heart Disease : The Whitehall II Prospective Cohort Study. *European Heart Journal*, 31, 1737–1744.

9 Virtanen, M., Stansfeld, S.A., Fuhrer, R., Ferrie, J.E., Kivimäki, M. 2012. Overtime Work as a Predictor of Major Depressive

Episode : A 5-Year Follow-Up of the Whitehall II Study, *Plos One*, 7, 1-5.

10 Cheng, Y., Du, C., Hwang, J., Chen, I., Chen, M., Su, T. 2014. Working Hours, Sleep Duration and the Risk of Acute Coronary Heart Disease : A Case-Control Study of Middle-Aged Men in Taiwan, *International Journal of Cardiology*, 171, 419-422.

11 Adkins, C.L., Premeaux, S.F. 2012. Spending time : The Impact of Hours Worked on Work-Family Conflict. *Journal of Vocational Behavior*, 80, 380-389.

12 黒田祥子、山本勲（２０１４）「従業員のメンタルヘルスと労働時間―従業員パネルデータを用いた検証―」*RIETI Discussion Paper Series*, 14-J-020.

13 Shimazu, A., Demerouti, E., Bakker, A.B., Shimada, K., & Kawakami, N. 2011. Workaholism and well-being among Japanese dual-earner couples : A spillover-crossover perspective. *Social Science & Medicine*, 73, 399-409.

14 Pouwels, B., Siegers, J., Vlasblom, J.D. 2008. Income, working hours, and happiness, *Economics Letters* 99(1) : 72-74.

15 Rätzel, S. 2012, Labour Supply, Life Satisfaction, and the (Dis) Utility of Work, *The Scandinavian Journal of Economics*, 114, 1160-1181.

16 女性サンプルの係数は統計的に有意な結果が見出されていない。

17 詳細な分析結果は鶴見哲也、馬奈木俊介（２０１７）「労働時間が生活満足度に及ぼす影響―日本における大規模アンケート調査を用いた分析―」*RIETI Discussion Paper Series*, 17-J-073. および鶴見哲也、今氏篤志、馬奈木俊介（２０１８）「労働時間が生活満足度に及ぼす影響―人工知能の活用方策に関する検討―(分担)」『人工知能・人工生命の経済学　―暮らし・働き方・社会はどう変わるのか―』第11章、ミネルヴァ書房（編：馬奈木俊介）を参照のこと。

18 ただし、通常朝８時には始業するため朝は早い。しかし仕事後の時間を有効に使うことができる生活リズムなのではないでしょうか。

19 Wang, M., Wong, M.C.S. 2014. Happiness and Leisure Across Countries : Evidence from International Survey Data. *Journal of Happiness Studies*, 15, 85-118.

20 Claudia Schmiedeberg, C. and Schröder, J. 2017. Leisure Activities and Life Satisfaction : an Analysis with German Panel Data, *Applied Research in Quality of Life*, 12(1), 137-151.

21 くさばよしみ（編集）『世界でいちばん貧しい大統領のスピーチ』汐文社。

22 たとえば、Clark, B., Chatterjee, K., Martin, A. et al. How commuting affects subjective wellbeing. *Transportation*, 47, 2777-

2805.

## 第6章　住みよさと幸福度

1　Bonaiuto, M., Aiello, A., Perugini, M., Bonnes, M., Ercolani, A.P. 1999. Multidimensional Perception of Residential Environment Quality and Neighbourhood Attachment in the Urban Environment, *Journal of Environmental Psychology*, 19, 331–352.；Brown, G., Raymond, C. 2007. The Relationship between Place Attachment and Landscape Values：Toward Mapping Place Attachment, *Applied Geography*, 27, 89–111.；Mesch, G., Manor, O. 1998. Social Ties, Environmental Perception, and Local Attachment, *Environment and Behavior* 30, 504–519.；Sampson, R.J. 1988. Local Friendship Ties and Community Attachment in Mass Society：Multilevel Systemic Model, *American Sociological Review*, 53, 766–779.；Brown, B.B., Perkins, D.D., Brown, G. 2004. Incivilities, Place Attachment and Crime：Block and Individual Effects, *Journal of Environmental Psychology*, 24, 359–371.；Lewicka, M. 2005. Ways to Make People Active：The Role of Place Attachment, Cultural Capital, and Neighborhood Ties, *Journal of Environmental Psychology*, 25, 381–395.；Lewicka, M. 2010. What Makes Neighborhood Different from Home and City?　Effects of Place Scale on Place Attachment, *Journal of Environmental Psychology*, 30, 35–51.

2　Anton, C.E., Lawrence, C. 2014. Home is where the Heart is：The Effect of Place of Residence on Place Attachment and Community Participation, *Journal of Environmental Psychology*, 40, 451–461.

3　Taylor, R.B., Gottredson, S.D., Brower, S. 1985. Attachment to Place：Discriminant Validity, and Impacts of Disorder and Diversity, *American Journal of Community Psychology*, 13, 525–542.

4　Mayer, F.S., Frantz, C.M. 2004. The connectedness to nature scale：A measure of individuals' feeling in community with nature, *Journal of Environmental Psychology*, 24, 503–515；Mayer, F.S., Frantz, C.M., Bruehlman–Senecal, E., and Dolliver, K. 2009. Why is nature beneficial?：The role of connectedness to nature. *Environment and Behavior*, 41(5), 607–643.

5　Tsurumi, T. and Managi, S. 2015. Environmental Value of Green Spaces in Japan：An Application of the Life Satisfaction Approach, *Ecological Economics*, 120：1–12.

6　Tsurumi, T., Imauji, A. and Managi, S. 2018. Greenery and well–being：Assessing the monetary value of greenery by type, *Ecological Economics*, 148：152–169.

7　Tsurumi, T. and Managi, S. 2017. Monetary Valuations of Life Conditions in a Consistent Framework : the Life Satisfaction Approach, *Journal of Happiness Studies*, 18(5) : 1275–1303.

8　Tsurumi, T., Imauji, A., and Managi, S. 2019. Relative income, community attachment and subjective well-being : Evidence from Japan, *Kyklos*, 72(1) : 152–182.

●た行



●な行



●は行



●ま行



●や行



●ら行

# 索　引

**鶴見　哲也**（つるみ　てつや）

南山大学総合政策学部准教授
東京大学新領域創成科学研究科助教を経て現職。
書籍「Handbook on Wellbeing, Happiness and the Environment」共同執筆のほか、経済発展と幸福度についての研究をJournal of Environmental Economics and Management, Ecological Economics, Journal of Cleaner Production, Journal of Happiness Studies等の主要国際雑誌に多数掲載。
2018年に環境経済・政策学会学会賞（奨励賞）を受賞。

**藤井　秀道**（ふじい　ひでみち）

九州大学経済学研究院准教授
地域の豊かさ（新国富）を見える化するツール「EvaCva-Sustainable」の開発を行っている。
書籍『環境経営の日米比較』、『豊かさの価値評価：新国富指標の構築』など。
2021年度科学技術分野の文部科学大臣表彰「若手科学賞」を受賞。

**馬奈木　俊介**（まなぎ　しゅんすけ）

九州大学工学研究院教授・主幹教授・都市研究センター長
国連「新国富報告書」代表、多くの国連報告書の統括代表執筆者、OECD（経済協力開発機構）貿易・環境部会副議長、2018年・世界環境資源経済学会共同議長などを歴任。世界各国の新国富指標など、持続可能性を評価する手法の開発を代表して行っている。書籍『ESG経営の実践』、『持続可能なまちづくり』、『新国富論』など。
第16回日本学術振興会賞受賞。第25期日本学術会議会員

# 幸福の測定

●ウェルビーイングを理解する

2021年11月20日　第1版第1刷発行
2022年11月30日　第1版第4刷発行

著　者　鶴見哲也
　　　　藤井秀道
　　　　馬奈木俊介

発行者　山本継
発行所　㈱中央経済社
発売元　㈱中央経済グループパブリッシング
〒101-0051　東京都千代田区神田神保町1-31-2
電話　03（3293）3371（編集代表）
　　　03（3293）3381（営業代表）
https://www.chuokeizai.co.jp
印刷／昭和情報プロセス㈱
製本／誠製本㈱





ISBN978-4-502-40401-6　C3033

好評発売中

# 持続可能なまちづくり

## データで見る豊かさ

馬奈木俊介・中村寛樹・松永千晶〔著〕

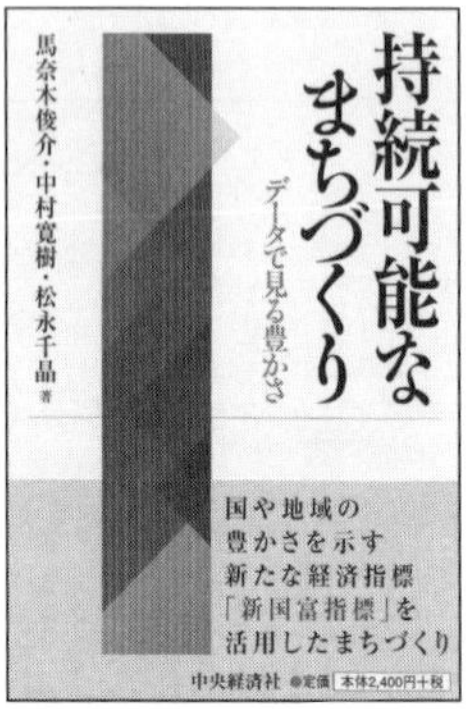


四六判 / 272頁

ISBN：978-4-502-29151-7

国連が示した「新国富指標」はGDP等の経済指標では測れない豊かさ，持続可能性を計測できる。本書は，この新国富指標を地域・地方に適用し，豊かなまちづくりを提言する。

◆本書の主な内容◆



中央経済社